KB158174

UPGRADE

업그레이드 중국어 문법

집필 · **李德津 金德厚**   편역 · 전기정 박원기 김영민

시사중국어사

UPGRADE

업그레이드
중국어 문법

초판발행	2018년 8월 10일
1 판 3 쇄	2020년 10월 15일

저자	李德津, 金德厚
편역	전기정, 박원기, 김영민
책임 편집	가석빈, 최미진, 高霞
펴낸이	엄태상
디자인	진지화
조판	이서영
마케팅	이승욱, 전한나, 왕성석, 노원준, 조인선, 조성민
경영기획	마정인, 최성훈, 정다운, 김다미, 전태준, 오희연
물류	정종진, 윤덕현, 양희은, 신승진

펴낸곳	시사중국어사(시사북스)
주소	서울시 종로구 자하문로 300 시사빌딩
주문 및 교재 문의	1588-1582
팩스	0502-989-9592
홈페이지	http://www.sisabooks.com
이메일	book_chinese@sisadream.com
등록일자	1988년 2월 13일
등록번호	제1 - 657호

ISBN 979-11-5720-109-9 13720

머리말과 일러두기

1. 머리말

본서의 역자들은 모두 중국어의 문법을 연구하면서 그 연구 성과를 바탕으로 대학에서 학생들에게 중국어를 가르치고 있다. 이와 동시에 어떻게 하면 중국어를 효과적으로 가르칠 수 있을지 그 방법에 대해 끊임없이 고민하며, 외국어 학습이 모국어 학습만큼 쉽게 이루어진다면 얼마나 좋을까 상상하곤 한다.

외국어 학습은 치열한 노력과 고통을 동반한다. 일반적으로 모국어는 태어나면서 주변에서 보고 들은 단어와 문장을 바탕으로 자연스럽게 패턴화하여 습득하는 것이라면, 한국에서 외국어인 중국어를 배워야 하는 상황은 매우 다르다. 모국어 습득에 비해 상대적으로 짧은 기간 안에 어순 구조가 완전히 다른 언어를 익혀야 하는데, 이때 가장 효과적인 도구가 바로 각종 중국어 학습서이고 그중에서도 중국어 문법서가 핵심이 된다. 중국어 문법서는 학습자가 단어와 문장들을 패턴화하는 과정을 시행착오 없이 바로 익힐 수 있게 정리한 것이기 때문에 제대로 된 중국어 문법서는 그만큼 중국어 습득의 주요한 관건이 된다.

현재까지 시중에 나와 있는 중국어 문법서는 그 수는 많으나, 역자들이 파악한 바로는 대체로 중국어 초급자들을 대상으로 한 문법서가 주류이고, 중·고급자를 대상으로 한 문법서는 상대적으로 그 수가 적다. 이것은 아마도 중국어 초학자들이 중국어에 입문하는 과정에서 기초 문법서를 활용할 수 있기 때문일 것이다. 그러나 중국어 실력이 향상되어 감에 따라 수준에 맞는 중국어 문법 지식이 필요하다. 가령, 중·고급 수준의 작문을 하거나 회화를 할 경우 그에 맞는 세세한 문법 사항을 숙지하고 있어야 하는데, 기존의 초급 문법서로는 이 문제를 완전히 해결하기가 어렵다. 한 마디로 초급 수준의 중국어 실력을 보다 업그레이드시키고 완성시켜 줄 중·고급 단계의 문법서가 필요한 것이다. 최근 중국어 교사를 꿈꾸는 임용고시 준비생의 수가 급증하고 있으며, 이들은 중국어를 배우는 학생이면서 또 한편으로는 앞으로 학생들에게 중국어를 가르칠 잠재적인 교사이기도 하다. 이들은 어느 정도 중국어를 마스터한 학습자로서 중국어 문법을 보다 체계적으로 정리하기를 원하지만 역시 이러한 요구에 부합하는 실용성과 이론성을 모두 갖춘 중국어 문법서를 시중에서 찾기가 쉽지 않다.

이러한 상황에서 역자들이 '실용성'과 '체계성'을 모두 갖춘 중·고급 수준의 중국어 문법서를 물색한 끝에 北京语言大学出版社에서 출판한 《汉语语法教学》를 발견하게 되었다. 역자들은 이 책을 공동으로 번역하면서 한국 학생들에게 더 필요하다고 생각되는 부분을 추가하여 중·고급 수준의 학생들과 임용고시 준비생들에게 맞게 내용을 업그레이드하였다.

외국어 학습에서 사실상 문법의 비중이 그렇게 크지는 않다. 그러나 좀 더 '완성도' 있는 중국어를 구사하기 위해서는 문법을 정확하게 숙지할 필요가 있다. 이에 본서가 보다 디테일한 중국어 문법 지식을 갈구하는 중국어 학습자들을 위해 그 갈증을 시원하게 해결해 줄 수 있는 궁극의 중국어 문법서가 되기를 희망하며 본서를 출간하게 되었다.

지난 20여 년간은 그야말로 중국어 교육 시장의 황금기였다 해도 과언이 아닐 정도로 전국의 주요 대학과 기관에서 중국어 교육의 열풍이 불었고, 학원가는 물론 출판사에서도 중국어 관련 상품이 쏟아져 나왔다. 그와 더불어 중국어 교재 시장은 이제 각종의 중국어 교재로 넘쳐나고 있다. 그러나 국내의 출판 현실은 그렇게 녹록지 않아 치열한 경쟁 속에서 수많은 책들이 빛을 보지 못하고 사라지곤 한다. 작금의 이러한 어려운 출판 상황에서도 역자들의 뜻을 헤아려 본서의 출판을 선뜻 허락해 주신 시사중국어사에 감사의 말씀을 전한다. 아울러 본서가 중국어 교육 발전에 일익을 담당할 수 있기를 기원한다.

2. 일러두기

본서의 제목은 《업그레이드 중국어 문법》이다. 이 책은 초급 수준의 중국어 문법 지식과 능력을 중·고급 수준으로 업그레이드하기 위한 문법서이다. 이러한 목표를 충실히 수행하기 위해 본서는 크게 실용성과 체계성이라는 두 가지 차원에 주안점을 두고 있다.

실용성과 체계성의 겸비

본서는 중국어 문법을 완성하고자 하는 학생, 그리고 중국어 교사의 꿈을 꾸고 중국어 문법을 체계적으로 정리하고자 하는 학생들을 대상으로 한다. 따라서 중국어로 회화를 하거나 작문을 하는 데 실질적으로 도움을 줄 수 있는 내용을 담고 있는 동시에 그러한 내용들을 산발적으로 전달하는 것이 아니라 체계적으로 소개하고 있다.

중국어 문법서에서 공통적으로 소개하고 있는 대부분의 문법 사항이 총망라되어 있으며, 문법 사항들을 단순히 소개하는 데에서 그치지 않고, 적용하고 응용하기 쉽도록 매뉴얼처럼 제시하여 회화나 작문에서 어려움이 생겼을 때 바로 찾아서 문제를 해결할 수 있게 하였다. 시중에 나와 있는 문법서들을 보면 저술상의 편의를 위하여 이론 문법의 체계성을 무시한 경우가 비일비재하다. 예를 들어, '把'자문이라면 특수문형이라는 큰 틀에서 다른 문형들과 함께 소개해야 하지만 '동사', '의문문', '보어' 등과 함께 제시하여 이들간의 관계를 엉클어뜨리고, 학생들이 어떤 것에 주안점을 두어 학습하고 사용해야 할지 헷갈리게 한다. 이는 문법의 체계성을 무시한 채, 회화 학습에 바로 적용할 수 있고 눈에 쉽게 띄는 문법 항목들만을 중심으로 배열하여 생기는 문제이다.

따라서 본서에서는 중국어의 구조를 한눈에 파악할 수 있도록 품사와 구, 문장성분, 단문, 복문 순으로 문법 층위를 고려하여 편성하고, 동작의 상, 특수 구문, 비교와 강조의 방법 등 중국어 특유의 문법 사항과 구문을 그 특징에 맞게 별도로 소개하여 중국어 학습자가 중국어의 구조를 체계적으로 인식하고 실제에 응용할 수 있게 하였다.

책의 구성 : '기본 문법'으로 다지고 '문법 업그레이드'를 거쳐 '문법정리'로 완성하기

본서의 각 장(lesson)은 크게 **개념정리** ≫ **STEP1 기본 문법 · STEP2 문법 업그레이드** ≫ **문법정리** 의 세 부분으로 구성되어 있다.

◆ INTRO 개념정리

각 장의 본격적인 학습 전에 기본 개념을 간결하게 설명하였다.

◆ STEP 1 기본 문법 / STEP 2 문법 업그레이드

STEP 1 에서는 가장 근간이 되는 초급 문법 내용을 바탕으로 기본 구조와 원리를 점검한다.

STEP 2 에서는 중 · 고급 단계의 문법 내용으로 응용력을 향상시킬 수 있다.

Upgrade Plus 는 부가적인 설명이 필요한 경우 역자들이 별도로 추가한 내용들이다. 이것은 다년간의 문법 수업을 하는 과정에서 학생 지도에 실제로 적용했었던 유용한 정보들을 중심으로 간추린 것이다.

◆ CHECK POINT 문법정리

각 장의 학습을 마친 후, 앞에서 다루었던 주요 문법 사항들을 체크할 수 있도록 했다. 학습자들은 여기에 직접 답함으로써 앞에서 배운 내용을 복습하고 정리할 수 있다. 또한 이 부분을 통해 해당 문법 지식을 능동적으로 체계화하고 입체적으로 이해할 수 있게 될 것이다.

역자 일동

차례

중국어 문법에 들어가기에 앞서

● 중국어 문법의 주요 특징

1. 중국어 문법에서는 어순이 가장 중요하다.

일반적인 문장에는 주어(主语), 서술어(谓语), 목적어(宾语), 관형어(定语), 부사어(状语), 보어(补语)의 여섯 개의 문장성분이 있으며, 중국어 문장의 일반적인 어순은 아래와 같다.

> **(관형어) + 주어 + (부사어) + 술어동사 + (보어) + (관형어) + 목적어**

이러한 중국어의 어순은 동사가 가장 마지막에 출현하는 독일어나 목적어가 동사 앞에 출현하는 한국어의 어순과 전혀 다르다. 또한 중국어의 동사는 형태의 변화가 없으므로 이와 관련된 규칙을 기억할 필요가 없다. 가령, 동사 '是'는 인칭(1인칭, 2인칭, 3인칭), 성(性), 수(数), 시간 등과 상관없이 형태가 변하지 않는다. 따라서 어순이 매우 중요하다고 볼 수 있다.

TIP

우리말의 경우, '내가 너를 사랑한다'는 '가'와 '를'이라는 격조사가 있어서 주어와 목적어를 분명하게 구분할 수 있다. 또한 '사랑한다'는 현재형이지만 '사랑했다'는 과거시제를 나타내는 표지가 붙어 현재시제와 다르게 표현한다. 이러한 모든 것을 '형태변화'라고 한다. 중국어의 경우, '我爱你'와 '你爱我'는 구성된 단어는 같으나 어순이 다르다. 전자는 내가 너를 사랑하는 것이고, 후자는 네가 나를 사랑하는 것이다. 我와 你가 각 문장에서 격을 표시하는 격조사 등의 형태표지가 없으므로 중국어는 이처럼 어순에 의존해야 한다.

2. 중국어에는 허사(虚词)가 중요한 역할을 맡는다.

중국어에는 많은 허사가 있다. 허사는 그 자체로는 구체적인 의미가 없지만, 실제 의미를 가지는 단어인 실사(实词)와 결합하게 되면 고유한 의미기능을 가질 수도 있다.

① 동태조사(动态助词) '了', '着', '过'를 보면, '看了'는 '보다(看)'라는 동작이 완료화되었음을 나타내고, '看着'는 보고 있음을, '看过'는 '보다(看)'라는 동작이 이전에 발생한 적이 있음을 나타낸다.

② 구조조사(结构助词) '的', '地', '得'의 경우, '我的帽子(나의 모자)'는 '帽子(모자)'의 주인이 '我(나)'이며, '我(나)'가 관형어임을 나타낸다. '客气地道谢(공손히 사의를 표하다)'는 '道谢(사의를 표하다)'의 태도가 매우 공손함(客气)을 나타내며, '地'에 의해 '客气'는 부사어가 된다. '跑得快(달리는 게 빠르다)'는 달리는 속도가 빠름을 나타내며, '得'에 의해 '快'는 보어가 된다.

3. 중국어는 양사(量词)가 유난히 많다.

외국인은 양사를 학습하고 파악하는 것이 비교적 어렵다. 각각의 양사를 하나씩 공부하고 기억하여 사용해야 한다.

① '书(책)'는 '一本书(책 한 권)', '一套书(책 한 질)', '一批书(책 한 무더기)'라고 할 수 있지만, '一张书', '一条书', '一支书'라고 할 수 없다.

② '衣服(옷)'의 경우, '一件衣服(옷 한 가지)', '一套衣服(옷 한 벌)', '一身衣服(옷차림)'라고 할 수 있지만, '一本衣服', '一张衣服', '一粒衣服'라고 할 수 없다.

◆ 중국어의 어순과 사유방식 구축

중국어는 어순과 사유방식이 일치하여, 일반적으로 '누구'를 먼저 언급한 뒤에 '언제', '어디에서'를 이야기하고, 그 다음에 '무엇'을 했는지 이야기한다.

1. 목적어는 동사 혹은 전치사의 뒤에 위치한다.

문장의 구조를 보면 목적어는 반드시 동사 혹은 전치사의 뒤에 위치한다.

① '告诉她(그녀에게 알려주다)'에서 '她'는 동사 '告诉'의 목적어이다. '她告诉(그녀가 알려주다)'라고 하면 '她'는 주어가 된다.

② '开花(꽃이 피다)'에서 '花'는 동사 '开'의 목적어이다. '花开了'라고 하면, '花'는 주어가 된다.

③ '他对我说……(그는 나에게 ~라고 말한다)'에서 '我'는 전치사 '对'의 목적어이다. '我对他说……(나는 그에게 ~라고 말한다)'라고 하면, '我'는 주어가 된다.

2. 수식어(관형어, 부사어)는 피수식어의 앞에 위치한다.

① '我的房间(나의 방)'에서 '我'는 관형어이다. '房间的我'라고 하면 말이 되지 않는다.

② '哥哥的朋友'와 '朋友的哥哥'는 동일한 단어들을 사용했지만 어순이 달라짐으로써 가리키는 인물은 완전히 달라진다. 즉, '哥哥的朋友'는 '형의 친구'이고, '朋友的哥哥'는 '친구의 형'을 의미한다.

③ '慢慢地散步(느긋하게 산책하다)'에서 '慢慢地'는 '散步'의 속도를 설명하는 부사어이다. 만약 '散步, 慢慢地(산책해라, 느긋하게)'라고 한다면 다른 의미가 되며, '散步' 뒤에는 반드시 휴지(停顿)를 두어야 한다. 이때는 '慢慢地(느긋하게)'를 상기시키는 표현이다.

3. 보충성분(보어)은 동사 혹은 형용사 뒤에 위치한다.

① '听懂(듣고 이해하다)'에서 '听'은 동사이고, '懂'은 보어이다. '懂听'이라고 하면 말이 되지 않는다.

② '漂亮多了'에서 '漂亮'은 형용사이고, '多了'는 보어이다. 중국어에서는 '多了漂亮'과 같은 표현은 없다.

4. 구(词组)와 문장(句子)의 구조는 기본적으로 동일하다.

① '你听'은 주술구(主谓词组)이고, '你听。'은 주어와 술어동사가 있는 문장이다.

② '讲故事'의 경우, '讲故事的时候，孩子们都听得出了神。(이야기를 할 때, 아이들은 모두 넋을 잃고 들었다.)'에서 '讲故事'는 술목구(动宾词组)가 관형어로 쓰인 것이고, '老师做什么呢? (선생님은 무엇을 하고 계시니?)'라는 질문에 '讲故事。(이야기를 하셔.)'라고 답한다면 '讲故事'는 무주어문(无主语句)이다.

5. 의문문(疑问句)과 평서문(陈述句)의 어순이 동일하다.

중국어에서 일반적으로 평서문의 문장 끝에 '吗'를 부가하면 의문문이 된다. 또한 영어와 같은 일부 언어처럼 의문사를 반드시 문장 맨 앞에 쓰는 것이 아니라, 평서문에서 묻고 싶은 대상의 위치에 의문대명사를 바꿔 쓰면 의문문이 된다.

중국어와 시간순서원칙

한 언어의 어순은 실제 사건이 발생한 순서를 반영하는 경우가 많다. 이것을 '시간순서원칙'이라고 한다. 특히 현대중국어는 시간순서원칙을 잘 지키는 편이다. 아래의 세 가지 예에서 a는 현대중국어의 어순에 맞지만, b는 그렇지 않다.

① a. 他在厨房里做饭。
　 b. 他做饭在厨房里。(×)

② a. 父亲倒酒喝。
　 b. 父亲喝倒酒。(×)

③ a. 我吃饱了。
　 b. 我饱吃了。(×)

①은 '在厨房里(주방에 있다)'가 먼저 선행되어야 이어서 '做饭(밥하다)'이 이루어질 수 있다. ②는 '倒酒(술을 따르다)'의 행위가 먼저 선행되어야 이어서 '喝(마시다)'가 이루어질 수 있다. 그리고 ③은 먼저 '吃(먹다)'가 이루어져야 '饱(배부르다)'가 이루어질 수 있는 것이다. 이와 같이 시간순서의 원칙은 ①의 전치사구, ②의 연동문, ③의 보어구문 등에서 흔하게 나타나므로 중국어의 어순을 이해하는 데 매우 유용하다.

LESSON ① 품사

INTRO 개념정리

단어

단어(词)는 문법 단위 가운데 일정한 의미를 가진, 자유롭게 운용될 수 있는 최소단위이자 생각을 표현하는 기본 재료이다. 중국어의 단어에는 听, 说, 读, 写와 같이 하나의 음절인 것과 汉语, 语法, 学习와 같이 두 개의 음절인 것이 있고, 电视机, 国际主义와 같이 세 개 혹은 세 개 이상의 음절인 것도 있다.

형태소

어떤 음절은 그 자체로는 의미를 지니지 않아 단독으로 쓰일 수 없다. 가령, 玻璃의 玻와 璃나 尴尬의 尴과 尬의 각각의 음절(또는 글자)은 단독으로 쓸 수 없고 두 음절이 하나의 단위가 된다. 이렇게 의미를 가진 최소의 단위를 형태소(词素)라고 한다.

> **TIP**
>
> 玻璃, 尴尬, 踌躇처럼 그 단어 자체가 이미 하나의 형태소이므로 더 이상 분리할 수 없는 단어를 '연면사(联绵词)'라고 한다.

실사

중국어의 단어는 문장 내 기능에 따라 일반적으로 실사와 허사의 두 부류로 나뉜다. 실사는 어휘 의미(词汇意义)와 문법 의미(语法意义)를 가지고 있으며, 문장성분(句子成分)으로 쓰일 수 있는 단어를 가리킨다. 일반적으로 실사에는 명사(名词), 대명사(代词), 동사(动词—조동사(助动词) 포함), 형용사(形容词), 수사(数词), 양사(量词), 의성사(象声词), 감탄사(叹词)가 포함된다.

허사

허사는 어휘 의미 없이 문법 의미만을 가지고 있으며, 문장성분으로 쓰일 수 없는 단어를 가리킨다. 일반적으로 허사에는 전치사(介词), 접속사(连词), 조사(助词), 부사(副词)가 포함된다.

겸류사

중국어의 일부 단어는 여러 품사에 속하는 경우가 있으며, 이러한 단어를 겸류사(兼类词)라고 한다. 가령, 可能은 부사이면서 형용사와 명사에도 속하고, 建议는 동사, 명사 모두에 속하며, 高兴은 형용사와 동사로 분류된다.

> **TIP**
>
> 부사의 경우, 그 의미적 스펙트럼이 넓어서 어떤 것은 실사에 가깝고 어떤 것은 허사에 가깝다. 예컨대, 就, 才, 在, 又, 都, 也 등은 어휘 의미보다 문법 의미가 강하여 허사에 가깝다. 반면, 暗暗, 偷偷, 公然 등과 같은 양태부사들은 어휘 의미가 강하여 비교적 실사에 가깝다. 그러나 극소수의 부사(也许, 不, 没, 马上 등은 단독으로 쓰일 수 있다)를 제외한 모든 부사는 문장에서 단독으로 쓰일 수 없으므로 허사로 분류하는 편이다.

UNIT 01　명사

1. 명사는 사람 혹은 사물의 명칭을 나타내는 품사로, 아래와 같이 분류된다.

　① 사람을 나타내는 것

　　人, 老师, 医生, 工程师, 作家, 运动员, 总裁, 企业家 ……

　② 사물을 나타내는 것

　　桌子, 动物, 电脑, 饭, 菜, 树, 水果, 水, 咖啡 ……

　③ 시간을 나타내는 시간사(时间词)

　　年, 月, 星期, 昨天, 小时 ……

　④ 장소를 나타내는 장소사(处所词)

　　亚洲, 北京, 上海, 太平洋, 公园 ……

　⑤ 방위를 나타내는 방위사(方位词)

　　东, 前, 里, 左边, 上面, 以南 ……

　⑥ 추상명사(抽象名词)

　　政治, 印象, 思想, 文化, 理论 ……

2. '一个朋友'처럼 명사 앞에 수사와 양사를 쓸 수 있다. 그러나 일반적으로 명사 앞에 수사가 바로 올 수 없고, 반드시 양사를 써야 한다.

　　一本中文杂志　중국어 잡지 한 권　　　两张话剧票　연극 표 두 장

　　一中文杂志 （×）　　　　　　　　两话剧票 （×）

　양사의 성격을 띤 일부 명사 앞에만 '一人'이나 '三年'과 같이 수사를 직접 쓸 수 있다.

3. 명사의 복수형을 나타내는 방법에는 아래와 같은 몇 가지가 있다.

　1) 사람을 나타내는 명사 뒤에 접미사(词尾) '们'을 붙인다.

　　同学们　친구들(학생들)　　　　　　演员们　배우들

2) 명사 앞에 복수를 나타내는 수사와 양사를 쓴다.

两个同学 친구 두 명

五位大夫 의사 다섯 분

三支毛笔 붓 세 자루

六块点心 과자 여섯 조각

八件衣服 옷 여덟 벌

几架钢琴 피아노 몇 대

3) 복수를 나타내는 기타 단어

① 부사 '都'

家里人都在。 가족들이 다 있다.

동사 '在' 앞에 부사 '都'를 써서 주어 '家里人'이 복수임을 나타낸다. 그러나 '都'를 명사 앞에 써서 '都家里人'으로는 쓸 수 없다.

② 的자구의 '所有的'

所有的老师都参加了春季运动会。 모든 선생님들이 다 춘계운동회에 참가했다.

'所有的老师'는 복수이므로 동사 '参加' 앞에는 '都'를 쓸 수 있지만, '都老师'로는 쓸 수 없다.

4. 일부 명사는 명사 혹은 동사에 접미사 '子', '儿', '头'를 붙여 구성된다.

桌子 탁자

画儿 그림

木头 목재

UPGRADE PLUS

접미사 子, 儿, 头 외에 아래와 같은 준접미사도 있다.

- --家 : 学家, 专家
- --员 : 职员, 服务员
- --性 : 人性, 社会性
- --度 : 高度, 长度
- --法 : 做法, 看法

5. 일부 명사는 접두사 '老'나 '阿' 등과 결합하여 구성된다.

老师 선생님

老百姓 백성

老婆 마누라

老虎 호랑이

老鼠 쥐

阿姐 누님

阿婆 할머니

阿姨 이모

6. 명사는 주로 주어, 목적어, 관형어로 쓰이며, 일부 명사 혹은 명사구는 서술어로 쓰일 수 있다.

❶ 北京是中国的首都。   [주어]
베이징은 중국의 수도이다.

❷ 我学习汉语。   [목적어]
나는 중국어를 배운다.

❸ 我学习汉语语法。   [관형어]
나는 중국어 문법을 배운다.

❹ 今天元旦。   [서술어]
오늘은 신정이다.

UPGRADE PLUS

❹와 같은 문장을 '명사술어문'이라고 한다. 명사가 동사의 도움 없이 바로 서술어가 되는 문형을 가리키며, 이것은 중국어의 대표적인 문법 특징 중 하나이다.   LESSON 4·UNIT 03 명사술어문 참고

STEP 2 문법 업그레이드 ···

1. 방위사의 경우

1) 단음절로 된 방위사에는 '北', '后', '外', '左' 등이 있다.

2) 쌍음절로 된 방위사에는 '中间', '附近', '一带' 등이 있다.

단음절 방위사는 '边', '面', '头', '之', '以' 등과 결합하여 '西边', '外面', '后头', '之前', '以后' 등과 같은 쌍음절 방위사를 구성할 수 있다.

UPGRADE PLUS

주요 쌍음절 방위사

	上	下	前	后	里	外	左	右
--边	上边	下边	前边	后边	里边	外边	左边	右边
--面	上面	下面	前面	后面	里面	外面	左面	右面
--头	上头	下头	前头	后头	里头	外头		
以--	以上	以下	以前	以后		以外		

단음절 방위사 '东', '南', '西', '北'는 서로 결합하여 '东南', '东北', '西南', '西北'와 같은 쌍음절 방위사를 구성할 수 있다. 하지만, '南东', '北东', '南西', '北西'로는 쓰지 않는다.

3) 방위사는 일부 단어 뒤에서 '房间里', '大门外', '脸上', '五公里外', '三点以前' 등과 같은 방위구(方位词组)를 구성할 수 있다.

4) 장소사 뒤에 방위사를 써서 '公园里', '公寓楼前边', '天津附近', '学校东边' 등과 같은 방위구를 구성할 수 있다.

2. 지명(地理名词) 뒤에는 '里'를 쓸 수 없다. '亚洲里'나 '北京里'라고는 쓰지 않는다.

UPGRADE PLUS

원래부터 장소를 나타내는 명사, 즉 지명의 경우 굳이 里를 쓰지 않더라도 장소의 의미를 나타내므로 '他在首尔'이라고 하되, '他在首尔里'라고는 하지 않는다. 반면, 床, 桌子, 手 등과 房子, 院子, 口袋 등은 일반 사물명사이거나 장소의 의미가 희박한 경우인데, 이때는 上(전자)이나 里(후자)를 붙여 그 장소의 의미를 나타낸다. 家, 学校, 食堂, 图书馆, 教室, 宿舍, 办公室, 邮局, 商店, 公园, 饭店 등은 명확하게 장소의 의미로 쓰이므로 上이나 里를 붙이기도 하고 생략하기도 한다.

3. 명사의 복수를 나타낼 때는 수사, 양사와 '们'을 함께 쓸 수 없다. 가령, '四个朋友们'이라고 하지 않는다.

UPGRADE PLUS

중국어에서 복수를 나타내는 표현인 们은 한국어의 '-들'이나 영어의 '-s'에 비해 매우 제한적이다. 우선 사람을 나타내는 명사나 대명사 뒤에만 쓸 수 있으므로 书们, 桌子们, 狗们 등의 표현은 불가능하다. 또한 복수를 나타내기 위해 반드시 们을 붙여야 하는 것은 아니다. 즉, 们이 없어도 복수의 의미를 내포하는 경우가 많다. 한국어의 '-들'도 반드시 쓰는 것은 아니지만 중국어의 们이 한국어의 '-들'보다 적게 사용되는 편이다.

UNIT 02

대명사

기본 문법 ··

1. 대명사는 명사, 동사 등을 대신하는 품사이다. 일반적으로 문장 내에서의 역할에 근거하여 세 부류로 구분된다.

UPGRADE PLUS
···
'대명사(代词)'가 꼭 명사만을 대신하는 것은 아니다. 다만, 국어의 품사 명칭상 일반적으로 '대명사'라는 명칭이 상용되므로 중국어의 代词를 '대명사'로 번역한다.

1) 인칭대명사(人称代词)

단수 : 我, 你, 他, 她, 它, 自己, 别人

복수 : 我们, 咱们, 你们, 他们, 她们, 它们, 大家

UPGRADE PLUS
···
또 다른 인칭대명사 人家는 다른 사람을 통칭하거나 3인칭의 불특정 인물을 지칭할 때 사용한다. 경우에 따라 1인칭이나 3인칭의 특정인을 지칭하기도 한다.

- 人家都不怕，就你怕。[통칭 또는 불특정 3인칭]
  다른 사람들은 무서워하지 않는데, 너만 무서워한다.

- 原来是你呀，差点儿没把人家吓死。[1인칭]
  알고 보니 너였구나. 하마터면 나를 놀래 죽일 뻔 했어.

- 你把东西快给人家送回去吧。[3인칭]
  너는 물건을 빨리 그에게 보내라.

2) 지시대명사(指示代词)

단수 : 这, 那

복수 : 这些, 那些

근칭(近指) : 这, 这里, 这儿, 这么, 这样

원칭(远指) : 那, 那里, 那儿, 那么, 那样

기타 : 每, 各, 某, 本, 别的, 另外, 其他, 其余

3) 의문대명사(疑问代词)

　　谁, 什么, 多少, 怎么, 怎样, 怎么样

　　哪, 哪里, 哪儿

2. 대명사는 여러 가지 문장성분으로 쓰일 수 있다.

❶ 她会唱这个歌。　　　　　　　　　[주어]
　그녀는 이 노래를 부를 줄 안다.

❷ 玛丽想去那儿。　　　　　　　　　[목적어]
　메리는 그곳에 가고 싶어 한다.

❸ 我的书包在椅子上。　　　　　　　[관형어]
　나의 책가방은 의자에 있다.

❹ 这个字这么写。　　　　　　　　　[부사어]
　이 글자는 이렇게 쓴다.

❺ 你怎么了?　　　　　　　　　　　[서술어]
　너 왜 그래?

❻ 他画得怎么样?　　　　　　　　　[보어]
　그가 그린 것은 어떤가요? (그의 그림은 어때요?)

 **STEP 2** 문법 업그레이드 ···

1. 인칭대명사의 경우

1) '您'은 존칭으로, 일반적으로 단수 형식으로만 쓰인다.

> **UPGRADE PLUS**
>
> 你의 존칭으로 您이지만 이를 한국어의 존대법에 대응시켜 한국어처럼 반드시 윗사람이나
> 타인에게 사용해야 하는 것은 아니다. 예를 들어, 한국 학생들은 '선생님'에게 습관적으로 '您好'
> 라고 하지만 '你好'라고 해도 상관 없다. 중국어에는 한국어와 같은 분명한 기준의 존대법이 없
> 으므로 특별히 존칭을 더 의식하여 말하고자 할 때에만 您을 쓴다.

2) '它'는 사람 이외의 사물을 지시한다. 서면어에서는 복수 형식인 '它们'을 쓸 수 있다.

3) '自己'는 단수와 복수를 모두 나타낼 수 있다.

① '自己'가 단수를 나타내는 대명사 혹은 명사 뒤에 위치할 경우, '我自己(나 자신)', '小王自己 (小王 자신)'와 같이 단수를 나타낸다.

② '自己'가 복수를 나타내는 대명사 혹은 명사 뒤에 위치할 경우, '他们自己(그들 자신)', '教练们 自己(코치들 자신)'와 같이 복수를 나타낸다.

4) '我们'과 '咱们'

① '我们'은 '我'를 포함한 몇몇 사람을 가리키며, 상대방을 포함할 수도 있고, 포함하지 않을 수도 있다.

❶ 就这样定了，我们都坐飞机去。

이렇게 정했으니, 우리 모두 비행기를 타고 가자.

→ 상대방을 포함한다.

❷ 你们先走，不要等我们俩了。

너희 먼저 가. 우리 둘을 기다릴 필요 없어.

→ 상대방을 포함하지 않는다.

② '咱们'는 우리측(나 혹은 우리)과 상대방(너 혹은 너희)을 포함한 사람들을 가리킨다.

❶ 你别走了，咱们一块儿说说话吧。

당신 가지 말고, 우리 함께 이야기나 좀 해요.

❷ 咱们坐长途汽车，怎么样?

우리 시외버스를 타는 게 어때요?

UPGRADE PLUS

인칭대명사 자체로는 장소를 나타내지 못하므로 장소를 표시하기 위해서는 인칭대명사 뒤에 这儿, 那儿 등을 붙인다.

• 她经常来我这儿。　그녀는 여기에 항상 온다.

　她经常来我。　（✕）

• 你们那儿有超市吗?　너희가 있는 거기에는 슈퍼가 있니?

　你们有超市吗?　（✕）

2. 의문대명사의 경우

1) '多少'와 '几'(几는 대명사가 아니라 수사이다.)

① '多少'로 헤아리는 수는 클 수도 있고 작을 수도 있으므로 질문을 할 때 상대방의 대답이 얼마가 될지 고려하지 않아도 된다.

❶ A : 你们班有多少(个)学生? 너희 반은 학생이 몇 명이니?

B : 八个学生。 여덟 명이야.

二十三个学生。 스물 세 명이야.

八十六个学生。 여든 여섯 명이야.

② '几'는 일반적으로 10미만의 수를 나타낸다.

❶ A : 你们组有几个组员? 너희 조는 조원이 몇 명이니?

B : 六个组员。 여섯 명이야.

❷ A : 你们队有十几个队员? 너희 팀은 팀원이 열 몇 명이니?

B : 十八个队员。 열여덟 명이야.

❸ A : 你几岁了? 너는 몇 살이니?

B : 五岁了。 다섯 살이에요.

③ '多少'는 중간에 양사를 쓰지 않고 명사 앞에 직접 올 수 있다.

❶ 你买了多少(本)汉语词典?
당신은 중국어 사전을 얼마나(몇 권) 샀나요?

❷ 他们学了多少(个)汉字?
그들은 한자를 얼마나(몇 글자) 배웠나요?

④ '几'는 명사 앞에 직접 쓰일 수 없고, 중간에 반드시 양사를 써야 한다.

❶ 你写了几篇文章? 당신은 글을 몇 편 썼나요?

你写了几文章? （×）

❷ 你今天喝了几杯牛奶? 당신은 오늘 우유를 몇 잔 마셨나요?

你今天喝了几牛奶? （×）

2) 의문대명사는 때로는 문장 안에서 의문의 의미를 나타내지 않고, 강조 혹은 불특정 등의 의미를 나타내기도 한다. LESSON 8 · UNIT 01 참고

UNIT 03 형용사

STEP 1 기본 문법 ··

1. 형용사는 사람이나 사물의 형상, 성질 혹은 동작, 행위 등의 상태를 나타내는 품사이다.
'大', '矮', '好', '对', '快', '流利' 등은 모두 형용사이다.

 UPGRADE PLUS

형용사는 크게 성질형용사와 상태형용사로 나눌 수 있다. 일반적인 사물의 성질을 나타내는 大, 多, 高, 长, 好, 快, 漂亮, 干净 등을 성질형용사라고 하고, 비유나 묘사적 의미를 나타내면서 그 자체로 정도의 의미가 높은 雪白, 冰凉, 笔直, 热乎乎, 绿油油, 干干净净(성질형용사의 중첩도 상태형용사임) 등을 상태형용사라고 한다.

2. 형용사의 부정형식은 형용사 앞에 '不'를 붙인다.

不长 길지 않다   不紧张 긴장하지 않다

3. 대부분의 형용사(즉, 성질형용사)는 정도부사(程度副词)의 수식을 받을 수 있지만, 묘사의 의미가 강한 상태형용사는 정도부사의 수식을 받을 수 없다.

很好 매우 좋다   非常努力 대단히 노력하다
很雪白 （×）   非常慢吞吞 （×）

 UPGRADE PLUS

상태형용사는 일반적으로 앞에 부정사 不를 붙이지 않는다.

· 不雪白 （×）

또한 객관적인 상태를 묘사하므로 뒤에 了, 着, 过를 붙일 수 없다.

· 她漂漂亮亮了。 （×）

4. 대부분의 형용사는 그 뒤에 보어를 수반할 수 있다.

快极了　매우 빠르다

高兴得很　무척 기쁘다

早十分钟　10분 일찍

5. 형용사는 여러 가지 문장성분으로 쓰일 수 있다.

❶ 我们是好朋友。　　　　　　　[관형어]
우리는 친한 친구이다.

❷ 我大，你小。　　　　　　　　[서술어]
나는 나이가 많고, 너는 어리다.

❸ 学生要努力学习。　　　　　　[부사어]
학생은 열심히 공부해야 한다.

❹ 我喜欢热闹。　　　　　　　　[목적어]
나는 떠들썩한 것을 좋아한다.

❺ 你们要写清楚。　　　　　　　[보어]
당신들은 명확하게 써야 합니다.

❻ 可爱是婴儿的特点。　　　　　[주어]
귀여움은 갓난아기의 특징이다.

STEP 2 문법 업그레이드 ···

1. 형용사는 '是' 등의 동사 없이 직접 서술어로 쓰일 수 있다.

（我们在这边说吧。）这里安静。　　(우리 여기서 이야기하자.) 여기는 조용해.

만약 '这里是安静'과 같이 '是'를 넣으면 '이곳은 확실히 조용하다'라는 의미를 나타내며, '是'에 강세를 두어 발음해야 한다.

2. 일부 형용사는 중첩할 수 있으며, 정도가 심하다는 의미를 나타낸다.

1) 단음절 형용사를 중첩하게 되면, 일반적으로 그 뒤에 '的'나 '地'를 써야 하며, 서술어, 관형어, 부사어, 보어 등의 기능을 한다.

❶ 这个孩子的眼睛大大的。　　　[서술어]

이 아이의 눈은 커다랗다.

❷ 静静的河水向东流去。　　　[관형어]

잔잔한 강물이 동쪽으로 흘러간다.

❸ 河水静静地流淌着。　　　[부사어]

강물이 고요하게 흘러가고 있다.

❹ 她把儿子抱得紧紧的。　　　[보어]

그녀는 아들을 꽉 껴안았다.

2) 쌍음절 성질형용사의 중첩 형식은 AABB이다.

❶ 她总是高高兴兴的。　　　[서술어]

그녀는 언제나 즐겁다.

❷ 她喜欢漂漂亮亮的窗帘。　　　[관형어]

그녀는 어여쁜 커튼을 좋아한다.

❸ 她今天一直安安静静地坐着。　　　[부사어]

그녀는 오늘 줄곧 조용히 앉아있다.

❹ 她把书摆放得整整齐齐。　　　[보어]

그녀는 책을 가지런하게 놓아두었다.

Upgrade plus

① 성질형용사의 중첩 형식 :

- 단음절 형용사 : AA형 → 大大, 长长, 慢慢 등
- 쌍음절 형용사 : AABB형 → 干干净净, 清清楚楚 등
- 성질형용사 + 里 : A里AB형 → 糊里糊涂, 土里土气 등 (주로 부정적인 의미를 나타냄)

② 상태형용사의 중첩 형식 : ABAB형

- 雪白 → 雪白雪白
- 笔直 → 笔直笔直
- 冰凉 → 冰凉冰凉

---

3. 형용사가 단독으로 서술어로 쓰이는 경우 항상 '很'이 선행되어야 한다. 만약 '很'을 쓰지 않으면 대체로 대조의 의미를 나타낸다.

❶ 她很高。　그녀는 키가 크다.

她高。　그녀는 크다. (→ 她高，你矮。그녀는 크고, 너는 작다.)

❷ 他很老。　　그는 늙었다.

他老。　　그는 늙었다. (→ 他老，你不老。 그는 늙었고, 너는 늙지 않았다.)

이때 '很'은 일반적으로 정도가 심하다는 의미를 나타내지 않는다. 만약 정도가 심하다는 의미를 나타내려면, '很'에 강세를 두어 발음해야 한다.

4. 일부 형용사는 단독으로 서술어가 될 수 없고, 관형어로만 쓰일 수 있다. 이러한 형용사를 '구별사(区别词)' 혹은 '비술어형용사(非谓语形容词)'라고 한다.

❶ 她是正主任，我是副经理。　　그녀는 주임이고, 나는 부대표이다.

❷ 男同学跳高，女同学跳绳。　　남학생은 높이뛰기를 배우고, 여학생은 줄넘기를 배운다.

❸ 我们坐公共汽车吧。　　우리 버스를 타자.

이런 형용사는 각종 도표(서식)에 기입하는 경우에만 '男', '女' 등과 같이 단독으로 쓸 수 있다.

5. 형용사 '多'와 '少'

1) '多', '少'가 관형어로 쓰이는 경우 그 앞에는 대체로 '很'이나 '不'를 써야 한다.

❶ 很多同学是北方人。　　많은 학생들이 북쪽 지역 사람이다.

多同学是北方人。　（×）

❷ 他保存了不少奖章。　　그는 적지 않은 메달을 간직하였다.

他保存了少奖章。　（×）

他保存了多奖章。　（×）

2) 일부 관습적인 표현에서는 '多'가 단독으로 관형어로 기능할 수 있다.

多民族的国家　다민족국가　　　　　　多功能厅　다용도홀

UNIT 04 수사

1. 수사는 수효를 나타내는 품사이다. 수사의 종류는 아래와 같다.

① 기수(**基数**)

一, 二, 三, 四, 五, 六, 七, 八, 九, 十, 〇/零, 百, 千, 万, 亿

② 서수(**序数**)

第一, 初二

중국어에서 때로는 2008年(2008년), 八月(8월), 八日(8일), 二姐(둘째 누나), 四层(4층)처럼 기수사로 서수를 나타내는 경우도 있다.

③ 배수(**倍数**)

两倍, 十五倍

④ 소수(**小数**)

三点一四一六

⑤ 분수(**分数**)

三分之一, 三分之二

⑥ 어림수(**概数**)

七八个, 十几个, 二十多, 三十左右, 百把人 백 명 정도

2. 수사는 주어, 목적어 등으로 쓰일 수 있다.

❶ 二十是二的十倍。　　　　　　　[주어]
20은 2의 열배이다.

❷ 二乘二等于四。　　　　　　　　[목적어]
2 곱하기 2는 4이다.

❸ 三十是六的五倍。　　　　　　　[관형어]
30은 6의 다섯 배이다.

❹ 六八四十八。　　　　　　　　　[서술어]
6×8=48

3. 수사는 주로 양사와 함께 사람, 사물 혹은 동작의 수량을 나타낸다.

一个人　한 사람　　　　　　一件事情　일 한 가지

四首曲子　노래 네 곡　　　　五次　다섯 차례

七遍　일곱 번

STEP 2 문법 업그레이드

1. 숫자 읽는 법(称数法)

1) 1~10,000의 수는 모두 '십진법'으로 나타낸다.

'一'이 10개이면 '十(십)'

'十'이 10개이면 '百(백)'

'百'이 10개이면 '千(천)'

'千'이 10개이면 '万(만)'

2) 10,000 이상의 수

'万'이 10개이면 '十万(십만)'

'十万'이 10개이면 '百万(백만)'

'百万'이 10개이면 '千万(천만)'

'千万'이 10개이면 '亿(억)', '亿'은 '万万(만만)'이라고도 할 수 있다.

3) 1부터 억 단위까지 모두 9개의 자리를 나타내며, 오른쪽에서 왼쪽으로 헤아린다.

亿(万万)	千万	百万	十万	万	千	百	十	个
100,000,000	20,000,000	3,000,000	400,000	50,000	6,000	700	80	9

회화에서는 '一亿两千三百四十五万六千七百八十九(일억 이천 삼백 사십 오만 육천 칠백 팔십구)'라고 말한다. 이 가운데 '일, 십, 백, 천, 만, 억'은 특히 주의해야 한다.

4) 여러 자릿수로 나타내는 연도, 차량, 선박, 방, 전화, 휴대전화 등의 번호는 일반적으로 숫자를 그대로 말하며 자릿수를 말하지 않는다. 이때 '1'과 '7'의 혼동을 피하기 위하여 '1'은 '幺 yāo'로 읽기도 한다.

❶ 我的电话号码是 <u>82301234</u>。　나의 전화번호는 82301234이다.

→ 八二三〇幺二三四

八千二百三十万一千二百三十四　(×)(❷❸ 동일)

❷ 他的手机号是 13901056789。　　그의 휴대전화번호는 13901056789이다.

→ 幺三九〇幺〇五六七八九

❸ B89561是这辆汽车的车牌号。　　B89561은 이 자동차의 번호판 번호이다.

→ B八九五六幺

❹ 2008年在北京举行奥运会。　　2008년에 베이징에서 올림픽이 개최되었다.

→ 二〇〇八年 (연도는 两千〇八年으로 읽기도 한다.)

2. '0' 읽는 법

1) '0'이 단독으로 쓰이는 경우와 여러 자릿수 가운데 십 단위 자릿수에 쓰인 경우 모두 '〇/零'으로 읽는다.

3 – 3=0　→　三减三等于〇　　　　33,303　→　三万三千三百〇三

2) 여러 자릿수의 마지막에 '0'이 쓰이면, '0'의 개수가 몇 개이든 '〇/零'을 읽지 않는다.

30　→　三十　　　　　　　　　　300　→　三百

3,000　→　三千　　　　　　　　　30,000　→　三万

3) 여러 자릿수에서 두 개 이상의 '0'이 연속되는 경우(단, 일 단위 자릿수는 '0'이 아님), '〇'은 한 번만 읽는다.

3,003　→　三千〇三　　　　　　　30,033　→　三万〇三十三

330,003　→　三十三万〇三　　　　3,000,033　→　三百万〇三十三

4) 연도, 차량, 선박, 방, 전화, 휴대전화 등의 번호에서 모든 '0'은 다 읽어야 한다.

❶ 2008年奥运会在北京举行。　　2008년 올림픽은 베이징에서 개최되었다.

→ 二〇〇八年

❷ 电话 010-82905060　전화 010-82905060

→ 〇幺〇，八二九〇五〇六〇

❸ 手机号 13401020004　휴대전화 번호 13401020004

→ 幺三四〇幺〇二〇〇〇四

3. '1'이 여러 자릿수 가운데 십 단위 자리에 쓰이면, '一十'이라고 읽는다. '幺十'로 읽거나 '十'으로만 읽지 않는다.

313　→　三百一十三　　　　　　　30,113　→　三万〇一百一十三

4. '2' 읽는 법

1) 중국어에서 '2'는 '二'이나 '两'으로 표시할 수 있다. '二'은 단독으로 쓰일 수 있지만, '两'은 불가능하다.

一、二、三 일, 이, 삼

这是二。 이것은 2이다.

这是两。 (×)

2) 숫자, 특히 여러 단위의 자릿수가 '2'이면 모두 '二'로 읽는다.

12 → 十二   十两 (×)

20 → 二十   两十 (×)

322 → 三百二十二

2,222 → 二千二百二十二

3) 서수와 분수 가운데 '2'는 모두 '二'로 읽는다.

❶ 他是老二。 그는 형제 가운데 둘째이다.

❷ 他这次比赛得了第二名。 그는 이번 경기에서 2등을 했다.

❸ 三是六的二分之一。 3은 6의 $\frac{1}{2}$이다.

❹ 这个班的女同学占三分之二。 이 반의 여학생은 전체의 $\frac{2}{3}$이다.

4) '2'가 양사 앞에 위치하면, 대체로 '两'으로 읽는다.

2张纸 → 两张纸 종이 두 장   二张纸 (×)

2条裙子 → 两条裙子 치마 두 벌   二条裙子 (×)

2杯牛奶 → 两杯牛奶 우유 두 잔   二杯牛奶 (×)

'2'가 중국의 전통적인 도량형 단위양사 앞에 오는 경우에는 '二'이라고 말할 수 있다. 그러나 서양 문물과 함께 도입된 도량형 단위 앞에서는 대체로 '两'을 쓴다.

2斤肉 → 二斤肉 / 两斤肉 고기 두 근

2里地 → 二里地 / 两里地 2리 거리의 길

2尺长 → 二尺长 / 两尺长 두 자의 길이

2平方米大 → 两平方米大 2평방미터의 넓이

2公里 → 两公里 2킬로미터

2米长 → 两米长 2미터 길이

2克食盐：两克食盐 소금 2그램

5. 분수는 반드시 분모를 먼저 말하고 나서 분자를 말한다.

$\frac{1}{2}$ → 二分之一 / 0.5   一分之二 （×）

$\frac{2}{1}$ → 一分之二 / 2   二分之一 （×）

$\frac{2}{5}$ → 五分之二   二分之五 （×）

$\frac{5}{2}$ → 二分之五   五分之二 （×）

UNIT 05 양사

STEP 1 기본 문법 ··

1. 양사는 계산 단위를 나타내는 품사로, 두 부류로 나눌 수 있다.

  1) 명량사(名量词)

   ① 도량형 단위(度量衡单位)
      克, 公斤, 毫升, 吨, 亩, 平方米

   ② 화폐 단위(货币单位)
      元(＝块), 角(＝毛), 分

   ③ 시간 단위(时间单位)
      点, 分, 秒, 刻, 年, 月, 日, 周

   ④ 개체 단위(个体单位)
      个, 本, 把, 条, 张, 章, 幅

   ⑤ 집합 단위(集体单位)
      对, 双, 批, 套, 群

   ⑥ 복합 단위(复合单位)
      人次 연인원, 吨公里 톤킬로미터, 架次 연대수, 秒立方米 ㎥/s

   ⑦ 불확정량 단위(不定量单位)
      点儿, 些

  2) 동량사(动量词)

   동량사는 명량사에 비하여 그 수가 적다. '次', '遍(한 동작의 처음부터 끝까지의 전 과정)', '趟(왕복 횟수)', '回', '下儿' 등이 있다.

2. 양사는 대체로 구체적인 의미가 없으므로 중첩한 단음절 양사를 제외하고는 수사와 분리되어 단독으로 쓰이지 않는다. 또한 항상 수사 혹은 지시대명사의 뒤에 온다.

  1) 명량사는 항상 명사 앞에 위치한다.

      一个(人) (사람) 한 명

六双(袜子) (양말) 여섯 켤레

两张(桌子) (탁자) 두 개

2) 동량사는 항상 동사 뒤에 위치한다.

(去)两次 두 차례 (가다)

(看)一遍 처음부터 끝까지 한 번 (보다)

3. '个'는 광범위하게 응용되는 명량사이지만, 고유의 양사를 가진 명사와는 함께 쓰지 않는다.

一把水果刀 과도 한 자루   四本书 책 네 권

一个水果刀 （✕）   四个书 （✕）

两条鱼 생선 두 마리   三件上衣 상의 세 벌

两个鱼 （✕）   三个上衣 （✕）

4. 단음절 양사는 중첩이 가능하며, '**每**'의 의미를 나타낸다. 중첩형태의 양사는 주어 혹은 관형어, 부사어의 기능을 할 수 있다.

  ❶ 运动场上，个个都摩拳擦掌，跃跃欲试。   [주어]

     운동장에서 모두들 두 주먹을 불끈 쥐고는 날뛴다.

  ❷ 件件古董都是无价之宝。   [관형어]

     한 점 한 점의 골동품들이 다 더없이 값지다.

  ❸ 我看这个电影遍遍都有新感受。   [부사어]

     나는 이 영화를 보면, 매 번 새로운 느낌이 든다.

STEP 2 문법 업그레이드 ···

1. 명량사의 경우

  1) 중국어의 명량사는 매우 다양하므로 반드시 특정 명사에 쓰이는 양사가 함께 학습되어야 하며, 함부로 아무렇게나 사용해서는 안 된다.

  2) '**位**'와 '**名**'은 모두 사람에게 쓰는 양사이지만, '**人**'자 앞에 직접 쓸 수 없고, 반드시 '一位/名 + 특정한 사람'의 형식으로 써야 한다.

一位律师 변호사 한 분　　三位法官 법관 세 분　　五位客人 손님 다섯 분
一位人 （×）

两名演员 배우 두 명　　八名队员 대원 여덟 명　　十名妇女 여성 열 명
四名人 （×）

3) '点儿'과 '些'는 부정확한 양을 나타내는 양사로 오직 '一'와 결합하여 '一点儿'과 '一些'로만 쓸 수 있다. '一点儿'과 '一些'는 명사 앞에서 관형어로 쓰이거나 형용사 뒤에서 보어로 쓰일 수 있지만, 형용사나 동사의 앞에서 부사어로 쓰일 수는 없다.

一点儿酒 술 조금　　　　一点儿吃的 먹을 것 조금　　一点儿吃 （×）
一些人 몇몇 사람　　　　一些衣服 옷 몇 벌　　　　一些容易 （×）

他的腿好一点儿了。　　그의 다리는 좀 좋아졌다.
他的腿一点儿好了。 （×）

他的腿好一些了。　　그의 다리는 다소 좋아졌다.
他的腿一些好了。 （×）

4) 양사의 성격을 띠는 일부 명사 앞에는 수사가 바로 올 수 있으며, 중간에 양사를 쓰지 않는다.

一年 일 년　　　　　　　　　两天 이틀
一个年 （×）　　　　　　　两个天 （×）

三岁 세 살　　　　　　　　四周 4주
三个岁 （×）　　　　　　　四个周 （×）

그러나 시간의 양(时段)을 나타내는 경우에는 '月'와 '钟头'의 앞에 반드시 양사 '个'를 붙인다.

一个月 한 달(1개월)　　　　两个月 두 달(2개월)
十个月 열 달(10개월)　　　　二十个月 20개월
一个钟头 한 시간　　　　　　两个钟头 두 시간
七个钟头 일곱 시간

일부 명사의 앞에는 '个'를 써도 되고, 쓰지 않아도 된다.

两个小时 / 两小时 두 시간　　　　八小时 / 八个小时 여덟 시간
四个星期 / 四星期 4주　　　　　　六星期 / 六个星期 6주
五个人 / 五人 다섯 명　　　　　　九人 / 九个人 아홉 명

2. 동량사의 경우

1) 동량사는 수사와 결합하여 주로 동사의 보어로 기능한다.

❶ 那本小说我看了三遍。　그 소설책을 나는 처음부터 끝까지 세 번 봤다.

❷ 他每天都来一次。　그는 매일 한 번씩 온다.

2) 동량사 '遍'은 처음부터 끝까지의 전 과정을 나타낸다.

❶ 这个电影我看了三次，但是没看完过一遍。
이 영화를 나는 세 번 봤지만, 처음부터 끝까지 한 번을 다 본 적은 없다.

3) 동량사 '下儿'은 두 가지 의미가 있다.

① 구체적인 동작의 단위를 나타낸다.

❶ 他敲了三下儿。　그는 세 번 두드렸다.

❷ 他拍了一下儿手。　그는 손뼉을 한 번 쳤다.

② '一下儿'은 동작이 짧은 시간동안 이루어짐을 나타내기도 한다.

❶ 你等一下儿吧。　너 잠시만 기다려 봐.

❷ 我要复习一下儿。　나는 복습을 좀 해야 한다.

❸ 请你帮我问一下儿。　당신 제 대신 질문 좀 해 주세요.

3. 양사와 수사 '半'

1) 半 + 양사(+ 명사) : 절반의 수량을 나타낸다.

半杯(开水)　(끓인 물) 반 잔

半个(月)　(한 달의) 반, 15일

2) 半 + 양사의 성격을 띤 명사 : 절반의 수량을 나타낸다.

半年　반년, 6개월

半岁　반살, 생후 6개월

3) 수량 + 양사 + 半(+ 명사) : 정수 이외에 절반이 더 있음을 나타낸다.

一个半(馒头)　(소 없는 찐빵) 한 개 반

一半个(馒头)　(×)

两斤半(西红柿)　(토마토) 두 근 반

两半斤(西红柿)　(×)

一年半(时间) 1년 반(의 시간), 18개월
一半年 (✕)

两岁半(年纪) 두 살 반(의 나이), 생후 30개월
两半岁 (✕)

4. 양사와 수사 '多'를 이용한 어림수 표현

1) 두 자리 이상의 정수(일 단위 자릿수가 0) + **多** + 양사(+ 명사)

二十多克(盐) (소금) 20여 그램 (→ 30g에 못 미침)
二十克多(盐) (✕)

一百多公斤(牛肉) (소고기) 100여 킬로그램 (→ 200kg이 되지 않음)
一百公斤多(牛肉) (✕)

五十多岁 50여 세 (→ 60세가 되지 않음)
五十岁多 (✕)

五千多年 5천여 년 (→ 6천 년에 못 미침)
五千年多 (✕)

三千二百六十多元(钱) 3,260여 위안
三千二百六十元多(钱) (✕)

2) 정수(일 단위의 자릿수가 1~9) + 양사 + **多**(+ 명사)

三个多(馒头) (소가 없는 찐빵) 세 개 남짓
三多个(馒头) (✕)

二十二岁多 스물두 살 남짓
二十二多岁 (✕)

三百三十五公斤多 335 킬로그램 가량
三百三十五多公斤 (✕)

5. 화폐 — 인민폐 표시법

1) 인민폐의 계산 단위는 '元', '角', '分'이며, 회화에서는 '块', '毛', '分'이 주로 쓰인다.

2) 아라비아 숫자로 표기된 금액의 뒤에는 단위 양사 '元'을 쓴다.

0.02元	→	两分(钱)
0.20元	→	两角(钱) / 两毛(钱)
		二十分(钱)　(✕)
0.22元	→	两角两分(钱) / 两毛二 / 两毛两分钱
		二十二分(钱)　(✕)
2.34元	→	两元三角四分(钱) / 两块三毛四(分钱)
3.50元	→	三元五角 / 三块五(毛钱)
		三块半　(✕)
5.67元	→	五元六角七分(钱) / 五块六毛七(分钱)
89.12元	→	八十九元一角两分(钱) / 八十九块一毛二(分钱)

6. 연, 월, 일 표시법

1) 중국어에서 날짜와 시간은 큰 단위로부터 작은 단위 순으로 표시한다.

某年	某月	某日	星期几	上午/下午/晚上	几点钟
년	월	일	요일	오전/오후/저녁	시각

2008年8月8日星期五下午两点半　2008년 8월 8일 금요일 오후 2시 반

2007年9月16日 : 2007. 09. 16

2) 시점 표시법

① 년 : 서수(기수로 표시) + 年

AD 1954：公元一九五四年　서기 1954년

AD 2008：公元二〇〇八年　서기 2008년

一年级　1학년	二年级　2학년	三年级　3학년
四年级　4학년	五年级　5학년	六年级　6학년

'年' 앞에는 '个'를 쓸 수 없다.

2008个年　(✕)　　　　　　　　　　第一个年　(✕)

② 월 : 서수(기수로 표시) + 月

一月 1월　　　　二月 2월　　　　三月 3월 …… 十二月 12월

③ 일 : 서수(기수로 표시) + 日/号 (회화에서는 주로 号를 사용한다.)

一日/号 1일　　二日/号 2일　　三日/号 3일 …… 十日/号 10일 ……

二十二日/号 22일 …… 三十日/号 30일　　　三十一日/号 31일

④ 요일 : 星期 + 서수(기수로 표시)

星期一 월요일　　　星期二 화요일 …… 星期六 토요일　　　星期日/星期天 일요일

'星期'는 회화에서 '周'나 '礼拜'를 쓰기도 한다.

周一　　　　周二　　…… 周六　　　　周日

礼拜一　　　礼拜二　　…… 礼拜六　　　礼拜日/礼拜天

3) 기간 표시법

① 년 : 기수 + 年 (기수와 '年' 사이에는 '个'를 쓰지 않는다.)

❶ 我们高中读了三年。　　우리는 고등학교를 3년간 다녔다.

我们高中读了三个年。　（✕）

❷ 她在台湾工作了二十年。　　그녀는 대만에서 20년간 일했다.

她在台湾工作了二十个年。　（✕）

② 월 : 기수 + 양사 个 + 月

两个月 두 달

一年有十二个月，六个月是半年。　　일 년은 열두 달이고, 6개월은 반 년이다.

③ 일 : 기수 + 天/日 (기수와 '天/日' 사이에는 '个'를 쓸 수 없다.)

❶ 一个星期有七天。　　한 주는 7일이다.

一个星期有七个天。　（✕）

❷ 一年有三百六十五天。　　1년은 365일이다.

一年有三百六十五个天。　（✕）

④ 주 : 기수(+ 양사 个) + 星期

❶ 一个月有四(个)星期。　　한 달은 4주이다.

❷ 她去国外旅游了两(个)星期。　　그녀는 2주 동안 해외여행을 갔다.

'周'도 '一周有七天(한 주는 7일이다)'과 같이 기간을 나타낼 수 있지만, '一个周'로는 쓰지 않는다.

⑤ '上午', '下午', '晚上' 앞에 기수와 '个'를 부가하여 기간을 나타낼 수 있다. 수사가 '一'일 경우 '个'
  는 생략이 가능하다.

  ❶ 我等了你一(个)上午了。　나는 오전 내내 당신을 기다렸어요.

  ❷ 这本书我看了两个下午了。　이 책을 나는 이틀 오후 동안 보았다.

  ❸ 他一连用了五个晚上，才写完这篇调查报告。
     그는 연속 5일 밤을 들여서 비로소 이 조사 보고서를 다 작성하였다.

7. 시간 표시법

1) 시각

중국어에서 시각은 대체로 '수사 + 点 + 수사 + 分(+ 수사 + 秒)'과 같이 큰 단위로부터 작은 단위 순
으로 표기한다.

  ❶ 现在是下午两点五十三分(十五秒)。　지금은 오후 2시 53분 (15초)이다.

  ❷ 这趟火车出发的时间是十九点二十五分。　이번 기차의 출발 시간은 19시 25분이다.

① 수사 + 点(钟) (회화에서는 대체로 '钟'을 생략한다.)

  5:00　→　五点(钟)
  10:00　→　十点(钟)
  12:00　→　十二点(钟)

② 수사 + 点 + 수사 + 分

  2:05　→　两点(零)五分
  11:10　→　十一点十分

③ 수사 + 点 + 수사 + 刻

  1:15　→　一点一刻
  7:45　→　七点三刻
  9:30　→　九点半 / 九点三十分
  　　　　 九点两刻 （×）

2) 시간량

① 수사 + 个 + 钟头

  ❶ 我们每天工作八个钟头。　우리는 매일 여덟 시간 일한다.

  ❷ 她看书看了两个钟头。　그녀는 책을 두 시간 동안 읽었다.

② 수사(+ 个) + 小时

　❶ 我们讨论了一(个)小时。　우리는 한 시간 동안 토론했다.

　❷ 他们每周工作四十(个)小时。　그들은 매주 40시간 일한다.

③ 수사 + 分钟

　❶ 这个中学每节课四十五分钟。　이 중(고등)학교는 매 교시가 45분이다.

　❷ 两节课之间休息十分钟。　두 수업 사이에 10분간 휴식한다.

④ 수사 + 秒(钟)

　❶ 她一百米跑了十二秒(钟)。　그녀는 100미터를 12초에 달렸다.

　❷ 给你五秒(钟)的时间。　당신에게 5초의 시간을 주겠습니다.

8. 서수

1) 일부 서수는 반드시 '第'나 '老' 등의 접두사를 부가해야 한다.

第一年　첫 해

第二年　두 번째 해

左边第二个房间　왼쪽 두 번째 방

第一个月是一月。　첫째 달은 1월이다.

这是他家的老大，老二不在家。이 사람은 그 집의 첫째이고, 둘째는 집에 없어요.

2) 일부 서수는 직접 수사를 써서 나타낸다.

　❶ 那个男孩子是四年级的学生。　저 남자 아이는 4학년 학생이다.

　❷ 他有两个姐姐，大姐是教师，二姐是公司职员。

　　그는 누나가 둘 있는데, 큰 누나는 교사이고, 둘째 누나는 회사원이다.

이밖에도 '三姨(셋째 이모)', '四叔(넷째 숙부)' 등으로 쓸 수 있다. 이러한 서수는 친척 관계의 호칭을 나타내며, 가장 나이가 많은 경우 '一'을 쓰지 않고 '大'를 쓴다.

UNIT 06 동사

기본 문법 ···

1. 동사는 동작, 행위, 심리활동, 변화 등을 나타내는 품사로, '写', '代表', '恨', '结束', '有', '进' 등이 있으며, '是' 역시 동사이다.

2. 동사와 목적어

1) 일부 동사는 목적어를 수반하지 않는다.

❶ 他醒了。　그가 깨어났다.

❷ 我有点儿咳嗽。　나는 기침이 좀 난다.

목적어를 수반할 수 없는 동사로는 '醒', '病', '活', '躺', '出发', '休息', '失败' 등이 있다.

2) 일부 동사는 목적어를 수반할 수도 있고, 수반하지 않을 수도 있다.

❶ 我看了。　나는 보았다.

❷ 她看电视。　그녀는 TV를 본다.

❸ 你说，我写。　당신이 말하면, 제가 쓸게요.

❹ 你说汉语，他写汉字。　네가 중국어로 말하면 그는 한자로 쓸 거야.

UPGRADE PLUS

동사는 그것이 취하는 목적어의 종류에 따라 '及物动词(타동사)'와 '不及物动词(자동사)'로 나뉜다.

① 及物动词 : 주로 뒤에 피동작주 목적어(吃饭 밥 먹다), 대상목적어(打球 공놀이하다), 결과목적어(写字 글자 쓰다)를 취한다.

② 不及物动词 : 주로 뒤에 장소목적어(上山 산을 오르다), 도구목적어(睡床 침대에서 자다), 존재목적어(来了两个人 두 사람이 왔다)를 취한다.

3) 일부 동사는 두 개의 목적어를 수반할 수 있다.

❶ 老师教我们语法。　선생님께서 우리에게 문법을 가르친다.

❷ 他告诉我一件事。　그는 나에게 한 가지 일을 알려주었다.

두 개의 목적어를 수반할 수 있는 동사로는 '告诉', '给', '教', '叫', '通知', '问', '送', '租', '借', '卖', '还huán', '报告', '求', '赔', '称' 등이 있다.

UPGRADE PLUS

위의 동사들을 포함한 이중목적어를 취하는 동사들은 아래와 같은 부류로 나눌 수 있다.

① 수여류 : 给, 送, 卖, 还huán, 赔, 发, 付, 赏, 找(거슬러 주다) 등
② 취득류 : 租, 借, 买, 偷, 夺, 要, 拿, 抢 등
③ 호칭류 : 叫, 称 등
④ 말하기류 : 告诉, 教, 通知, 问, 报告, 求, 骂, 夸, 请教 등

3. 동사 앞에는 각종 수식어(부사어)를 부가할 수 있다. 단, 동작동사와 생리상태를 나타내는 동사는 정도부사의 수식을 받을 수 없으므로 '很看', '非常走', '很病' 등과 같은 표현은 쓸 수 없다.

快走　빨리 걷다

认真思考　진지하게 생각하다

非常喜欢　매우 좋아하다

UPGRADE PLUS

爱, 恨, 喜欢, 讨厌, 想, 希望 등과 같이 감정을 나타내는 동사 앞에는 정도부사 很, 非常 등을 부가할 수 있다.

4. 동사 뒤에는 여러 가지 보어가 올 수 있다.

学会　배워서 할 수 있다　　　　　　拿出来　꺼내다

计划得很周到　빈틈없이 계획하다　　写不清楚　분명하게 쓸 수 없다

看一个小时　한 시간 동안 보다　　　送到门口　입구까지 배웅하다

5. 동사는 여러 가지 문장성분으로 기능할 수 있다.

❶ 我用电脑。　　　　　　　　　　[서술어]

나는 컴퓨터를 사용한다.

❷ 笑可以使人忘掉烦恼。　　　　　[주어]

웃음은 사람들이 걱정을 잊어버리게 한다.

❸ 她爱锻炼。　　　　　　　　[목적어]

그녀는 신체단련을 즐겨한다.

❹ 这是煮的菜。　　　　　　　[관형어]

이것은 익힌 요리이다.

❺ 我听完了这段相声。　　　　[보어]

나는 이 단락의 만담을 다 들었다.

❻ 她抱歉地点了点头。　　　　[부사어]

그녀는 미안해하며 고개를 끄덕였다.

6. 동사의 부정형식

1) 대체로 동사 앞에 '不' 혹은 '没(有)'를 사용하여 부정한다.

❶ 我不喜欢唱歌。　　나는 노래 부르는 것을 좋아하지 않는다.

❷ 他没去长城。　　그는 만리장성에 가지 못했다.

2) 동사 '是'의 부정형식은 '不是'이다.

❶ 她不是售货员。　　그녀는 판매원이 아니다.

❷ 我不是懂事长。　　나는 사장이 아니다.

他没是北京人。　（×）

3) 동사 '有'의 부정형식은 '没有'이다.

❶ 我没有这种手机。　　나는 이런 종류의 휴대전화가 없다.

❷ 教室里没有人。　　교실에는 사람이 없다.

家里不有人。　（×）

STEP 2 문법 업그레이드 ┈┈┈┈┈┈┈┈┈┈┈┈┈┈┈┈┈┈┈┈┈┈

1. 동사 '是'

동사 '是'는 판단, 존재, 종류, 설명 등의 의미를 나타낸다.

❶ 这不是白杨树。　　　　　　[판단]

이것은 포플러나무가 아니다.

❷ 体育馆后边是游泳池。　　　[존재]

체육관 뒤는 수영장이다.

❸ 她是第二组的组员。　　　[종류]

그녀는 2조의 조원이다.

❹ 小包的女朋友是个瘦高个儿。　　[설명]

小包의 여자 친구는 마르고 키가 크다.

❺ 这个会议的时间是上午9:00。　[설명]

이 회의 시간은 오전 9시이다.

2. 동사 '有'

동사 '有'는 소유, 존재, 열거, 포함, (특정 수량에) 도달함 등의 의미를 나타낸다.

❶ 我有五张信用卡。　　　[소유]

나는 다섯 장의 신용카드가 있다.

❷ 校园里有一个游泳池。　　[존재]

교정에 수영장이 하나 있다.

❸ 这些留学生来自不同国家，有韩国的，有美国的，还有法国、意大利的。[열거]

이 유학생들은 각기 다른 나라에서 왔는데, 한국인도 있고, 미국인도 있고, 프랑스와 이태리인도 있다.

❹ 一年有三百六十五天。　　[포함]

1년은 365일이다.

❺ 他没有两米高，只有一米八。　[도달]

그는 2m는 안 되고, 단지 180cm밖에 안 된다.

3. 동사 '在'는 존재의 의미를 나타낸다.

❶ 经理在办公室。　　대표는 사무실에 있다.

❷ 办公室在二层。　　사무실은 2층에 있다.

4. 존재를 나타내는 '是', '有', '在'의 구별

'有'는 특정 장소에 어떤 사물이 존재한다는 것을 설명하지만, 이 사물의 구체적인 위치는 설명하지 못한다. '是'는 특정 장소에 무엇이 존재한다는 것을 설명한다. '在'는 어떤 사물의 구체적인 위치를 나타낸다.

❶ 学校里有图书馆。　　학교 안에 도서관이 있다.

→ 단지 학교 안에 도서관이 있다는 것만 안다.

❷ 教学楼旁边是图书馆。　　강의동 옆은 도서관이다.

→ 강의동 옆의 건물이 어떤 건물인지 안다.

❸ 图书馆在教学楼旁边。   도서관은 강의동 옆에 있다.

→ 도서관이 어디에 있는지 안다.

❹ 这个城市有百货大楼。   이 도시에는 백화점이 있다.

→ 이 도시에 백화점이 있다는 것만 안다.

❺ 市政府隔壁是百货大楼。   시청 옆은 백화점이다.

→ 시청 옆의 건물이 어떤 건물인지 안다.

❻ 百货大楼在市政府隔壁。   백화점은 시청 옆에 있다.

→ 백화점이 어디에 있는지 안다.

5. 동사의 중첩

1) 동작, 행위 혹은 적극적인 사고활동을 나타내는 동사는 중첩할 수 있다.

① 단음절 동사

A. 동사의 중첩 형식은 AA이다.

❶ 我们谈谈吧。   우리 이야기 좀 합시다.

❷ 听听，广播里说什么呢?   좀 들어보세요. 라디오에서 뭐라고 하고 있나요?

❸ 你想想，这么做行不行?   당신 생각 좀 해 보세요. 이렇게 하면 될까요, 안 될까요?

B. 중첩된 두 동사 사이에 '一'를 쓸 수 있다.

❶ 你说一说今天的情况。   당신이 오늘의 상황을 좀 이야기해 보세요.

❷ 我炒一炒再吃吧。   내가 좀 볶고 나서 먹자.

C. 중첩된 두 동사 사이에 '了'를 부가하여 동작의 완료상을 나타낸다.

❶ 我们谈了谈明天的安排。   우리는 내일의 일정에 대해 이야기를 좀 했다.

我们谈谈了明天的安排。   (✕)

❷ 她抹了抹防晒霜就出门了。   그녀는 선크림을 좀 바르고 나서 외출했다.

她抹抹了防晒霜就出门了。   (✕)

② 쌍음절 동사

A. 동사의 중첩 형식은 ABAB이다. 중첩된 동사 사이에는 '一'를 부가할 수 없다.

❶ 请他朗读朗读吧。   그에게 좀 낭독하라고 부탁하자.

请他朗一读朗读吧。   (✕)

请他朗朗读吧。   (✕)

❷ 我们商量商量吧。　　우리 상의를 좀 합시다.

我们商量一商量吧。　（×）

我们商商量吧。　（×）

❸ 你分析分析这个句子。　　당신이 이 문장을 좀 분석해 보세요.

你分析一分析这个句子。　（×）

你分分析这个句子。　（×）

B. 중첩된 동사 사이에 '了'를 부가하여 동작의 완료상을 나타낸다.

❶ 他整理了整理书架上的书。　　그는 책꽂이의 책을 좀 정리했다.

❷ 我考虑了考虑，就这么办吧。　　내가 생각을 좀 해 봤는데 그렇게 처리하자.

2) 동사중첩이 나타내는 의미

① 동작의 시간이 비교적 짧음을 나타낸다.

❶ 你看一看表，几点了？　　너 시계 좀 봐봐. 몇 시나 됐니?

❷ 我数了数，发现数目不对。　　내가 좀 헤아려 보니 개수가 틀린 것을 발견했다.

② 시도의 의미를 나타낸다.

❶ 我试试能不能跳过去。　　내가 뛰어넘을 수 있는지 좀 시도해 볼게.

❷ 我们想一想解决的办法吧。　　우리 해결방법을 좀 생각해 보자.

③ 동작이 가벼움을 나타낸다.

❶ 她晚饭后都出去走一走。　　그녀는 저녁 식사 후에 나가서 좀 돌아다닌다.

❷ 我们休息休息吧。　　우리 좀 쉬자.

UNIT 07 조동사

STEP 1 기본 문법 ··

1. 조동사(助动词) 혹은 능원동사(能愿动词)는 동사를 도와 필요, 가능 혹은 바람 등의 의미를 나타내는 품사이다. 조동사는 그 개수가 매우 적은데 '能', '能够', '会', '可以', '应该', '应当', '应', '该', '得 děi', '要', '想' 등이 있다.

> **UPGRADE PLUS**
>
> 조동사는 원칙상 뒤에 동사구가 등장한다. 그러나 会, 要, 想 등은 뒤에 명사를 목적어로 취하여 일반동사로도 사용되며, 이들을 겸류사라고 한다. 조동사는 일반동사와는 달리, 중첩 형식을 취하지도 않고, 동태조사를 갖지도 않는다. LESSON 1 • UNIT 14 겸류사 참고

2. 조동사는 대체로 동사의 앞에 위치한다.

❶ 我能写中文信。 나는 중국어 편지를 쓸 수 있다.

❷ 她会说汉语。 그녀는 (배워서) 중국어를 할 수 있다.

❸ 你可以住这儿。 당신은 여기서 지내도 됩니다.

❹ 人类应该保护环境。 인류는 마땅히 환경을 보호해야 한다.

❺ 这个星期我要回老家一趟。 이번 주에 나는 본가에 한 차례 다녀오려 한다.

❻ 我想买水果。 나는 과일을 사고 싶다.

3. 일부 조동사는 형용사의 앞에 위치할 수 있다.

❶ 阅览室里应该安静。 열람실 안은 조용해야 한다.

❷ 你明天一定要来，而且要早。 너는 내일 반드시 와야 하고 게다가 일찍 와야 한다.

4. 조동사의 부정형식

1) 대체로 조동사 앞에 '不'를 부가한다.

❶ 我不会说西班牙语。 나는 스페인어를 할 줄 모른다.

❷ 公共场所不能吸烟。 공공장소에서는 흡연하면 안 된다.

❸ 他不想这么早就结婚。 그는 이렇게 일찍 결혼하고 싶어 하지 않는다.

2) 일부 조동사는 '没'로 부정할 수 있다.

➊ 今天我有事没能去成。 　나는 오늘 일이 있어서 갈 수 없었다.

➋ 她没想跳舞。 　그녀는 춤추고 싶지 않았다.

STEP 2 　문법 업그레이드 ···

1. 会(겸류사)

1) 동사

他会汉语，不会阿拉伯语。 　그는 중국어를 할 줄 알지만, 아랍어는 할 줄 모른다.

2) 조동사

① 학습을 통해 모종의 기능을 습득하였음을 나타낸다. '能'으로 바꿔 쓸 수 있으며, 이 경우에는 '능력이 있음'을 나타낸다.

➊ 我会踢足球。 　나는 축구를 (배워서) 할 수 있다.

我能踢足球。 　나는 (능력이 있어서) 축구를 할 수 있다.

➋ 她会跳拉丁舞。 　그녀는 (배워서) 라틴댄스를 출 수 있다.

她能跳拉丁舞。 　그녀는 (능력이 있어서) 라틴댄스를 출 수 있다.

Upgrade plus

会와 能은 모두 '~을 할 수 있다'라는 점에서는 동일한 의미를 나타낸다. 수영, 운전, 외국어 등의 경우처럼 대체로 배워서 할 줄 아는 것이라 해도 그러한 능력을 갖추고 있음을 의미할 때는 위에서처럼 能을 쓸 수 있으며, 특히 어느 정도의 능력인지 구체적으로 말할 때는 能을 쓴다.

· 我能游500米。 　나는 500미터를 수영할 수 있다.

② 모종의 상황이 아마도 발생할 것이라는 의미를 나타낸다.

➊ 今天会下雪吗? 　오늘 눈이 내릴까요?

➋ 他们不会参加这个活动。 　그들은 이 행사에 참석하지 않을 것이다.

2. 能

1) 어떤 능력을 갖추고 있음을 나타낸다.

- ❶ 这个外国人能写很多汉字。　이 외국인은 많은 한자를 쓸 수 있다.
- ❷ 她不能开大货车。　그녀는 트럭을 운전할 줄 모른다.

2) 허락을 나타낸다.

- ❶ 这个接待室，谁都能进去。　이 응접실은 아무나 다 들어갈 수 있다.
- ❷ 那是部长的办公室，不能随便就去。
  저쪽은 부장님의 사무실이어서 함부로 들어가면 안 됩니다.

3) 가능, 추측을 나타낸다.

- ❶ 他能来吗?　그가 올 수 있을까?
- ❷ 能是什么?　무엇일까?

3. 可以

1) 어떤 일을 할 능력이 있음을 나타낸다.

- ❶ 我可以资助他上学。　나는 그가 진학하도록 후원해 줄 수 있다.
- ❷ 她可以教你法语。　그녀는 너에게 프랑스어를 가르쳐 줄 수 있다.

2) 허가를 나타낸다. 이때는 '能'을 써도 된다.

- ❶ 我可以进来吗?　제가 들어가도 되나요?
  我能进来吗?
- ❷ 你明天就可以去那家公司上班。　당신은 내일부터 바로 그 회사로 출근해도 됩니다.
  你明天就能去那家公司上班。

3) '可以'의 부정형식

① 대체로 '不能'으로 부정한다.

- ❶ 我不能教你西班牙语。　저는 당신에게 스페인어를 가르쳐 줄 수 없어요.
- ❷ 你不能这样对待她。　당신은 그녀를 이렇게 대해서는 안 됩니다.
- ❸ 你不能进去。　당신은 들어갈 수 없습니다. / 당신은 들어가면 안 됩니다.

② '허가하지 않음'을 나타내는 경우에만 '不可以'를 쓸 수 있지만, '不能'의 사용이 더욱 빈번하다.

- ❶ 这个库房，我可以进去，你不可以/不能进去。
  이 창고에 나는 들어갈 수 있지만, 너는 들어가서는 안 된다.

4. 应该

1) 일반적으로 공인된 도리나 이치상의 필요를 나타낸다.

➊ 我们应该孝顺父母。　우리는 부모님께 효도를 해야 한다.

➋ 学生应该努力学习。　학생은 열심히 공부해야 한다.

➌ 医生治病应该尽心尽力。　의사는 병을 치료하는 데 있어 최선을 다해야 한다.

2) '应该'의 부정형식은 '不(应)该'이다.

➊ 你不(应)该批评孩子。　당신은 아이들을 야단쳐서는 안 된다.

➋ 你不(应)该迟到。　너는 지각해서는 안 된다.

3) 회화에서는 대체로 '应该'를 '该'로 말한다.

➊ 申请表你该用钢笔填。　신청서를 당신은 만년필로 기입해야 합니다.

➋ 这件事你该早点儿告诉他。　이 일을 당신은 조속히 그에게 알려야 합니다.

4) '该……了'는 주로 '마땅히 어떤 일을 할 때가 되었다'라는 의미를 나타낸다.

➊ 该起床了。　일어나야지.

➋ 会议该结束了。　회의는 끝날 때가 되었다.

➌ 超市该开门了。　슈퍼마켓은 개점할 때가 되었다.

5. 得 děi

1) 도리, 이치상의 혹은 실제적인 필요를 나타낸다.

➊ 这件事我得告诉他。　이 일을 나는 그에게 알려주어야 한다.

➋ 她得克服这个困难。　그녀는 이 어려움을 극복해야 한다.

➌ 我得给公司打个电话。　나는 회사에 전화를 걸어야 한다.

➍ 住宾馆得办理登记手续。　호텔에 투숙하려면 체크인 수속을 해야 한다.

2) 得의 부정형식은 '不用' 혹은 '不必'이다.

➊ 这份文件不用找董事长签字。　이 서류는 사장님을 찾아가 사인을 받을 필요가 없다.

➋ 你这种情况不必化疗。　당신은 이러한 경우에는 화학약물치료를 할 필요가 없다.

3) 예측, 추측의 의미를 나타낸다.

❶ 这件衣服得两三百块钱吧?　이 옷은 2~3백 위안은 되겠지?

❷ 这次我考了第一名，妈妈准得乐坏了。

이번에 나는 시험에서 1등을 했다. 엄마가 분명히 매우 좋아하실 것이다.

6. 要(겸류사)

1) 동사로 기능할 경우, '어떤 것이 필요하다'라는 의미를 나타낸다.

❶ 我要一杯咖啡。　저에게 커피 한 잔 주세요.

❷ 他不要后天的京剧票。　그는 모레 있는 경극의 표를 원하지 않는다.

2) 조동사

① 주관적으로 어떤 일을 할 계획(발화시 아직 수행하지 않음)임을 나타낸다. 부정형식은 '不想'이다.

❶ 他们要去看望中学时的老师。　그는 중(고등)학교 시절의 선생님을 찾아뵈려고 한다.

❷ 我下周要去国外旅游。　나는 다음 주에 해외여행을 가려고 한다.

❸ 我不想去参加舞会。　나는 무도회에 참석하고 싶지 않다.

❹ 他们不想耽误学习。　그들은 공부를 게을리하고 싶어 하지 않는다.

② 객관적인 필요의 의미를 나타낸다. 부정형식은 '不用'이다.

❶ 旅游时要注意安全。　여행을 할 때는 안전에 신경 써야 한다.

❷ 工作时要集中精力。　업무를 할 때는 몰두해야 한다.

❸ 插上电以后你就不用管它了。　전원을 공급한 후 당신은 그것에 신경 쓸 필요가 없다.

❹ 晚上你不用来了。　저녁에 당신은 올 필요 없습니다.

③ 만류, 금지의 의미를 나타내는 경우, 주로 **不要**를 쓰며, 회화에서는 '**别**'를 쓰기도 한다.

❶ 不要大声喧哗。　큰소리로 떠들지 마세요.

❷ 别走得太快。　너무 빨리 걷지 마세요.

7. 想(겸류사)

1) 동사로 쓰일 경우, '그리워하다', '생각하다', '추측하다'의 의미를 나타낸다.

❶ 你在国外想家人吗?   당신은 해외에서 가족을 그리워합니까?

❷ 他想了个办法。   그는 방법을 생각했다.

❸ 我想他不会来了。   내 생각에 그는 오지 않을 것이다.

2) 조동사로 쓰일 경우, 어떤 일을 계획하거나 바란다는 뜻을 나타낸다.

❶ 我想回国看望妈妈。   나는 귀국해서 어머니를 찾아뵙고 싶다.

❷ 她想听古典音乐。   그녀는 클래식 음악이 듣고 싶다.

❸ 他不想学这个专业。   그는 이 전공을 공부하고 싶어 하지 않는다.

8. 질문에 대답을 하는 경우에는 조동사만 단독으로 쓸 수 있다.

❶ A : 他会来吗?   그가 올까요?

　 B : 会。/ 会来。   그럴 거예요. / 올 거예요.

❷ A : 你能帮我一下吗?   당신은 나를 도와줄 수 있나요?

　 B : 能。/ 能帮你。   그럴 수 있어요. / 도와줄 수 있어요.

❸ A : 我可以进去吗?   내가 들어가도 될까요?

　 B : 可以。/ 可以进去。   됩니다. / 들어와도 됩니다.

❹ A : 你要参加联欢晚会吗?   당신은 친목만찬회에 참가할 건가요?

　 B : 要。/ 要参加。   그러려고요. / 참가하려고 합니다.

❺ A : 我应该去吗?   내가 가야 할까요?

　 B : 应该。/ 应该去。   그래야 합니다. / 가야 합니다.

❻ A : 你想上学吗?   당신은 학교에 다니고 싶어요?

　 B : 想。/ 想上学。   그러고 싶어요. / 학교에 다니고 싶어요.

❼ A : 你得照顾他吗?   당신은 그를 보살펴야 합니까?

　 B : 得。/ 得照顾他。   그래야 합니다. / 그를 보살펴야 합니다.

UNIT 08 부사

STEP 1 기본 문법 ··

1. 부사는 대체로 동사, 형용사의 앞에서 수식이나 한정의 기능을 통해 시간, 정도, 범위, 중복, 부정, 가능, 어기 등을 나타낸다. 가령, '已经', '更', '都', '也', '大概', '却' 등은 모두 부사에 속한다.

> **U**PGRADE PLUS
>
> 부사의 종류는 일반적으로 아래와 같이 분류할 수 있다.
>
> ① 시간부사 : 就, 才, 刚, 刚刚, 忽然, 已, 已经, 早, 在, 将, 马上, 一直, 从来, 永远 등
>
> ② 범위부사 : 都, 全, 只, 就, 独, 单, 光, 一共, 一起, 一块儿, 一同 등
>
> ③ 빈도부사 : 常常, 经常, 往往, 又, 再, 还, 也 등
>
> ④ 정도부사 : 很, 非常, 极, 挺, 太, 十分, 最, 更, 相当, 稍, 略, 比较, 有点儿, 好, 多 등
>
> ⑤ 어기부사 : 幸亏, 难道, 居然, 究竟, 到底, 偏偏, 索性, 简直, 反正, 却, 倒, 可, 几乎, 果然, 也许, 差点儿, 一定, 必然 등
>
> ⑥ 부정부사 : 不, 没, 未, 别 등
>
> ⑦ 양태부사 : 猛然, 依然, 仍然, 逐步, 渐渐, 亲自, 擅自, 互相, 特地, 好好儿 등
>
> ⑧ 연결부사 : 就, 才, 更, 再, 还, 也, 都 등
>
> (연결부사란 두 개의 구 또는 동사구를 연결하여 논리적 관계를 나타내는 부사를 말하며, 의미에 따라 병렬, 연속, 역접, 양보 등의 의미를 나타낼 수 있다. 이것은 부사 가운데 추상성 정도가 비교적 높아 마치 접속사와 유사해 보인다.)

2. 부사는 대체로 주어 뒤, 서술어 앞에서 부사어로 기능한다.

❶ 开幕式十点才开始。　　　　　　[시간]
개막식은 10시에야 (비로소) 시작한다.

❷ 你的身体真不错。　　　　　　　[정도]
당신의 건강은 정말 좋으시네요.

❸ 他们全来。　　　　　　　　　　[범위]
그들은 모두 왔다.

❹ 你再读一遍。　　　　　　　　　[중복]
다시 한 번 읽어주세요.

⑤ 我不知道。　　　　　　　　　　　[부정]

　　나는 모릅니다.

⑥ 明天也许有雨。　　　　　　　　　[어기]

　　내일 아마도 비가 올 거예요.

3. 극히 일부의 부사는 주어 앞에 위치할 수 있다.

❶ 究竟你参加不参加?　　도대체 당신은 참가합니까, 안 합니까?

❷ 难道你已经退出了吗?　　설마 당신은 벌써 탈퇴한 것입니까?

❸ 就你会唱评戏。　　오직 당신만이 평극을 부를 줄 압니다.

STEP 2 문법 업그레이드 ···

1. 부사 '不'와 '没有'는 모두 부정을 나타내지만, 용법에는 차이가 있다.

　1) '不'는 현재와 미래의 상황에 대한 부정의 의미를 나타낸다.

❶ 我不知道他的姓名。　　나는 그의 이름을 모른다.

❷ 我不吸烟。　　나는 담배를 피우지 않는다.

❸ 你不报名参加乒乓球比赛吗?　　당신은 탁구경기에 참가 신청을 안 하나요?

❹ 明天我不去外地出差。　　나는 내일 다른 지역으로 출장을 가지 않는다.

　2) '没有'는 과거에 발생한 상황을 부정한다.

❶ 我没(有)报名参加志愿者。　　나는 자원봉사자 참가 신청을 하지 않았다.

❷ 她最近没(有)去外地出差。　　그녀는 최근에 다른 지역으로 출장을 가지 않았다.

❸ 你昨天怎么没(有)来?　　당신은 어제 어째서 오지 않았나요?

　3) 질문에 대답을 할 때에는 '不'와 '没有' 단독으로 문장을 구성할 수 있다.

❶ A : 你是不是想去图书馆?　　당신은 도서관에 가고 싶은 것 아닌가요?

　　B : 不。(我想去体育馆。)　　아니에요. (나는 체육관에 가고 싶어요.)

❷ A : 你去体育馆了吗?　　당신은 체육관에 갔나요?

　　B : 没有。(我没去体育馆，我去图书馆了。)

　　　나오. (나는 체육관에 가지 않고, 도서관에 갔어요.)

2. 부사 '都'는 다음과 같은 어순상의 제약 및 특징이 있다.

1) '都'는 어떤 경우에도 주어 혹은 다른 명사, 대명사 앞에 위치할 수 없다.

❶ 我们都是学生。　우리는 모두 학생이다.

都我们是学生。　（×）

❷ 教师希望学生都学得很好。　교사는 학생들이 모두 잘 배우기를 희망한다.

都教师希望学生学得很好。　（×）

2) '都'가 '不'나 '没有'의 앞이나 뒤 중 어느 쪽에 위치하느냐에 따라 의미가 달라진다.

❶ 他们两个人都不是学生，他们都是教师。
그들 두 사람은 모두 학생이 아니고, 그들은 모두 교사이다.

❷ 他们两个人不都是学生，一个是学生，另一个是教师。
그들 두 사람이 다 학생인 것은 아니다. 한 사람은 학생이고, 다른 한 사람은 교사이다.

❸ 昨天我们班同学都没去看杂技，都去跳舞了。
어제 우리 반 학생들은 모두 서커스를 보러 가지 않고, 다 춤을 추러 갔다.

❹ 昨天我们班同学没都去看杂技，有的看杂技，有的去跳舞了。
어제 우리 반 학생들이 다 서커스를 보러 간 것은 아니다. 몇몇은 서커스를 봤고,
몇몇은 춤을 추러 갔다.

3) 부사 '都'는 항상 부사 '也'의 뒤에 위치한다.

❶ 我们都喜欢游泳，他们也都喜欢游泳。
우리는 모두 수영을 좋아하고, 그들도 모두 수영을 좋아한다.

他们都也喜欢游泳。　（×）

❷ 这些人都是游客，那些人也都是游客。
이 사람들은 모두 여행객이고, 저 사람들도 모두 여행객이다.

那些人都也是游客。　（×）

3. 부사 '又'와 '再'는 모두 동작의 중복을 나타내지만, 용법에는 차이가 있다.

1) '又'는 동작의 중복이 이미 이루어졌거나 필연적으로 중복되어야 함을 나타낸다.

❶ 昨天开了一次会，今天又开了一次会。
어제 회의를 한 번 했고, 오늘 회의를 또 한 번 했다.

❷ 我先写了一遍，后来又写了两遍。
나는 우선 처음부터 끝까지 한 번 썼고, 나중에 두 번을 더 썼다.

❸ 明天又是休息日了。　내일은 또 쉬는 날이다.
→ 필연적인 중복

2) '再'는 중복 동작이 앞으로 일어날 것임을 나타낸다.

❶ 你只看了一遍，再看一遍吧。

당신은 처음부터 끝까지 한 번만 봤으니, 한 번 더 보세요.

→ 두 번째는 아직 보지 않음.

❷ 我想再去参观一次军事博物馆。

나는 군사박물관을 한 번 더 견학하고 싶다.

→ 두 번째는 아직 견학가지 않음.

4. 부사 '就'와 '才'는 용법에 있어 같은 점과 다른 점이 있다.

1) '就'는 동작이 일찍 발생했음을 나타내고, '才'는 동작이 늦게 발생했음을 나타낸다.

❶ 我六点就出发了，提前半小时来到办公室。

나는 6시에 벌써 출발해서 사무실에 30분 일찍 도착했다.

❷ 小王七点才出发，结果上班迟到了。

小王은 7시에야 (비로소) 출발해서 결국 출근시간에 지각했다.

때로는 동작이 일어난 시간의 '일찍'이나 '늦음'이 화자의 주관적인 느낌에 의해 결정되기도 한다.

❸ 你怎么六点半就来了？七点才开会呢。

당신은 어째서 6시 반인데 벌써 왔어요? 7시에야 회의를 하잖아요.

→ 너무 일찍 왔으며, 회의 시간은 다소 늦다.

❹ 你怎么六点半才来？七点就开会了。

당신은 어째서 6시 반인데 이제야 왔어요? 7시에 곧 회의를 할 거예요.

→ 너무 늦게 왔으며, 회의가 곧 시작하려고 한다.

2) '就'는 동작이 빠르며, 일의 진전이 순조로운 편임을 나타낸다. 한편, '才'는 동작이 느리고, 일의 진행이 그다지 순조롭지 못함을 나타낸다.

❶ 这篇文章他一刻钟就看完了。　이 글을 그는 15분만에 다 봤다.

❷ 这篇文章他半小时才看完。　이 글을 그는 30분만에야 (비로소) 다 봤다.

때로는 화자의 주관적인 느낌이 중요하게 작용하기도 한다.

❸ 这些资料，你用了一个钟头就整理好了，真快。

이 자료들을 당신은 1시간 만에 정리를 마치다니, 정말 빠르네요.

❹ 这些资料，你用了一个钟头才整理好，太慢了。

이 자료들을 당신은 1시간이 걸려서야 정리를 마치다니, 정말 느리네요.

3) '就'는 필요한 것이 적음을 나타내고, '才'는 필요한 것이 많음을 나타낸다.

❶ 我们妇女组八个人就够了，他们少年组十二个人才够。
우리 여성 팀은 여덟 명이면 충분하고, 저들 청년 팀은 열두 명이어야 충분하다.

때로는 '就'와 '才' 모두 부사 '只'의 의미를 나타내기도 한다.

❷ 我就需要两斤。　　나는 단지 두 근만 필요해요.

❸ 我才需要两斤。　　나는 겨우 두 근만 필요해요.

UNIT 09 전치사

STEP 1 기본 문법 ···

1. 전치사는 명사(구) 혹은 대명사 앞에서 동작의 시간, 장소, 방향, 대상, 목적, 원인, 근거, 방식, 피동, 비교 혹은 배제 등의 의미를 나타내는 품사이다. '在', '从', '对', '对于', '跟', '根据', '按', '由', '由于', '给', '把', '为', '为了', '被', '比', '除了' 등은 모두 전치사에 해당한다.

UPGRADE PLUS

전치사의 종류는 일반적으로 아래와 같이 분류할 수 있다.

① 공간(방향 포함)전치사 : 在, 从, 自, 由, 打, 朝, 向, 往 등
② 시간전치사 : 从, 自, 自从, 由, 打, 在, 当 등
③ 대상(비교, 피동 포함)전치사 : 对, 对于, 关于, 和, 跟, 同, 与, 为, 给, 把, 将, 叫, 被, 比 등
④ 근거전치사 : 按, 按照, 依, 依照, 照, 根据, 凭 등
⑤ 원인(목적 포함)전치사 : 由于, 为, 为了 등
⑥ 배제전치사 : 除了 등

2. 전치사는 단독으로 사용할 수 없으며, 반드시 뒤에 나오는 목적어와 함께 (전치사구를 이루어) 부사어로 기능한다.

❶ 我们每天从八点开始上课。　　　　　　　　　　[시간]
우리는 매일 8시부터 수업을 시작한다.

❷ 我在北京工作。　　　　　　　　　　　　　　　[장소]
나는 베이징에서 일한다.

❸ 你向东走就对了。　　　　　　　　　　　　　　[방향]
당신은 동쪽으로 가면 됩니다.

❹ 这是特意为你买的。　　　　　　　　　　　　　[대상]
이것은 특별히 당신을 위해서 산 것입니다.

❺ 大家都为他的精彩演讲热烈鼓掌。　　　　　　　[원인]
모두가 다 그의 훌륭한 강연에 열렬히 박수 쳤다.

❻ 为了妈妈的微笑，我们一定要好好儿学习。　　　[목적]
엄마의 미소를 위해서 우리는 반드시 열심히 공부해야 한다.

❼ 我们按照她的要求做吧。　　　　[근거]

우리 그녀의 요구대로 합시다.

❽ 他被父母批评了。　　　　　　[피동]

그는 부모님께 꾸중을 들었다.

❾ 他比我高。　　　　　　　　　[비교]

그는 나보다 키가 크다.

❿ 除了你没来，大家都来了。　　[배제]

당신이 오지 않았을 뿐 모두 다 왔어요.

3. 일부 전치사는 전치사의 목적어와 함께 관형어가 될 수 있다.

❶ 这是对我的关心。　　이것은 나에 대한 관심입니다.

❷ 关于这个问题的讨论已经告一段落。　　이 문제에 관한 토론은 이미 일단락을 지었다.

4. 일부 전치사는 앞에 '不'나 '没'를 써서 부정할 수 있다.

❶ 她(从来)不在客厅看资料、文件。　　그녀는 (이제껏) 거실에서 자료와 서류를 본 적이 없다.

❷ 她(现在)没在客厅看电视。　　그녀는 (지금) 거실에서 텔레비전을 보고 있지 않다.

❸ 我不(准备)为孩子拼命。　　나는 아이를 위해서 기를 쓰지 않(을 것이)다.

❹ 我没为孩子着急。　　나는 아이로 인해 조급해 하지 않았다.

　　→ 다른 일로 조급하거나 또는 전혀 조급하지 않다는 의미이다.

STEP 2 문법 업그레이드 ···

1. 일부 전치사는 겸류사이다.

　1) 在

❶ 我在家。　　　　　　　　　　[동사]

나는 집에 있다.

❷ 他在学校。　　　　　　　　　[동사]

그는 학교에 있다.

❸ 我在家休息。　　　　　　　　[전치사]

나는 집에서 쉰다.

❹ 他在学校上课。　　　　　　　[전치사]

그는 학교에서 수업한다.

2) 对

❶ 今天的排球赛是我们二班对四班。　　[동사]

오늘의 배구경기는 우리 2반 대 4반이다.

❷ 你怎么这么对他?　　[동사]

당신은 어째서 그렇게 그를 대하나요?

❸ 他对你怎么样?　　[전치사]

그는 당신에게 어떻습니까?

❹ 我们对这种做法有意见。　　[전치사]

우리는 이런 방법에 대해 (반대) 의견이 있습니다.

3) 给

❶ 爸爸给他一支名牌钢笔。　　[동사]

아버지께서 그에게 명품 만년필 한 자루를 주셨다.

❷ 这张音乐会的票给你吧。　　[동사]

이 음악회 표를 당신에게 줄게요.

❸ 爸爸给他讲了一个真实的故事。　　[전치사]

아버지께서 그에게 진실한 이야기를 해 주셨다.

❹ 我给你买了一张音乐会的票。　　[전치사]

내가 당신을 위해서 음악회 표를 한 장 샀어요.

4) 跟

❶ (你在前边走，)我跟着你。　　[동사]

(당신이 앞서 가면,) 저는 당신을 따라갈게요.

❷ 我跟你学习绘画吧。　　[전치사]

제가 당신에게 그림 그리는 것을 배울게요.

❸ 我跟你一起去。　　[전치사]

저는 당신과 함께 갈게요.

❹ 你跟他一样高。　　[전치사]

당신은 그와 키가 같아요.

❺ 姐姐跟弟弟说："小心路滑。"　　[전치사]

누나가 남동생에게 '길이 미끄러우니 조심해'라고 말했다.

5) 比

❶ 论数学，我比不上小强；论英语，小强比不上我。　　　[동사]

수학에 관한 한 나는 小强만 못하고, 영어에 관한 한 小强은 나만 못하다.

❷ 咱们比一比谁的臂力大。　　　[동사]

우리 누구의 팔 힘이 센지 겨루어 보자.

❸ 你的臂力比我大得多。　　　[전치사]

너의 팔 힘이 나보다 훨씬 더 세다.

❹ 他比你高一点儿。　　　[전치사]

그는 너보다 키가 조금 더 크다.

2. 전치사 '对'와 '对于'

1) '对'와 '对于'가 대상(목적어)을 이끌어 전치사구를 구성하는 경우에는 서로 바꿔서 쓸 수 있다.

❶ 他对这项运动有自己的看法。　그는 이 운동에 대해 자신만의 견해가 있다.

他对于这项运动有自己的看法。

❷ 这项运动对身体有好处。　이 운동은 건강에 이롭다.

这项运动对于身体有好处。

2) '对'는 '朝(~향하여)', '向(~에게)'의 의미를 나타낼 수 있지만, '对于'는 그러한 의미가 없다.

❶ 他对我笑了笑。　그는 나에게 미소를 지었다.

他对于我笑了笑。　（✕）

❷ 老师对我们说：每个人的人生路只能靠自己。

선생님께서는 우리들에게 '모든 사람의 인생은 오직 자신에게 의지할 수밖에 없다'고 이야기해 주셨다.

老师对于我们说：每个人的人生路只能靠自己。　（✕）

3. 전치사 '从'과 '离'

1) '从'의 목적어는 동작의 기점을 나타낸다.

❶ 明天我从家里出发。　내일 나는 집에서 출발한다.

明天我离家里出发。　（✕）

❷ 今天的讲座从下午两点开始。　오늘의 강좌는 오후 2시부터 시작한다.

今天的讲座离下午两点开始。　（✕）

2) '离'의 목적어는 거리 또는 시간의 종점을 나타낸다.

❶ 我家离公司不太近。　우리 집은 회사에서 별로 가깝지 않다.

我家从公司不太近。　（✕）

❷ 北京离上海很远。　베이징은 상하이에서 멀다.

北京从上海很远。　（✕）

❸ 现在八点，离开车还有两小时。
지금이 8시이니, 차량 출발 시간까지 아직 두 시간이 있다.

现在八点，从开车还有两小时。　（✕）

4. 전치사 '把'와 '被'는 뒤에 나오는 특수문형에서 다시 설명한다.　LESSON 6 • UNIT 05 · 06 참고

UNIT 10

접속사

기본 문법

1. 접속사(连词)는 이웃한 두 단어, 구, 절 혹은 문장을 연결하며, 병렬(순접/역접), 인과, 조건, 가정 등을 나타내는 품사이다. '和', '跟', '或者', '因为', '不管', '要是', '可是', '而且', '假如', '如果', '然而', '虽然', '尽管', '即使', '因而', '所以', '除非', '只要', '只有', '无论', '既然' 등은 모두 접속사이다.

2. 접속사는 연결 기능만 하므로 단독으로 쓰일 수 없다.

① 她和我都是汉语老师。　그녀와 나는 모두 중국어 선생님이다.

② 因为临时有事，所以来晚了。　갑자기 일이 생겼기 때문에 늦었습니다.

③ 虽然他很忙，但是还是去参加了朋友的婚礼。
비록 그는 바빴지만, 그래도 친구의 결혼식에 참석하러 갔다.

3. 다수의 접속사는 서로 간 호응을 이루어 사용되기도 한다.

因为……，所以……　왜냐하면 ~이기 때문에, 그래서 ~이다

虽然……，但是……　비록 ~지만, 그러나 ~이다

不但……，而且……　비단 ~일뿐만 아니라, 게다가 ~이다

4. 일부 접속사는 연결의 의미를 나타내는 부사(연결부사)와 호응을 이루어 사용된다.

要是……，就……　만약 ~이라면, 그러면 ~이다

就是……，也……　설령 ~할지라도, 그래도 ~이다

不管……，都……　~을 막론하고, 다 ~하다

1. 접속사 '**和**'와 '**跟**'은 주로 명사성 성분을 연결하는 접속사로 절이나 문장은 대체로 연결하지 못한다.

> 我们俩和他们仨是好朋友。　우리 둘과 그들 셋은 친한 친구이다.
>
> 我是职员，和他也是职员。　（×）
>
> 我是学生和我也是运动员。　（×）

2. 접속사 '**并**'과 '**并且**'는 동사성 성분을 연결할 수 있으며, '**并且**'는 형용사를 연결할 수도 있다.

> ❶ 同学们讨论并(且)决定举办一次有创意的班会。
>
> 학생들은 토론을 하여 창의적인 학급회의를 한 차례 열기로 결정했다.
>
> ❷ 只有聪明、机智并且勇敢的人才能完成这项任务。
>
> 똑똑하고 영리하며, 게다가 용감한 사람만이 비로소 이 임무를 완수할 수 있다.

3. 접속사 '**而**'은 형용사, 형용사구 혹은 동사나 동사구를 연결할 수 있다.

> ❶ 她是一个活泼而可爱的小姑娘。
>
> 그녀는 활발하고 귀여운 소녀이다.
>
> ❷ 王副局长总想把刘局长挤走，自己取而代之。
>
> 王 부국장은 언제나 刘 국장을 몰아내고, 자신이 그를 대신하고 싶어 한다.

4. '**还是**'와 '**或者**'는 모두 선택의 의미를 나타내는 접속사이지만, 용법에는 차이가 있다.

1) '**还是**'는 주로 의문문에 쓰이거나 평서문에서 불확실한 경우에 쓰인다. '**还是**'의 위치는 두 선택 항목 사이이며, 선택 항목이 셋 이상인 경우에는 '**还是**'를 가장 마지막 항목의 앞에 놓는다.

> ❶ 你喝茶还是喝咖啡?
>
> 차를 마시겠습니까 아니면 커피를 마시겠습니까?
>
> ❷ 我不知道他喝茶还是喝咖啡。
>
> 나는 그가 차를 마시는지 아니면 커피를 마시는지 모른다.
>
> ❸ 你这次出差，是坐汽车，(是)坐船，还是坐飞机?
>
> 당신의 이번 출장에서는 차를 타나요, 배를 타나요 아니면 비행기를 타나요?

2) '**或者**'는 대체로 평서문에 쓰인다.

❶ 喝茶或者喝咖啡，都可以。
차를 마시거나 커피를 마시거나 다 좋습니다.

❷ 她的意思是去图书馆或者去博物馆。
그녀의 뜻은 도서관에 가거나 박물관에 간다는 것이다.

5. 연결부사(**关联副词**) '**就**', '**也**', '**都**' 등은 대체로 뒤에 오는 절에 쓰이며, 주어 앞에 위치할 수 없다. 이들 부사와 호응하는 접속사로는 '**要是**', '**如果**', '**就是**(설령~)', '**即使**', '**无论**'이 있으며, 이들은 주로 앞에 오는 절에 쓰이고 주어 앞이나 뒤에 위치할 수 있다.

❶ 就是你不能来，也没关系。　　설령 당신이 올 수 없더라도 (그래도) 상관없습니다.

❷ 你要是明天休息，咱们就去颐和园吧。
당신이 만약 내일 쉰다면, (그러면) 우리 이허위안에 갑시다.

❸ 要是你明天休息，咱们就去颐和园吧。
만약 당신이 내일 쉰다면, (그러면) 우리 이허위안에 갑시다.

要是你明天休息，就咱们去颐和园吧。　　（×）

❹ 即使你来不了，我们也一定把事情办好。
설령 당신이 올 수 없더라도, (그래도) 우리는 반드시 일을 제대로 처리할 것입니다.

即使你来不了，也我们一定把事情办好。　　（×）

UNIT 11 조사

STEP 1 기본 문법 ··

1. 조사(助词)는 단어, 구 혹은 문장의 뒤에 부가되어 각종 부가 의미를 나타내는 품사이다.

2. 조사는 단독으로 쓰일 수 없으며, 단어나 구의 뒤, 혹은 문장의 끝에 와야만 여러 가지 부가 의미를 나타낼 수 있다. 조사는 모두 경성(轻声)으로 발음한다.

3. 조사는 대체로 세 가지로 분류된다.

  1) 구조조사(结构助词) '的', '地', '得' : 단어 혹은 구의 뒤에 부가되어 문법관계를 나타낸다.

  ① '的 de'는 관형어 표지로, 관형어의 뒤에 부가된다.

  ❶ 学生的宿舍在那座楼的旁边。   학생들의 기숙사는 그 건물의 옆에 있다.

  ❷ 他是我们的老师。   그는 우리들의 선생님이시다.

  ② '地 de'는 부사어 표지로, 부사어 뒤에 부가된다.

  ❶ 你安心地休息吧。   당신은 마음 놓고 쉬세요.

  ❷ 战士们焦急地等待着前方的消息。
      전사들은 전방에서의 소식을 초조하게 기다리고 있다.

  ③ '得 de'는 보어 표지로, 동사나 형용사의 뒤, 보어 앞에 부가된다.

  ❶ 幼儿园的孩子们玩儿得很高兴。   유치원의 아이들이 즐겁게 논다.

  ❷ 中学老师忙得很。   중(고등)학교 선생님들은 매우 바쁘다.

  2) 동태조사(动态助词) '了', '着', '过' : 동사 뒤에 부가되어 동작의 상태를 나타낸다.

  ① '了 le'는 동작의 완료상을 나타낸다.

  ❶ 今天他看了一部电影。   오늘 그는 영화 한 편을 보았다.

  ❷ 我刚打了国际长途电话。   나는 방금 국제 장거리 전화를 걸었다.

  ② '着 zhe'는 동작 혹은 상태의 지속을 나타낸다.

  ❶ 我听着音乐呢。   나는 음악을 듣고 있다.

  ❷ 客厅里放着一架钢琴。   거실에 피아노 한 대가 놓여져 있다.

③ '过 guo'는 과거에 어떤 동작을 경험한 적이 있음을 나타낸다.

❶ 2006年她来过北京。   2006년에 그녀는 베이징에 왔었다.

❷ 我听过这个曲子。   나는 이 곡을 들어본 적이 있다.

❸ 这条河上有过一座小木桥。   이 강에는 작은 나무다리 하나가 있었다.

3) 어기조사(语气助词) : 문장 끝에 부가되어 다양한 어기를 나타낸다.

① 어기조사 '啊', '了', '呢'

❶ 天空多蓝啊!   [감탄]

하늘이 얼마나 파란지!

❷ 这双鞋太大了。   [불만족]

이 신발은 너무 크다.

❸ 他的女朋友还挺漂亮呢。   [감탄]

그의 여자 친구는 상당히 아름답다.

 UPGRADE PLUS

了는 동사 뒤에 쓰여 '완료상'을 나타내는 동태조사의 용법과 문장의 끝에 쓰여 '변화'의 의미를 나타내는 어기조사 용법이 있으며, 太……了의 형태로 쓰여 감탄의 의미를 나타내는 용법이 있다. (이 경우 완료상이나 변화의 의미를 나타내지 않는다.)

② 어기조사 '吗'는 문장 끝에 쓰여 의문의 어기를 나타낸다.

❶ 你是留学生吗?   당신은 유학생인가요?

❷ 他们在开会吗?   그들은 회의를 하고 있나요?

③ 어기조사 '吧'

A. 평서문 끝에 쓰여 요청, 명령, 상의, 제안, 동의 등의 어기를 나타낸다.

❶ 你帮帮我吧。   [요청]

당신은 저를 좀 도와주세요.

❷ 进来吧。   [명령]

들어오세요.

❸ 我们现在去图书城吧。   [상의]

우리 지금 서점가에 가자.

❹ 好吧。   [동의]

좋아.

B. 의문문의 문장 끝에 쓰여 예측, 추측, 불확정 등의 어기를 나타낸다.

❶ 你要出差吧？ 당신은 출장을 갈 거지요?

❷ 他请你帮他儿子补习功课吧？ 그가 당신에게 그의 아들 공부를 봐달라고 요청했지요?

STEP 2 문법 업그레이드 ···

1. 동사가 동태조사 '了', '着', '过'를 수반하는 경우의 부정형식

동사가 '了'를 수반한 경우의 부정형식은 부사 '没'나 '不'를 부가한 후에 '了'를 삭제한다. '着'와 '过'의 부정형식은 부사 '没'를 부가한다.

❶ 商店开门了。 상점은 문을 열었다.

商店没开门。 상점이 문을 열지 않았다.

商店不开门。 상점이 문을 열지 않았다.

商店没开门了。 （×）

❷ 商店开着门。 상점이 열려져 있다.

商店没开着门。 상점이 열려져 있지 않다.

商店没开着门了。 （×）

商店不开着门。 （×）

❸ 商店开过门。 상점은 문을 연 적이 있다.

商店没开过门。 상점은 문을 연 적이 없다.

商店没开过门了。 （×）

2. 어기조사 '呢'

1) '呢'를 의문문의 문장 끝에 부가하여 의문의 의미를 나타낼 수 있다.

❶ 你想去哪儿呢？ 당신은 어디에 가고 싶은데요?

❷ 你看不看京戏呢？ 당신은 경극을 보나요, 안 보나요?

❸ 你看京剧(呢)，还是看歌剧呢？ 당신은 경극을 보나요 아니면 오페라를 보나요?

你参观首都体育馆吗呢？ （×）

2) '呢'를 평서문의 문장 끝에 부가하면 동작이 현재 진행되고 있음을 나타낼 수 있다.

❶ 她发短信呢。 그녀는 문자메시지를 보내고 있다.

❷ 商店开着门呢。 상점은 영업 중이다.

3) '呢'를 명사, 대명사 혹은 명사구의 뒤에 부가하면 '어디에 있는가?(在哪儿?)'를 묻는 의문문을 구성한다.

❶ 小张呢? 小张은 (어디 있나요)?

❷ 我的手机呢? 내 휴대전화는 (어디 있나요)?

4) 앞뒤 문맥이 명확한 경우, '呢'는 명사, 대명사, 명사구의 뒤에서 '어떠한가?(怎么样?)' 혹은 '어떡하지?(怎么办?)' 혹은 '뭐해요?(干什么?)' 등을 묻는다.

❶ 我下午去看望一个朋友，<u>你呢</u>? 저는 오후에 친구를 보러 가는데, 당신은요?

(→ 你干什么? 당신은 뭐 하나요?)

❷ 你感冒了，<u>你同屋呢</u>? 당신은 감기에 걸렸는데, 당신 룸메이트는요?

(→ 你同屋怎么样? 感冒了没有? 당신 룸메이트는 어떤가요? 감기에 걸렸나요?)

UNIT 12 의성사

STEP 1 기본 문법 ···

1. 의성사(象声词)는 사물이나 동작이 발생하는 소리를 모방한 품사이다.

2. 의성사는 독립적(단독)으로 사용할 수 있으며, 문장의 앞이나 뒤에 위치할 수 있다.

　　真开心，哈哈！　정말 기분 좋다. 하하!

3. 의성사는 부사어, 관형어, 보어 혹은 서술어로 쓰일 수 있다.

❶ 他哈哈地笑个不停。　　　　　　　　　　　[부사어]
　　그가 '하하'하며 계속 웃었다.

❷ 他哈哈的笑声引得大家都笑了起来。　　[관형어]
　　그의 '하하'하며 웃는 소리는 모두를 다 웃게 했다.

❸ 他得意地哈哈了一阵。　　　　　　　　　　[서술어]
　　그는 득의양양하게 한참 '하하'하고 웃었다.

❹ 他们话不投机，动起手来，把屋里打了个稀里哗啦。　　[보어]
　　그들은 서로 말이 통하지 않아 치고받고 싸우기 시작하여, 집 안을 와장창 부서버렸다.

STEP 2 문법 업그레이드 ···

1. 의성사가 관형어나 부사어로 기능할 때는 대체로 구조조사 '的'나 '地'를 써야 한다.

2. 쌍음절 의성사는 중첩이 가능하며, ABAB, AABB, AAB, ABB의 4개 형식으로 중첩된다.

　　轰隆轰隆 —— 轰轰隆隆 —— 轰隆隆　우르르 쾅쾅
　　哗啦哗啦 —— 哗哗啦啦 —— 哗啦啦　출렁출렁
　　叮当叮当 —— 叮叮当当 —— 叮叮当　딸랑딸랑
　　乓乓乓乓 —— 乓乓乓乓　　　　　　　똑딱똑딱
　　哎呀哎呀 ————————— 哎呀呀　아이구

UNIT 13 감탄사

STEP 1 기본 문법 ···

1. 감탄사(叹词)는 감탄, 부름, 응답 등을 나타내는 품사이다.

2. 감탄사는 대체로 문장의 앞에 독립적으로 출현하며, 어떠한 문장성분으로도 기능하지 않는다.

❶ 喂，你哪里?   여보세요, 어디에요? [전화통화]

❷ 啊! 这里的风景太美了!   아! 이곳의 풍경은 너무 아름다워요!

STEP 2 문법 업그레이드 ···

1. 감탄사 '喂'는 주로 전화를 걸 때 쓰이며, 각기 다른 성조로 발음된다.

❶ 喂(wéi)! 你找谁?   여보세요, 어느 분을 찾으세요?

❷ 喂(wèi)，你打错了吧?   여보세요, 잘못 걸었죠?

❸ 喂(wéi)，你在听吗?   여보세요, 듣고 있어요?

서로 대면하고 있을 때에는 대체로 '喂'를 사용하지 않으며, 사용할 경우 무례할 수 있다.

2. '啊'는 겸류사이다.

1) 어기조사 '啊'

① 평서문의 문장 끝에 쓰여 감탄, 재촉, 당부 등의 어기를 나타낸다.

❶ 这里的风景真美啊!　　　　　　[감탄]
　　이곳의 풍경은 정말 아름다워요!

❷ 我不送你了，慢走啊。　　　　　[당부]
　　여기까지 배웅할게요. 조심히 가세요.

❸ 仔细点儿啊。　　　　　　　　　[당부]
　　좀 자세히요.

❹ 你们俩快跑啊。　　　　　　　　[재촉]
　　너희 둘은 빨리 달려라.

② 일부 의문문의 문장 끝에 쓰여 의문을 나타낸다.

❶ 他在哪儿工作啊?　그는 어디에서 일해요?

❷ 你换不换车啊?　당신은 차를 갈아타요, 안 갈아타요?

❸ 你喝红茶还是喝绿茶啊?　당신은 홍차를 마시나요 아니면 녹차를 마시나요?

2) 감탄사 '啊'는 감탄, 추궁, 의외 등의 어기를 나타낸다.

❶ 啊(à)! 这儿的环境太好了!　　　　[감탄]

　　아! 이곳의 환경이 너무 좋군요!

❷ 啊(à)! 你看，长城真壮观啊!　　　[감탄]

　　아! 당신 좀 보세요. 만리장성이 정말 장관이에요!

❸ 啊(á)! 你到底知道不知道?　　　　[추궁]

　　아! 당신 도대체 알아요, 몰라요?

❹ 啊(á)! 他还没出发?　　　　　　　[의외]

　　아! 그가 아직 출발하지 않았어요?

겸류사

STEP 1 기본 문법 ··

일반적으로 하나의 단어는 하나의 품사에 속하지만, 일부 단어는 둘 혹은 그 이상의 품사에 속하기도 한다. 이러한 단어를 겸류사(兼类词)라고 한다.

1) 高兴

❶ 她天天都很高兴。　　　　　　　[형용사]
그녀는 날마다 즐겁다.

❷ 今天我们高兴高兴。　　　　　　[동사]
오늘 우리 좀 즐겨보자.

2) 麻烦

❶ 这件事很麻烦。　　　　　　　　[형용사]
이 일은 번거롭다.

❷ 麻烦您让一下。　　　　　　　　[동사]
번거로우시겠지만, 양보 좀 해주세요.

❸ 给您添麻烦了。　　　　　　　　[명사]
당신에게 폐를 끼쳤군요.

3) 正

❶ 这幅画儿挂得不正，向右歪了。　[형용사]
이 그림은 똑바로 걸려있지 않아요. 오른쪽으로 기울어졌어요.

❷ 你正一下这个车把。　　　　　　[동사]
이 핸들을 바르게 하세요.

❸ 这个结果正合我意。　　　　　　[부사]
이 결과는 바로 나의 뜻에 부합한다.

4) 病

❶ 甲型H1N1流感是一种严重的传染病。　　[명사]
A형 H1N1 유행독감은 심각한 전염병이다.

❷ 她都病了一个多月了，还不见好转。　　[동사]
그녀는 벌써 한 달이나 앓고 있는데, 여전히 차도가 없다.

5) 建议

❶ 李老师建议我考材料学专业的研究生。　　[동사]

李 선생님께서 나에게 재료학 전공 대학원 시험을 보라고 제안하셨다.

❷ 他的建议很不合实际，被大家否定了。　　[명사]

그의 제안은 실제에 부합하지 않아 모두에게 거절당했다.

STEP 2 문법 업그레이드 ···

1. 겸류사는 그 형태가 같으며, 어떤 품사에 속하는지는 문장 안에서의 기능에 따라 결정된다.

2. 겸류사는 반드시 발음이 같고 의미도 관련이 있어야 한다. 그렇지 않으면 겸류사가 아니라 동음사(同音词)가 된다. 아래 '就'는 동음사이다.

❶ 每天闹钟一响我就起床。　　　　　[부사]

매일 알람이 울리자마자 나는 일어난다.

❷ 今天早饭，我们大米粥就咸菜。　　[동사]

오늘 아침 식사로 우리는 쌀죽에 장아찌를 곁들이자.

❸ 大家就这个问题展开了热烈的讨论。　[전치사]

모두 이 문제에 대해 열렬한 토론을 벌였다.

UNIT 15

접두사와 접미사

STEP 1 기본 문법 ···

1. 접두사는 단어 앞에 쓰여 명사를 구성하는 형태소로, '老', '小', '初', '阿' 등이 있다.

老百姓 국민	老师 선생님	老公 남편	老婆 마누라	
老王 王씨	老大 첫째	老鼠 쥐	老虎 호랑이	
小弟 아우, 동생	小伙子 젊은이	小孩儿 아이	小姐 아가씨	小家伙 녀석
初春 초봄	初雪 첫눈	初稿 초고	初交 첫 교제	初期 초기
阿姨 이모	阿公 어르신	阿飞 건달		

2. 접미사는 단어의 뒤에 쓰여 명사를 구성하는 형태소로, '子', '儿', '头' 등이 있다.

鼻子 코	杯子 컵, 잔	被子 이불	桌子 탁자	椅子 의자
花儿 꽃	画儿 그림	盖儿 뚜껑	冰棍儿 아이스바	歌儿 노래
舌头 혀	指头 손가락	骨头 뼈	木头 나무	石头 돌

> **UPGRADE PLUS**
>
> 중국어의 접사는 한국어나 영어의 접사만큼 그 수가 많지 않고 생산성도 높지 않다. 같은 老라
> 고 해도 老王이나 老大처럼 친근감의 의미가 남아 있는 것도 있으나 老师처럼 그러한 의미가
> 전혀 없이 문법적 기능만을 하는 것도 있으므로 그 허화 정도에 조금씩 차이가 나기도 한다. 접
> 두사 중에는 老와 阿가 순수한 접두사에 가깝고, 접미사 중에는 子, 儿, 头가 순수한 접미사에
> 가까우며, 그 외는 준접두사, 준접미사라고 부르기도 한다.

CHECK POINT 문법정리

☑ 각 사항들을 체크하면서 LESSON 1의 학습내용을 복습하고 정리합니다.

- ☐ **1.** 실사와 허사를 어떻게 구분하는가? '建议'와 '意见'은 실사인가?

- ☐ **2.** 실사에는 어떤 품사가 포함되는가? 각 품사의 단어를 5개 이상 말해보자.

- ☐ **3.** 허사에는 어떤 품사가 포함되는지 예를 들어 설명해보자.
  '了', '的', '啊'는 허사인가? 이들은 어떤 품사에 속하는가?

- ☐ **4.** 명사는 어떤 문법 기능이 있는가? 방위사, 시간사, 장소사는 어떤 품사에 속하는가?

- ☐ **5.** 대명사는 어떤 하위부류가 있는가? '哪儿', '我们', '这'는 각각 어느 부류에 속하는가?

- ☐ **6.** 무엇을 형용사라고 하는가? 형용사는 어떤 문법 기능이 있는가?

- ☐ **7.** 수사에는 어떤 부류가 있는가?

- ☐ **8.** 양사는 몇 가지로 분류할 수 있는가? 각각의 주요 기능은 무엇인가?

- ☐ **9.** 동사는 어떤 특징이 있는가?

- ☐ **10.** 조동사와 부사는 어떤 공통점과 차이점이 있는지 예를 들어 설명해보자.

- ☐ **11.** 전치사와 부사는 어떤 공통점과 차이점이 있는가?

- ☐ **12.** 어떤 것을 겸류사라고 하는가? 예를 두 가지 들어보자.

- ☐ **13.** 관형어로 쓰이는 품사에는 어떤 것들이 있는가?

- ☐ **14.** 보어로 쓰이는 품사에는 어떤 것들이 있는가?

- ☐ **15.** 품사를 구분하는 주요 기능은 무엇인가?

LESSON ② 구

● 구

단어와 단어의 조합을 구(词组, 短语 혹은 结构)라고 한다. 구는 아래와 같이 분류할 수 있다.

① 대등구(联合词组, 并列词组)

你和我, 课本和笔, 又唱又跳 ……

② 수식구(偏正词组)

我家, 慢走, 汉语教材, 非常高兴 ……

③ 수량구(数量词组)

一个, 十几本, 三遍, 五趟 ……

④ 방위구(方位词组)

屋里, 楼外, 头上, 树下, 两小时以后 ……

⑤ '的'자구("的"字词组)

他的, 木头的, 卖菜的, 老的, 胖的 ……

⑥ 주술구(主谓词组)

她买, 我做, 今天阴天, 身体健康 ……

⑦ 술목구(动宾词组)

买东西, 说笑话, 去上海, 做作业, 写信 ……

⑧ 전치사구(介宾词组)

对顾客, 跟我, 为了国家的利益, 关于这个问题 ……

⑨ 보충구(补充词组)

站好, 取出来, 长一点儿, 举得很高, 看得见 ……

⑩ 동격구(同位词组)

夏凡这个人, 他们俩, 首都北京, 父亲大人 ……

⑪ 관용구(固定词组)

望梅止渴, 狐假虎威, 首善之区, 问心无愧 ……

UNIT 01 대등구

기본 문법 ···

1. 대등구는 동류의 단어가 조합된 것으로, 병렬관계를 나타내는 단어 조합이다.

2. 실사는 대체로 대등구를 구성할 수 있다.

3. 대등구의 단어는 순서가 바뀌어도 의미는 바뀌지 않는다.

他和我 —— 我和他
그와 나   나와 그

师傅徒弟 —— 徒弟师傅
스승과 제자   제자와 스승

北京和上海 —— 上海和北京
베이징과 상하이   상하이와 베이징

勇敢而坚定 —— 坚定而勇敢
용감하고 결연한   결연하고 용감한

4. 대등구는 문장에서 단어와 마찬가지로 여러 가지 문장성분으로 쓰일 수 있다.

❶ 他和我都喜欢晒太阳。   [주어]
그와 나는 모두 일광욕을 좋아한다.

❷ 大家又跑又跳。   [서술어]
모두가 달리고 춤춘다.

❸ 他们是师傅徒弟。   [목적어]
그들은 스승과 제자이다.

❹ 北京和上海的人口都比较多。   [관형어]
베이징과 상하이 인구는 모두 비교적 많다.

❺ 他勇敢而坚定地参加了维和部队。   [부사어]
그는 용감하고 결연하게 평화유지부대에 지원했다.

❻ 她跳得又熟练又优美。   [보어]
그녀는 능숙하고 아름답게 춤춘다.

1. 대등구가 관형어로 쓰이는 경우, 구조조사 '的'를 부가한다.

❶ 这本书和那本书<u>的</u>作者是同一个人。　이 책과 저 책의 작가는 같은 사람이다.

❷ 苏州和杭州<u>的</u>风景都非常美。　쑤저우와 항저우의 풍경은 모두 매우 아름답다.

2. 대등구 앞에 관형어가 있는 경우, 구조조사 '的'를 부가한다.

❶ 这篇文章<u>的</u>题目和内容都是他自己定的。

　　이 글의 제목과 내용은 모두 그 사람 스스로 정한 것이다.

❷ 那个学校<u>的</u>老师和学生都来了。　그 학교의 선생님과 학생이 다 왔다.

3. 대등구가 동사, 형용사로 구성되어 부사어로 쓰이는 경우, 구조조사 '**地**'를 부가한다.

❶ 他们又鼓掌又欢呼<u>地</u>跑过来了。　그들은 박수치고 환호하며 달려왔다.

❷ 我们紧张而小心<u>地</u>向密林深处走去。

　　우리는 긴장하며 조심스럽게 밀림의 깊은 곳으로 걸어갔다.

4. 대등구가 보어로 쓰이는 경우, 동사와 보어 사이에 구조조사 '**得**'를 부가한다.

❶ 这些孩子都长<u>得</u>天真活泼。　이 아이들은 모두 천진하고 활발하다.

❷ 他高兴<u>得</u>又唱又跳。　그들은 기분이 좋아서 노래하고 춤췄다.

UNIT 02 수식구

STEP 1 기본 문법 ··

1. 수식구는 수식-피수식, 한정-피한정 관계의 둘 혹은 둘 이상의 단어로 구성되어 있다. 다시 말하면, 앞에 오는 단어가 뒤에 오는 단어를 수식, 한정한다. 수식어는 반드시 피수식어의 앞에 위치한다.

2. 수식구 가운데 수식어는 성질, 수량, 크기, 형상, 정도, 색깔, 상태 등을 나타낸다.

3. 수식을 받거나 한정되는 단어(피수식어/피한정어)의 성격에 따라 수식구는 두 부류로 나눌 수 있다.

  1) 명사구 혹은 관형어 수식구(定中词组) : 앞의 수식어는 관형어이며, '红颜色', '新的课程', '正确方法', '国家的主人' 등이 있다.

  2) 동사구 혹은 부사어 수식구(状中词组) : 앞의 수식어는 부사어이며, '快说', '刻苦学习', '慢慢地走', '仔细地检查' 등이 있다.

4. 수식구의 두 단어는 순서를 바꿀 수 없다.

历史教师 역사 교사	新来的历史教师 새로 온 역사 교사	
教师历史 (×)	教师历史的新来 (×)	
首都剧场 수도극장	刚落成的首都剧场 막 준공된 수도극장	
剧场首都 (×)	首都剧场的刚落成 (×)	
积极解决 적극적으로 해결하다		
解决积极 (×)		

5. 수식구는 문장 내에서 여러 가지 문장성분으로 쓰일 수 있다.

  ❶ 历史教师对地理也非常熟悉。　　　　　　[주어]
    역사 교사는 지리에 대해서도 매우 정통하다.

❷ 我们特别喜欢这家餐馆。　　　[서술어]

우리는 이 식당을 각별히 좋아한다.

❸ 本周的演出在新落成的首都剧场。　　　[목적어]

이번 주 공연은 새로 준공된 수도극장에서 한다.

❹ 你们听说公共交通的新规定了吗?　　　[관형어]

당신들은 대중교통의 새 규정을 들었나요?

❺ 他很客气地向大家问好。　　　[부사어]

그는 매우 예의 바르게 모두에게 안부를 물었다.

❻ 我画得不太像。　　　[보어]

내가 그린 것은 별로 비슷하지 않다.

STEP 2 문법 업그레이드

1. 수식구가 관형어로 쓰이는 경우, 구조조사 '**的**'를 부가한다.

❶ 我们学校的绿化环境很好。　　우리 학교의 녹화 환경은 매우 좋다.

❷ 我有一个非常要好的儿时伙伴。　　나는 매우 친한 어린 시절 친구가 하나 있다.

그러나 '**很多**'와 '**不少**'가 관형어로 쓰이면 대체로 구조조사 '**的**'를 쓰지 않는다.

❸ 这次HSK考试很多学生都报名了。　　이번 HSK시험에 많은 학생들이 신청했다.

❹ 我们春节期间参观了不少历史名人的故居。

우리는 설 기간에 적지 않은 역사 인물의 고택을 견학했다.

2. 수식구가 부사어로 쓰이는 경우, 구조조사 '**地**'를 부가한다.

❶ 那个青年非常勇敢地走在前面。　　그 청년은 매우 용감하게 앞으로 걸어 나갔다.

❷ 这部电视连续剧很准确地表达了观众的心声。

이 TV연속극은 매우 정확하게 시청자의 속마음을 표현했다.

3. 수식구가 정도보어로 쓰이는 경우, 대체로 '**得**'를 부가한다.

❶ 他爷爷每天都起得很早。　　그의 할아버지는 매일 아주 일찍 일어난다.

❷ 她打扮得特别时尚。　　그녀는 유난히 세련되게 꾸몄다.

UNIT 03　수량구

STEP 1 기본 문법 ···

1. 수량구는 수사와 양사로 구성된다.

2. 수량구에서 수사는 관형어이며, 수사와 양사는 서로 자리를 바꿀 수 없다.

一个　한 개　　　个一　（×）

三条　세 가닥　　条三　（×）

3. 수량구는 여러 가지 문장성분으로 쓰일 수 있다.

❶ 这一台比那一台贵得很。　　　[주어]
　　이것이 저것보다 훨씬 더 비싸다.

❷ 他三十岁。　　　　　　　　　[서술어]
　　그는 서른 살이다.

❸ 我说的是那一个。　　　　　　[목적어]
　　내가 말한 것이 저것이다.

❹ 他今天只吃了一顿饭。　　　　[관형어]
　　그는 오늘 밥을 한 끼만 먹었다.

❺ 他一脚把球踢进了球门。　　　[부사어]
　　그는 한 번에 공을 골문에 차 넣었다.

❻ 她比我高六厘米。　　　　　　[보어]
　　그녀는 나보다 6cm 크다.

4. 수량구는 중첩이 가능하다.

1) 중첩형식은 ABAB형식이 가능하다.

一个一个　하나하나　　　　　两位两位　두 분씩

三份三份　세 부씩　　　　　　五张五张　다섯 장씩

2) 수사가 '一'인 경우 ABB형식으로 중첩할 수 있다.

一个个　하나하나, 한 개씩　　　　一本本　한 권 한 권, 한 권씩

一次次　한 번 한 번, 한 번씩　　　一瓶瓶　한 병 한 병, 한 병씩

STEP 2　문법 업그레이드 ....

1. 수량구가 관형어로 쓰이는 경우

1) 수량구가 관형어로 쓰이면 구조조사 '的'를 부가하지 않는다.

❶ 我要告诉你一个好消息。　저는 당신에게 좋은 소식 하나를 알려주려고 해요.
我要告诉你一个的好消息。　（✕）

❷ 我们每天都吃三顿饭。　우리는 매일 밥을 세 끼 먹는다.
我们每天都吃三顿的饭。　（✕）

2) 수량구의 중첩형식이 관형어로 쓰이면 일반적으로 구조조사 '的'를 부가한다.

❶ 一个一个的字都写得很好看。　글자 하나하나를 다 보기 좋게 썼다.
一个一个字都写得很好看。　（✕）

❷ 两张两张的办公桌都对着放好了。　업무용 책상을 두 개씩 마주보게 배치했다.
两张两张办公桌都对着放好了。　（✕）

❸ 五瓶五瓶的矿泉水都在哪里呢？　다섯 병씩의 생수를 다 어디에 두었니?
五瓶五瓶矿泉水都在哪里呢？　（✕）

3) 수사 '一' 뒤의 양사를 중첩하여 관형어로 쓰이면 '的'를 생략할 수 있다.

❶ 阅览室里放着一排排(的)书柜。
열람실에 책장이 한 줄 한 줄 놓여 있다.

❷ 一筐筐(的)鲜鱼给渔民带来了丰收的喜悦。
한 바구니 한 바구니의 생선은 어민에게 풍성한 기쁨을 가져다주었다.

2. 수량구가 부사어로 쓰이는 경우

1) 수량구가 단독으로 부사어가 되는 경우, 구조조사 '地'를 부가하지 않는다.

❶ 他一次也没来看过我。　그는 한 번도 나를 보러 온 적이 없다.
他一次地也没来看过我。　（×）

❷ 他两趟都忘了带手机。　그는 두 차례 모두 휴대전화 가져가는 것을 잊었다.
他两趟地都忘了带手机。　（×）

2) 수량구의 중첩형식이 부사어로 쓰이면 일반적으로 구조조사 '地'를 부가한다.

❶ 应聘者一个一个地参加面试。　응시자는 한 명 한 명씩 면접에 참가했다.
❷ 我们两箱两箱地搬。　우리는 두 상자씩 옮겼다.

3) 수사 '一' 뒤의 양사를 중첩하여 관형어로 쓰이면 '地'를 생략할 수 있다.

❶ 他一次次(地)告诫我们。
그는 한 번 또 한 번 우리에게 경고했다.

❷ 我一遍遍(地)背台词。
나는 처음부터 끝까지 한 번 또 한 번 대사를 외웠다.

3. 수량구가 보어로 쓰이는 경우, 구조조사 '得'를 부가하지 않는다.

❶ 你去看一下吧。　당신은 좀 가서 보세요.
你去看得一下吧。　（×）

❷ 我们每月比赛三次。　우리는 매 달 세 차례 경기한다.
我们每月比赛得三次。　（×）

❸ 这种芒果比那种便宜一块(钱)。　이 품종의 망고는 저 품종보다 1위안 싸다.
这种芒果比那种便宜得一块(钱)。　（×）

UNIT 04 방위구

STEP 1 기본 문법

1. 방위구는 명사성 어휘 또는 동사성 어휘와 방위사의 조합으로 구성된다.

2. 방위구 가운데 방위사는 앞에 있는 단어와 순서를 바꿀 수 없다.

教室里 교실 안　　里教室 （✕）

两天前 이틀 전　　前两天 얼마 전 (→ 의미가 변함.)

二十岁左右 스무 살 가량　　左右二十岁 （✕）

3. 방위구는 여러 가지 문장성분으로 쓰일 수 있다.

❶ 教室里有十几个学生。　　　　[주어]
　　교실에 10여 명의 학생이 있다.

❷ 图书馆里很安静。　　　　　　[주어]
　　도서관은 조용하다.

❸ 他在教学楼外边。　　　　　　[목적어]
　　그는 강의동 밖에 있다.

❹ 同学门都住学校旁边。　　　　[목적어]
　　학생들은 다 학교 옆에 산다.

❺ 图书馆里的书很多。　　　　　[관형어]
　　도서관의 책이 매우 많다.

❻ 我关了厨房里的灯。　　　　　[관형어]
　　나는 주방의 등을 껐다.

❼ 咱们屋里坐吧。　　　　　　　[부사어]
　　우리 집에 들어가 앉자.

❽ 他们一个星期以后回国。　　　[부사어]
　　그들은 일주일 후에 귀국한다.

1. 방위구가 관형어로 쓰이면 반드시 구조조사 '的'를 부가한다.

❶ 我家旁边<u>的</u>邮局很大。　우리 집 옆의 우체국은 크다.

❷ 他不记得十年以前<u>的</u>事了。　그는 10년 전의 일이 기억나지 않는다.

2. 방위구 '······以前', '······以后'는 시간을 나타낸다.

❶ 睡觉以前一定要刷牙。　잠자기 전에 반드시 양치질을 해야 한다.

❷ 黄金周以后的计划已经定好了。　골든위크 이후의 계획을 이미 다 정했다.

'······以前'과 '没······以前'은 부사어로 쓰이면 같은 의미가 된다.

❸ 他报到以前，已经有几位代表报到了。
내가 도착보고를 하기 전에 벌써 몇 분의 대표가 도착보고를 했다.

❹ 他没报到以前，已经有几位代表报到了。
내가 미처 도착보고를 하기 전에 벌써 몇 분의 대표가 도착보고를 했다.

UNIT 05 '的'자구

STEP 1 기본 문법 ···

1. '的'자구는 실사(实词) 혹은 구와 '的'자가 결합하여 구성된다. '的'자구 뒤의 명사는 생략된 것이며, '的'자구는 문장에서 명사에 해당된다.

2. '的'는 반드시 수식어의 뒤에 온다.

朋友的 친구 것　　　　　你的 당신 것　　　　　绿的 녹색의 것

跳舞的 춤추는 사람　　　他写的 그가 쓴 것

3. '的'자구는 명사구로, 주로 주어나 목적어로 쓰인다.

❶ 跳舞的是我妹妹。　　　　　　　[주어]

춤추는 사람은 내 여동생이다.

❷ 这些杂志是朋友的。　　　　　　[목적어]

이 잡지들은 친구 것이다.

STEP 2 문법 업그레이드 ···

1. '的'자구의 핵심은 '的'이므로 '的'를 생략할 수 없다.

2. '的'자구는 직업, 신분을 나타내기도 한다.

教师 —— 教书的 교사　　　司机 —— 开车的 운전사　　军人 —— 当兵的 군인

3. '的'자구는 사람 혹은 사물을 통칭하기도 한다.

❶ 经常到各个公园游玩的(人)大多是老年人。

자주 여러 공원에 가서 노는 이들은 대부분 어르신들이다.

❷ 她买的衣服都是名牌的(衣服)。

그녀가 산 옷은 모두 유명 상표의 것이다.

UNIT 06 주술구

STEP 1 기본 문법 ....

1. 주술구는 주어와 서술어 두 개의 단어(혹은 구)로 구성된 구이다.

眼睛大   눈이 크다   我说   내가 말하다

牙疼   이가 아프다   今天星期六   오늘은 토요일이다

个子矮   키가 작다

2. 주술구는 여러 가지 문장성분으로 쓰일 수 있다.

❶ 眼睛大很好看。   [주어]
  눈이 크면 보기 좋다.

❷ 她眼睛大。   [서술어]
  그녀는 눈이 크다.

❸ 我真怕牙疼。   [목적어]
  나는 치통이 정말 두렵다.

❹ 你说的话不错。   [관형어]
  당신이 한 말은 멋지다.

❺ 她态度谦虚地点了点头。   [부사어]
  그녀는 태도가 겸손하게 고개를 끄덕였다.

❻ 孩子们冻得脸都红了。   [보어]
  아이들은 추워서 얼굴이 다 빨개졌다.

1. 주술구와 구조조사

  1) 주술구가 관형어로 쓰이면 구조조사 '**的**'를 반드시 부가한다.

    ❶ 他说<u>的</u>事情我已经知道了。   그가 말한 일을 나는 이미 안다.

    ❷ 我们画<u>的</u>那张油画展出了。   우리가 그린 그 유화를 전시했다.

  2) 주술구가 부사어로 쓰이면 구조조사 '**地**'를 반드시 부가한다.

    ❶ 队员们精神抖擞<u>地</u>出现在球场上。   선수들은 투지를 불태우며 경기장에 나타났다.

    ❷ 他心事重重<u>地</u>坐着不说话。   그는 걱정스럽게 앉은 채 아무 말도 하지 않았다.

  3) 주술구는 상태보어로만 쓰일 수 있으며, 이때 반드시 구조조사 '**得**'를 부가한다.

    ❶ 他笑<u>得</u>腰都弯了。   그는 웃겨서 허리를 다 펴지 못할 정도이다.

    ❷ 老师说<u>得</u>口都干了。   선생님은 입에 침이 다 마르도록 말했다.

    ❸ 他累<u>得</u>筋疲力尽。   그는 피곤하여 기진맥진했다.

    → '筋疲'와 '力尽'은 두 개의 주술 구조로 이루어진 대등구인 동시에 관용구이기도 하다.

2. 주술구는 일부 동사의 뒤에서 목적어로 쓰일 수 있다.

    ❶ 我希望我的朋友得冠军。   나는 내 친구가 우승하기를 바란다.

    ❷ 他知道我们明天不在家。   그는 우리가 내일 집에 없는 것을 안다.

UNIT 07 술목구

STEP 1 기본 문법 ··

1. 술목구는 술어동사와 목적어로 구성된다.

喝水   물을 마시다   看病   진료를 받다

开车   차를 운전하다   说汉语   중국어를 말하다

听音乐   음악을 듣다   做作业   숙제를 하다

2. 술목구는 여러 가지 문장성분으로 쓰일 수 있다.

❶ 听音乐是一种享受。   [주어]
    음악을 듣는 것은 하나의 즐거움이다.

❷ 我喝水。   [서술어]
    나는 물을 마신다.

❸ 我喜欢听京剧。   [목적어]
    나는 경극 듣는 것을 좋아한다.

❹ 看病的时候要先挂号。   [관형어]
    진료를 받을 때는 우선 접수를 해야 한다.

❺ 她有心学好汉语。   [부사어]
    그녀는 중국어를 마스터할 마음이 있다.

❻ 我热得出汗。   [보어]
    나는 더워서 땀이 났다.

STEP 2 문법 업그레이드 ··

1. 술목구와 구조조사

1) 술목구가 관형어로 쓰이면 반드시 구조조사 '的'를 부가한다.

❶ 跳舞的那个姑娘跳得很好。   춤을 추는 저 아가씨는 잘 춘다.

❷ 我们都是参加运动会项目的人。   우리는 모두 운동회 종목에 참가하는 사람입니다.

2) 술목구가 부사어로 쓰이면 일반적으로 구조조사 '地'를 부가한다.

❶ 他很有把握地说：“没问题。”

그는 매우 자신감 있게, '문제 없어요'라고 말했다.

❷ 我充满谢意地看了看他。　나는 감사의 마음을 가득 담아 그를 잠시 바라보았다.

그러나 동작의 방식을 나타내는 경우에는 구조조사 '地'를 부가하지 않는다.

❸ 我们打车去吧。　우리 차를 잡아타고 갑시다.

❹ 他凭什么当了董事长?　그는 무엇을 근거로 이사장을 맡은 겁니까?

3) 술목구는 상태보어로만 쓰일 수 있으며, 이때 반드시 구조조사 '得'를 부가한다.

❶ 他兴奋得跺脚。　그는 흥분해서 발을 동동 굴렀다.

❷ 他感动得流下了眼泪。　그는 감동하여 눈물을 흘렸다.

2. 부사 '有(一)点儿'과 확실하지 않은 양을 나타내는 수량구 '一点儿'

1) '有(一)点儿'은 형용사와 일부 동사 앞에서 부사어로 기능하여 '약간(稍微)'의 의미를 나타내며, 일어나지 않기를 바라는 상황에서 주로 쓰인다.

❶ 她有(一)点儿不高兴。　그녀는 다소 불쾌해 했다.

她一点儿不高兴。　(×)

❷ 我头有(一)点儿晕。　나는 머리가 좀 어지럽다.

我头一点儿晕。　(×)

2) '一点儿'은 관형어나 보어로만 쓰이며, '一'는 생략할 수 있다.

❶ 我买了(一)点儿水果。　　　　　　　[관형어]

나는 과일을 조금 샀다.

❷ 她送来(一)点儿蔬菜和点心。　　　　[관형어]

그녀는 채소와 간식을 조금 보내왔다.

❸ 你头疼好(一)点儿了吗?　　　　　　[보어]

당신 두통은 좀 좋아졌나요?

❹ 我比他矮(一)点儿。　　　　　　　　[보어]

나는 그보다 조금 작다.

❺ 我这儿有(一)点儿吃的，你拿去吧。　[관형어]

나한테 먹을 것이 조금 있으니, 당신이 가져가세요.

→ 이 문장의 有는 술어이며, 이것은 부사 有(一)点儿과 다르다.

UNIT 08 전치사구

1. 전치사구는 전치사와 전치사의 목적어로 구성되는 구이다.

2. 전치사구는 부사어, 관형어로 쓰인다.

❶ 我从上海来。 [부사어]
나는 상하이에서 왔다.

❷ 他在南京工作。 [부사어]
그는 난징에서 일한다.

❸ 在南京的亲戚都来了。 [관형어]
난징에 있는 친척들이 모두 왔다.

❹ 你对这件事情的看法很客观。 [관형어]
당신은 이 일에 대한 견해가 객관적이다.

3. 일부 전치사구는 보어로도 쓰일 수 있다.

❶ 这列火车开往广州。 이 기차는 광저우로 운행한다.

❷ 她生于1985年。 그녀는 1985년에 출생했다.

❸ 从胜利走向胜利。 승리에서 승리로 나아가다.

1. 전치사구가 관형어로 쓰이는 경우에는 반드시 구조조사 '的'를 부가하지만, 부사어로 쓰이는 경우에는 '地'를 쓰지 않는다.

❶ 对秦始皇的评价历来以负面居多。 　　[관형어]

　　진시황에 대한 평가는 줄곧 부정적인 면이 다수를 차지했다.

❷ 向阳的房间当然好一点儿。 　　[관형어]

　　남향 집이 당연히 좀 더 낫지요.

❸ 他对上级不卑不亢。 　　[부사어]

　　그는 상사에게 비굴하지도 거만하지도 않다.

❹ 这位医生为患者想得周到。 　　[부사어]

　　이 의사는 환자를 위해 세심하게 생각해준다.

2. 자주 쓰이는 전치사구

1) 在……上

① 구체적인 방위를 나타낸다.

❶ 他在椅子上坐着。 　　그는 의자에 앉아 있다.

❷ 老师在黑板上写出了这一课的主要语法点。

　　선생님께서 칠판에 이 과의 주요 문법 포인트를 적었다.

② 특정 범주 혹은 분야를 나타낸다.

❶ 运动员在饮食结构上是很注意的。

　　운동선수들은 식생활 구조에 있어서 주의해야 한다.

❷ 我们在培训经费上要专款专用。

　　우리는 강습 경비에 있어 특별비용을 전용해야 한다.

❸ 这个小学在教学上有一套行之有效的方法。

　　이 초등학교는 교육에 있어 매우 효과적인 방법을 가지고 있다.

❹ 他在生活上从来都很简朴。 　　그는 생활 면에서 여태껏 매우 소박했다.

2) 在……下

① 구체적인 방위를 나타낸다.

❶ 夏天我们常在这棵大树下乘凉。

　　여름에 우리는 자주 이 큰 나무 아래에서 더위를 식혔다.

❷ 他在楼下打电话呢。 　　그는 건물 아래에서 전화를 하고 있다.

② 일반적으로 '특정 조건, 특정 상황에서 어떠하다'라는 의미를 나타내며, 주로 문장 맨 앞에 쓰인다.

➊ 在师生的共同努力下，这个化学实验大获成功。

> 교사와 학생간의 공동노력으로 이 화학실험은 큰 성공을 거두었다.

➋ 在这么艰苦的条件下，他们居然能取得这么大的成绩。

> 이렇게 어려운 조건 속에서도 그들은 예상 밖으로 이렇게 큰 성과를 거둘 수 있었다.

➌ 在紧急的情况下，消防员们凭借他们的智慧和勇敢排除了危险。

> 긴급한 상황에서 소방대원들은 그들의 지혜와 용기로 위험을 제거했다.

또한 주어 뒤, 술어 앞에 위치할 수도 있다.

➍ 这个化学实验，在师生的共同努力下大获成功。

> 이 화학실험은 교사와 학생간의 공동노력으로 큰 성공을 거두었다.

➎ 他们居然在这么艰苦的条件下能取得这么大的成绩。

> 그들은 예상 밖으로 이렇게 어려운 조건 속에서도 이렇게 큰 성과를 거둘 수 있었다.

➏ 消防员们在紧急的情况下凭借他们的智慧和勇敢排除了危险。

> 소방대원들은 긴급한 상황에서 그들의 지혜와 용기로 위험을 제거했다.

3) 在……中

① 특정 범위를 나타내며, 주로 문장 맨 앞에 쓰인다.

➊ 在这班(的)男同学中，半数都爱打篮球。

> 우리 반 남학생들 가운데 절반은 농구를 즐겨한다.

➋ 在教我们班的老师中，年纪最大的是吴老师。

> 우리 반을 가르치시는 선생님 가운데 연세가 가장 많은 분은 뭇 선생님이다.

② 특정 행위의 방식, 특정 동작이 진행되고 있거나 자주 발생한다는 의미를 나타내기도 한다.

➊ 大家的意见在讨论中达到了一致。

> 모두의 (각기 다른) 의견은 토론을 하면서 일치되었다.

➋ 在这种无休止的争吵中，他们的婚姻走到了尽头。

> 이런 끝없는 다툼 속에서 그들의 결혼생활은 막바지에 이르렀다.

UNIT 09 보충구

STEP 1 기본 문법 ··

1. 보충구는 동사 혹은 형용사와 뒤에 오는 보충성분이 결합한 구이다.

2. 보충구는 크게 두 가지로 분류된다.

1) 동보구

① 동사가 동사의 보어가 되는 경우

看懂　보고 이해하다　　　　　　　推开　밀어서 열다

买来　사오다　　　　　　　　　　拿出来　꺼내오다

打死　때려죽이다

② 형용사가 동사의 보어가 되는 경우

看清楚　명확하게 보다　　　　　　捂热　잘 덮어서 데우다

跑得快　빨리 달릴 수 있다　　　　说透　남김없이 이야기하다

③ 다른 단어나 구가 동사의 보어가 되는 경우

去一趟　한 번 갔다 오다　　　　　飞向太空　우주로 날아가다

开往北京　베이징으로 운행하다

2) 형보구

困得不得了　더할 나위 없이 졸리다　　累得很　너무나 피곤하다

好极了　매우 좋다　　　　　　　　清楚一点儿　좀 더 명확하다

热死了　더워 죽겠다　　　　　　　急得坐卧不安　안절부절 못하다

3. 보충구는 주어, 서술어, 목적어, 관형어, 보어로 쓰일 수 있다.

❶ 听懂是很重要的。　　　　　　　[주어]
　　듣고 이해하는 것은 중요한 것이다.

❷ 你们听懂了吗?　　　　　　　　[서술어]
　　당신들은 듣고 이해했나요?

❸ 他保证写得漂亮。　　　　　　　[목적어]

그는 예쁘게 쓴다고 장담했다.

❹ 洗干净的衣服都在柜子里。　　　[관형어]

빨아서 깨끗해진 옷은 다 장롱에 있다.

❺ 音乐老师唱得好听极了。　　　　[보어]

음악 선생님의 노래는 정말 듣기 좋다.

STEP 2 문법 업그레이드

1. 보충구는 다른 단어의 도움 없이 직접 주어와 목적어가 될 수 있다.

❶ 看一遍就够了。　　　　　　　　[주어]

처음부터 끝까지 한 번 보면 충분해.

❷ 我相信修得好。　　　　　　　　[목적어]

나는 고칠 수 있다고 믿어.

2. 보충구와 구조조사

1) 보충구가 관형어로 쓰이면 반드시 구조조사 '的'를 부가한다.

❶ 听懂的人请举手。　　듣고 이해한 분들은 손을 들어 주세요.

听懂人请举手。　（×）

❷ 跑不快的同学可以先跑。　　빨리 달릴 수 없는 학생은 먼저 달려도 됩니다.

跑不快同学可以先跑。　（×）

❸ 买来的东西放这里吧。　　사 온 물건은 여기에 두죠.

买来东西放这里吧。　（×）

→ '买来东西'는 술목구조이다.

2) 보충구가 정도보어로 쓰이는 경우, 반드시 구조조사 '得'를 부가한다.

❶ 他写得快极了。　　그는 쓰는 게 정말 빠르다

❷ 他最近比前一阵忙得多得多。　　그는 요즘 얼마 전보다 훨씬 더 바쁘다.

UNIT 10

동격구

STEP 1 기본 문법 ···

1. 동격구는 동일한 사람 혹은 동일한 사물을 가리키는 단어 두 개가 병렬되어 구성된 것으로, 두 단어 사이에는 어떠한 성분도 첨가할 수 없다.

2. 동격구의 두 단어의 배열순서는 일반적으로 함부로 바꿀 수 없다.

❶ 李刚校长正在给学生讲话。 李刚 교장이 학생들에게 강연을 하고 있다.
   → '李刚'은 교장의 성명으로, 교장이 바로 '李刚'이다.
   → 이때 '校长李刚'도 가능하다.

❷ 姐姐她很支持我。 누나는 나를 적극 지지한다.
   → 누나가 바로 '她'이고, '她'가 바로 누나이므로 동일인물을 가리킨다.
   → 만약 '她姐姐'라고 쓰면 수식구조가 되어 '她'와 '姐姐'는 다른 사람이 되므로, 의미가 완전히 달라진다.

3. 동격구는 대부분 명사구로, 주어, 목적어, 관형어 등으로 쓰일 수 있다.

❶ 马索老师教我们美术课。 　　　　　　[주어]
   马索 선생님께서는 우리에게 미술 과목을 가르치신다.

❷ 他自己已经知道错了。 　　　　　　　[주어]
   그 스스로 이미 잘못했다는 것을 안다.

❸ 我到首都北京了。 　　　　　　　　　[목적어]
   나는 수도인 베이징에 도착했다.

❹ 总经理来看看你们大家。 　　　　　　[목적어]
   사장님께서 당신들 모두를 보러 오셨다.

❺ 他们三个人的简历都在桌子上。 　　　[관형어]
   그들 세 사람의 이력서는 다 책상 위에 있어요.

❻ 我非常感谢我朋友张和平的帮助。 　　[관형어]
   나는 내 친구 张和平의 도움에 매우 감사한다.

1. 동격구는 다른 단어의 도움 없이 직접 주어, 목적어로 쓰일 수 있다.

❶ 小王他是一个智勇双全的人。　　　　　　　　[주어]

小王 그는 지혜와 용기를 모두 갖춘 사람이다.

❷ 张文丹教授非常幽默。　　　　　　　　　　[주어]

张文丹 교수님은 매우 유머러스하시다.

❸ 我信任你们两个人。　　　　　　　　　　　[목적어]

나는 당신들 두 사람을 신뢰합니다.

2. 동격구가 관형어로 쓰이는 경우 '的'를 부가한다.

❶ 马索老师的旅行计划实现了。　　马索 선생님의 여행 계획이 실현되었다.

❷ 我们认识老李他的女儿。　　우리는 老李 그의 딸을 안다.

UNIT 11 관용구

STEP 1 기본 문법 ··

1. 관용구는 특정한 단어로 구성된 관용형식으로서 특정한 의미를 나타내며 한 단어처럼 쓰인다.

2. 관용구에는 성어와 관용어가 포함된다.

一心一意	한마음 한뜻으로
三心二意	마음속으로 확실히 정하지 못하다, 망설이다
马到成功	일이 빨리 이루어지다, 손쉽게 성공하다
狐假虎威	남의 권세를 빌려 위세를 부리다
望梅止渴	공상으로 자기를 안위하다
画饼充饥	그림의 떡으로 굶주림을 달래다
唇亡齿寒	입술이 없어지면 이가 시리다
敲边鼓	부추기다, 선동하다
走后门	뒷거래하다, 백을 찾다
挖墙脚	밑뿌리째 뒤집어엎다, 남을 궁지에 빠뜨리다
拍马屁	아첨하다, 알랑거리다
替罪羊	속죄양, 희생양
无底洞	밑빠진 독, 끝없는 욕심
拦路虎	길을 막는 호랑이, 난관
一刀切	일률적으로 하다
开门红	좋은 출발, 시작부터 큰 성과를 거두다
挂羊头，卖狗肉	겉만 훌륭하고 속은 변변치 않다
不管三七二十一	다짜고짜, 무턱대고, 앞뒤 가리지 않다
三天打鱼，两天晒网	공부나 일을 꾸준하게 하지 못하다, 작심삼일
快刀斩乱麻	복잡하게 뒤얽힌 문제를 명쾌하게 처리하다
赔了夫人又折兵	게도 구럭도 다 잃은 격이다

3. 관용구 내부의 단어는 다른 단어로 바꿀 수 없으며, 단어 간의 순서도 고정되어 있으므로
바꿀 수 없다.

井底之蛙	우물 안 개구리
望洋兴叹	자신의 역부족을 알고 탄식하다
深谋远虑	주도면밀하게 계획하고 원대하게 생각하다
出口成章	글을 짓는 영감과 말재주가 뛰어나다
一锤子买卖	후일은 생각하지 않고 이번 장사만 신경을 쓰다
学无止境	학문에는 끝이 없다
千方百计	갖은 방법을 다 써 보다

4. 관용구는 여러 가지 문장성분으로 쓰일 수 있다.

❶ 三天打鱼，两天晒网是不能学好汉语的。　　　[주어]
　　작심삼일로는 중국어를 마스터할 수 없다.

❷ 我们要入乡随俗。　　　[서술어]
　　우리는 로마에 오면 로마법을 따라야 한다.

❸ 我们不能做井底之蛙。　　　[목적어]
　　우리는 우물 안 개구리가 되어서는 안 된다.

❹ 唇亡齿寒的道理想必大家都知道。　　　[관형어]
　　입술이 없으면 이가 시리다는 이치를 모두가 다 알 것이다.

❺ 王老师深入浅出地讲解了这个问题。　　　[부사어]
　　王 선생님께서는 이 심오한 문제를 간단하게 설명하셨다.

❻ 他们自以为设计得天衣无缝。　　　[보어]
　　그들은 스스로 디자인이 완전무결하다고 여긴다.

STEP 2 문법 업그레이드

1. 관용구는 다른 성분의 도움 없이 직접 주어, 목적어, 술어로 쓰일 수 있다.

2. 관용구가 관형어나 부사어 혹은 보어로 쓰이는 경우에는 반드시 구조조사 '的', '地', '得'를
부가한다.

CHECK POINT 문법정리

☑ 각 사항들을 체크하면서 LESSON 2의 학습내용을 복습하고 정리합니다.

☐ **1.** 대등구와 수식구의 가장 큰 차이점은 무엇인가?

☐ **2.** 동목구와 전치사구의 공통점과 차이점을 예를 들어 설명해보자.

☐ **3.** 어떤 구들이 문장의 주어로 쓰일 수 있는가?

☐ **4.** 주술구는 목적어로 쓰일 수 있는가?

☐ **5.** 동사의 보어로 쓰일 수 있는 구에는 어떤 것들이 있는가? 예를 들어 설명해보자.

☐ **6.** 동격구는 어떤 특징이 있는가?

☐ **7.** 관용구의 주요 특징은 무엇인가?

☐ **8.** 관형어로 쓰일 때 구조조사 '的'를 부가해야 하는 구에는 어떤 것들이 있는가?

☐ **9.** 부사어로 쓰일 때 구조조사 '地'를 부가해야 하는 구에는 어떤 것들이 있는가?

☐ **10.** 보어로 쓰일 때 구조조사 '得'를 부가해야 하는 구에는 어떤 것들이 있는가?

LESSON ③ 문장성분

문장의 구성

문법의 관점에서 볼 때, 하나의 문장은 단어(词)나 구(词组)로 구성되며, 이때 단어 또는 구를 문장성분이라고 한다. 문장은 대개 '주부(主语部分)'와 '술부(谓语部分)'로 나뉘며, 가운데 주부는 화자가 말하고자 하는 사람, 사물 등의 화제에 해당하고, 이를 제외한 기타 부분이 바로 술부가 된다.

문장성분

주부의 주요 성분은 주어(主语)이다. 주어 앞에는 수식, 한정하는 성분이 출현할 수 있으며, 이들을 '관형어(定语)'라고 한다. 술부의 주요 성분은 서술어(谓语)이다. 서술어 앞에도 수식, 한정하는 성분이 올 수 있으며, 서술어 앞에서 수식, 한정하는 성분을 '부사어(状语)'라고 한다. 한편, 서술어 뒤에는 보충 성분이 올 수 있으며, 이 보충 성분을 '보어(补语)'라고 한다. 서술어가 동사일 경우, 뒤에는 그 동작을 받는 공기 성분이 올 수 있고, 이러한 성분을 '목적어(宾语)'라고 한다. 목적어 앞에는 관형어가 출현할 수 있다.

문장성분의 종류

문장은 일반적으로 여섯 개의 문장성분으로 구성되며, 여기에는 주어, 서술어, 목적어, 관형어, 부사어, 보어가 있다.

주부		술부				
관형어	주어	부사어	서술어	보어	관형어	목적어
	我		教			语法。
我的	老师	认真	教	完了	汉语	语法。
	老师		说	完了。		

UNIT 01 주어

STEP 1 기본 문법 ···

1. 주어는 진술, 묘사, 설명의 대상이다. 이것은 화자가 말하고자 하는 화제로 먼저 발화가 이루 어지기 때문에 대체로 문장의 맨 앞에 출현한다.

2. 다양한 품사의 어휘들이 주어로 쓰일 수 있다.

❶ 汉语是联合国的五种工作语言之一。 [명사]
중국어는 국제연합의 다섯 가지 업무 언어 중 하나이다.

❷ 我们都认识这个汉字。 [대명사]
우리는 모두 이 한자를 안다.

❸ 游泳可以锻炼身体。 [동사]
수영은 신체를 단련시킬 수 있다.

❹ 谦虚使人进步。 [형용사]
겸손함은 사람을 진보시킨다.

❺ 十是五的两倍。 [수사]
10은 5의 두 배이다.

3. 다양한 구들이 주어로 쓰일 수 있다.

❶ 火车飞机都是交通工具。 [대등구]
기차, 비행기는 모두 교통수단이다.

❷ 牙痛很难受。 [주술구]
치통은 참기 힘들다.

❸ 开车要遵守交通规则。 [술목구]
운전은 교통법규를 준수해야 한다.

❹ 都去最好。 [수식구]
모두 가는 것이 가장 좋다.

❺ 三斤太少了。 [수량구]
세 근은 너무 적다.

❻ 博物馆里有很多参观的人。 [방위구]
박물관 안에는 참관하는 사람들이 많이 있다.

❼ 听得懂很重要。　　　　　　　　　　　　　　[보충구]

듣고 이해하는 것은 중요하다.

❽ 石大夫她是很有经验的医生。　　　　　　[동격구]

石 선생은 경험이 풍부한 의사이다.

❾ 送报的每天七点就来。　　　　　　　　　['的'자구]

신문 배송원이 매일 7시면 온다.

❿ 走后门是人们痛恨的不正之风。　　　　[관용구]

연줄을 통해 일을 처리하는 것은 사람들이 매우 싫어하는 그릇된 풍조이다.

4. 주어는 일반적으로 세 가지 유형으로 구분할 수 있다.

1) 행위주(施事) 주어 : 주어가 대체로 행위주이거나 동작의 주체이다.

❶ 我打电话。　　나는 전화를 한다.

❷ 她把那本画报借走了。　　그녀는 그 화보를 빌려갔다.

 UPGRADE PLUS

문장성분과는 별개로 의미 관계를 나타내는 의미역이 존재한다. 주요 의미역은 다음과 같다.

① 행위주(agent : 施事) : 의지를 가지고 행동할 수 있는 어떤 동작의 주체.

② 피동작주(patient : 受事) : 어떤 동작의 효과를 겪는, 특히 상태에 어떤 변화를 겪는 실체.

③ 경험주(experiencer : 当事) : 서술어에 의해 기술되는 동작이나 상태를 인식하고 있지만
그 동작이나 상태를 통제할 수 없는 실체.

이 외에 위치 이동을 겪는 '대상', 동작으로 인해 이익을 얻는 '수혜자' 등이 있고, '도구', '처소', '도달점', '원천' 등의 의미역이 있다.

2) 피동작주(受事) 주어 : 주어가 피동작주이거나 동작의 대상이 된다.

❶ 这本画报看完了。　　이 화보는 다 보았다.

❷ 她被朋友请去了。　　그녀는 친구에게 초대되어 갔다.

3) 비행위주, 비피동작주 주어, 즉 경험주(当事) 주어 : 일부 주어는 행위의 주체도 아니고 행위의
대상도 아니다.

❶ 牡丹是洛阳市的市花。　　모란은 뤄양시의 시화이다.

❷ 这个年轻人很胖。　　이 젊은이는 살이 쪘다.

❸ 这个问题太难了。　　이 문제는 너무 어렵다.

1. 문법구조의 관점에서 볼 때, 중국어의 주어는 모두 서술어의 앞에 출현하며, 다수의 주어가 문장 맨 앞에 출현한다. (본서에서는 주어가 문장 맨 앞에 출현하지 않는 것에 대해 '도치문(倒裝句)'이나 '주어가 뒤에 출현함' 등으로 설명하지 않는다.)

❶ 我喜欢唱歌。   나는 노래 부르는 것을 좋아한다.

❷ 他不紧张。   그는 긴장하지 않는다.

❸ 她胃疼。   그녀는 위가 아프다.

❹ 你有伞吗?   너는 우산이 있니?

❺ 今天他准来。   오늘 그는 꼭 온다.

❻ 信写好了。   편지 다 썼다.

2. 중국어에서 단어나 구는 모두 어떠한 표지도 필요 없이 바로 주어가 될 수 있다. 동사나 동사구가 주어가 될 때에도 역시 마찬가지이다.

❶ 锻炼很重要。   신체단련은 중요하다.

❷ 互相关心是建设和谐社会的必要条件。
서로 관심을 갖는 것은 조화로운 사회를 이룩하기 위한 필수 조건이다.

3. 시간, 장소를 나타내는 단어나 구도 주어가 될 수 있다. 이때, 서술어로 동사 '是', '有'가 쓰이기도 하고, 형용사나 명사가 쓰이기도 한다.

❶ 今天是国庆节。   오늘은 국경절이다.   [시간]
　　　서술어

❷ 一个星期有七天。   한 주는 7일이다.   [시간]
　　　　서술어

❸ 昨天很暖和。   어제는 따뜻했다.   [시간]
　　　서술어-형용사

❹ 后天中秋节。   모레는 추석이다.   [시간]
　　　서술어-명사

❺ 旁边是银行。   옆은 은행이다.   [장소]
　　　서술어

❻ 里面没有人。   안에 사람이 없다.   [장소]
　　　서술어

❼ 阅览室里很安静。   열람실 안은 조용하다.   [장소]
　　　　서술어-형용사

위와 같은 경우를 제외하고 문장 맨 앞에 출현하는 시간, 장소 어휘들은 모두 시간이나 장소 부사어로 분석할 수 있다.

❽ 昨天我们都去了。　어제 우리는 모두 갔다.

　→ 주어는 '我们'이고, '昨天'은 시간부사어이다.

❾ 学校附近新开了一家饭馆。　학교부근에 음식점 하나가 새로 열렸다.

　→ '学校附近'은 장소부사어이고, 주어는 없다.

4. 피동작주 주어

중국어에서 대부분의 주어는 행위주이거나 동작의 시행자이다. 그러나 동작을 실행할 수 없는 단어나 구도 주어가 될 수 있다. 대개 피동관계를 강조하는 경우 피동형식을 취하게 되지만, 어떤 경우는 피동형식을 취하지 않을 수도 있다. 이때의 주어를 '피동작주 주어'라고 한다. (본서에서는 이러한 것들에 대해 '피동작주 주어'로 설명하며, '목적어 전치'라는 표현은 사용하지 않는다.)

❶ 信寄出去了。　편지를 부쳤다.

❷ 家庭作业完成了。　숙제를 완성했다.

❸ 饭做好了吗?　밥 다 했나요?

UPGRADE PLUS

❶의 문장에서 寄出去라는 동작은 信이 한 것이 아니라, 어떤 행동주체, 즉 행위주가 한 것이다. 일반적으로 주어 자리에는 행위주가 출현해야 하지만, 이 문장에서는 피동작주인 信이 출현하고 있다. ❷, ❸의 문장도 마찬가지이며, 이런 경우 목적어가 전치되었다기 보다는 피동작주가 주어로 쓰였다고 한다.

UNIT 02 서술어

1. 서술어는 한 문장 내 술부의 주요 어휘이다. 서술어는 주어를 진술하거나 묘사 또는 설명한다.

2. 서술어에는 동사, 형용사가 쓰일 수 있고, 명사도 쓰일 수 있으며, 주술구도 쓰일 수 있다.

    ❶ 你来吧。　　　　　　　　　　[동사]
       너 와라.

    ❷ 她很漂亮。　　　　　　　　　[형용사]
       그녀는 예쁘다.

    ❸ 明天春节。　　　　　　　　　[명사]
       내일은 설이다.

    ❹ 我身体挺好。　　　　　　　　[주술구]
       나는 건강이 상당히 좋다.

3. 서술어로는 수사나 대명사가 쓰일 수 있고, 다른 구도 쓰일 수 있다.

    ❶ 那个学生二十一。　　　　　　[수사]
       그 학생은 스물한 살이다.

    ❷ 这本小说怎么样?　　　　　　[대명사]
       이 소설은 어때?

    ❸ 她又高又苗条。　　　　　　　[대등구]
       그녀는 키도 크고 날씬하다.

    ❹ 他每天早来晚走。　　　　　　[대등구]
       그는 매일 일찍 오고 늦게 간다.

    ❺ 那个孩子八岁。　　　　　　　[수량구]
       그 아이는 여덟 살이다.

    ❻ 这位大夫和蔼可亲。　　　　　[관용구]
       이 의사는 다정하고 친절하다.

4. 술어동사 뒤에 동태조사 '了', '着', '过'가 올 수 있다.

- ❶ 我们都看了那个电影。　　우리는 모두 그 영화를 봤다.
- ❷ 窗户开着呢。　　창문이 열려 있다.
- ❸ 我吃过这种水果。　　나는 이런 과일을 먹은 적이 있다.

STEP 2 문법 업그레이드 ··

1. 주어와 서술어의 관계

주어는 앞에 출현하고, 서술어는 뒤에 출현한다. 서술어는 주어가 실행하거나 받는 동작, 행위를 나타낼 수 있고, 주어에 대한 묘사, 설명 또는 판단을 나타낼 수도 있다.

- ❶ 我们粉刷了四面墙。　　우리는 사면의 벽을 회칠하였다.
  - → 주어가 '粉刷'라는 동작을 실행하고 있다.
- ❷ 四面墙都粉刷了。　　사면의 벽을 모두 회칠하였다.
  - → 주어가 '粉刷'라는 동작을 받고 있다.
- ❸ 这位法官很公正。　　이 법관은 공정하다.
  - → 서술어가 주어인 '法官'을 묘사하고 있다.
- ❹ 四面墙粉刷得非常好。　　사면의 벽을 아주 잘 회칠하였다.
  - → 서술어가 주어의 상황을 설명하고 있다.
- ❺ 这是从泰国进口的大米。　　이것은 태국으로부터 수입한 쌀이다.
  - → 서술어가 주어의 성질을 설명(판단)하고 있다.

2. 동사가 서술어로 쓰일 경우

1) 중국어에서 동사 자체는 형태의 변화가 없다. 따라서 서술어로 쓰일 경우, 인칭, 성, 수에 상관없이 동사의 형태는 모두 동일하다.

- ❶ 他要设计一个花园。　　그는 정원 하나를 설계하려고 한다.
  제3인칭, 단수, 남성
- ❷ 张工程师设计完那台机器的图纸了吗?　　张 기사는 그 기계의 도면을 다 설계했습니까?
  제3인칭, 단수
- ❸ 她们设计了这座大楼。　　그 여자들이 이 빌딩을 설계했다.
  제3인칭, 복수, 여성

2) 동사가 서술어로 쓰일 경우, 목적어를 가질 수 있으며, 일부 동사는 두 개의 목적어를 가질 수 있다.

① 我们学<u>汉语</u>。　우리는 중국어를 배운다.

② 王老师教<u>我们汉字</u>。　王 선생님은 우리에게 한자를 가르친다.

3) 동사가 서술어로 쓰일 경우, 앞에는 각종의 수식어가 출현할 수 있고, 뒤에는 각종의 보어성분이 출현할 수 있다.

① 我<u>明天</u>参观天文馆。　나는 내일 천문관을 견학한다.
→ '明天'은 참관의 시간을 나타낸다.

② 他们<u>在会议室</u>开会。　그들은 회의실에서 회의한다.
→ '在会议室'는 회의 지점을 나타낸다.

③ 她<u>每天快</u>走<u>二十分钟</u>。　그녀는 매일 20분 빨리 걷는다.
→ '每天', '快'는 '走'를 수식하고, '二十分钟'은 '走'의 보어이다.

④ 这个小伙子一顿能吃<u>十个大包子</u>。　이 젊은이는 한 끼에 왕만두 열 개를 먹을 수 있다.
→ '十个大包子'는 '吃'의 목적어이다.

⑤ 我已经吃<u>饱</u>了。　나는 이미 배가 부르게 먹었다.
→ '饱'는 '吃'의 보어이다.

⑥ 她早上走了<u>一千米</u>。　그녀는 아침에 천 미터를 걸었다.
→ '一千米'는 '走'의 보어이다.

⑦ 你今天来<u>两趟</u>了。　너는 오늘 두 번 왔다.
→ '两趟'은 '来'의 보어이다.

⑧ 这个皮箱很重，你拿<u>不动</u>。　이 트렁크는 무거워서 너는 들 수 없다.
→ '不动'은 '拿'의 보어이다.

3. 형용사가 서술어로 쓰일 경우

1) 형용사는 기타 성분의 수식 없이 바로 서술어로 쓰일 수 있다. 이때 형용사가 단독으로 서술어로 쓰이면 비교의 의미를 나타낸다.

① (这间卧室大，) 那间卧室小。　(이 침실은 크고,) 저 침실은 작다.

② 这套画册新，那套画册旧。　이 화첩은 새 것이고, 저 화첩은 낡았다.

2) 형용사가 단독으로 서술어로 쓰였으나 비교의 의미를 나타내지 않을 경우, 형용사 앞에는 약화된 부사인 '很'이 출현한다.

① 老师们<u>很</u>认真。　선생님들은 진지하다.

② 学生们<u>很</u>刻苦。　학생들은 애를 쓴다.

3) 형용사가 서술어로 쓰일 경우, 뒤에 보어가 출현할 수 있다.

❶ 那个演员漂亮<u>得很</u>。　그 연예인은 매우 예쁘다.

❷ 她高兴<u>坏了</u>。　그녀는 매우 기쁘다.

❸ 那个孩子高<u>一米二</u>。　그 아이는 키가 120cm이다.

4. 명사가 서술어로 쓰일 경우

명사가 직접 서술어로 쓰일 수 있다. 이때 굳이 동사 '是'를 써서 주어와 서술어인 명사를 연결하지 않아도 된다.

❶ 今天晴天。　오늘은 맑은 날이다.

❷ 明天国庆节。　내일은 국경절이다.

❸ 她十九了。　그녀는 열아홉 살이다.

만약 주어와 명사술어 사이에 '是'를 첨가하면 동사술어문(动词谓语句)이 된다.

5. 주술구가 서술어로 쓰일 경우

중국어에서는 주술구 역시 직접 서술어가 될 수 있으며, 중간에 연결을 위한 어떠한 성분도 부가하지 않는다.

❶ 这位老人身体很健康。　이 노인은 몸이 건강하다.

❷ 那座大楼我进去过。　그 빌딩을 나는 들어가 본 적이 있다.

UNIT 03 목적어

STEP 1 기본 문법 ···

1. 술어동사(谓语动词)의 뒤에는 하나 또는 두 개의 공기 성분이 출현할 수 있다. 이들은 동작의 대상, 결과, 장소, 도구 등을 나타내며, 이러한 공기 성분을 '목적어'라고 한다.

동사	목적어1	목적어2
说	笑话	
听	广播	
踢	足球	
钦佩	他	
告诉	她	一件事
教	孩子	认字

2. 다양한 품사의 어휘가 목적어로 쓰일 수 있다.

❶ 她每天练太极拳。　　　　　[명사]
　그녀는 매일 태극권을 수련한다.

❷ 教语法的老师是他。　　　　[대명사]
　문법을 가르치는 선생님은 그다.

❸ 孩子们正在学习游泳。　　　[동사]
　아이들은 수영을 배우고 있다.

❹ 母亲喜欢安静。　　　　　　[형용사]
　어머니는 조용한 것을 좋아한다.

❺ 十八除以三等于六。　　　　[수사]
　18을 3으로 나누면 6이다.

3. 다양한 구가 목적어로 쓰일 수 있다.

❶ 同学们都买了语法书和练习本。　[대등구]
　학생들은 모두 문법책과 워크북을 샀다.

② 我认为不太妥当。 [수식구]

나는 그다지 타당하지 않다고 생각한다.

③ 大家都认为他很能干。 [주술구]

모두 그가 유능하다고 생각한다.

④ 哥哥最爱唱歌。 [술목구]

형은 노래 부르기를 가장 좋아한다.

⑤ 她觉得舒服得很。 [보충구]

그녀는 매우 편안하다고 여긴다.

⑥ 我们班同学一共有二十几个。 [수량구]

우리 반 학생은 모두 20여 명이다.

⑦ 老师的书在讲桌上。 [방위구]

선생님의 책이 교탁 위에 있다.

⑧ 我们终于来到了著名旅游城市桂林。 [동격구]

우리는 마침내 유명한 관광도시인 구이린에 도착했다.

⑨ 那个人是收废品的。 ['的'자구]

그 사람은 폐품을 수거하는 사람이다.

⑩ 这样做不是掩耳盗铃吗? [관용구]

이렇게 하는 것은 눈 가리고 아웅하는 게 아닙니까?

4. 목적어는 일반적으로 아래의 세 가지 유형으로 구분할 수 있다.

1) 피동작주 목적어 : 목적어가 피동작주이거나 동작의 대상이다.

① 我接受你的建议。   나는 너의 건의를 받아들이겠다.

② 我们都很羡慕你。   우리는 모두 너를 부러워한다.

2) 행위주 목적어 : 목적어가 행위주이다.

① 昨天转来了两个新生。   어제 신입생 두 명이 전학 왔다.

② 经理办公室里坐着几个顾客。   대표 사무실 안에 고객 두 명이 앉아 있다.

3) 비피동작주, 비행위주 목적어 즉, 경험주 목적어 : 어떤 목적어는 피동작주도 아니고 행위주도 아닐 수 있다.

① 这把椅子是不锈钢的。   이 의자는 스테인리스이다.

② 这项工程有一点儿困难。   이 프로젝트는 약간의 어려움이 있다.

1. 술어동사와 목적어의 관계

일반적으로 술어동사는 앞에 오고, 목적어는 뒤에 출현한다. 목적어는 술어동사가 시행한 동작이나 행위를 받거나, 동작의 결과 또는 영향을 나타낼 수 있다. 또한 목적어는 동작이 도달한 장소나 사용한 도구, 동작의 대상을 나타내기도 한다.

❶ 我们打排球吧。　우리 배구하자.
→ '打'하는 것은 '排球'이다.

❷ 她做了一盘菜。　그녀는 요리 한 접시를 만들었다.
→ '菜'는 동작 '做'의 결과이다.

❸ 我用钢笔。　나는 펜을 쓴다.
→ '钢笔'는 '用'의 도구이다.

❹ 他昨天到北京了。　그는 어제 베이징에 도착했다.
→ '北京'은 도달한 장소이다.

❺ 我们都相信你。　우리 모두는 당신을 믿어요.
→ '你'는 '相信'의 대상이다.

Upgrade plus

위에서처럼 동사에 따라 다양한 목적어가 올 수 있지만, 동일한 동사가 다양한 의미의 목적어를 가질 수도 있다. 예컨대, 写文章(글을 쓰다), 写黑板(칠판에 쓰다)의 경우, 文章은 결과가 되고, 黑板은 장소가 된다. 또한 吃饭은 대개 행위의 대상이 되는 목적어인 饭이 오지만 吃大碗(큰 그릇으로 먹다)처럼 도구가 목적어로 올 수 있다.

2. 중국어에서 단어나 구는 모두 어떠한 표지도 없이 바로 목적어로 쓰일 수 있다. 동사 또는 동사구가 목적어로 쓰일 때도 마찬가지이다.

❶ 我喜欢游泳。　나는 수영을 좋아한다.

❷ 孩子们不知道怎么做。　아이들은 어떻게 하는지를 모른다.

3. 이중목적어

중국어에서 동사는 일반적으로 하나의 목적어를 갖는다. 이러한 목적어를 '단일목적어(单宾语)'라고 한다. 일부 타동사(及物动词)는 두 개의 목적어를 가질 수 있으며, 이를 '이중목적어(双宾语)'라고 한다. 이때 첫 번째 목적어를 '간접목적어(间接宾语)'라고 하고, 두 번째 목적어를 '직접목적어(直接宾语)'라고 하며, 이 두 목적어의 연결을 위하여 중간에 다른 어휘를 사용할 필요는 없다.

간접목적어로는 보통 사람이나 기관을 가리키는 단어가 오고, 직접목적어로는 사물을 가리키는 단어가 온다.

❶ 我送朋友一对花瓶。　나는 친구에게 화병 한 쌍을 선물했다.

❷ 她借图书馆一本小说。　그녀는 도서관에서 소설 한 권을 빌렸다.

❸ 母亲告诉我明天动身。　어머니는 나에게 내일 출발한다고 알려주셨다.

위 세 문장에서 '朋友', '图书馆', '我'는 간접목적어이고, '一对花瓶', '一本小说', '明天动身'은 직접목적어이다.

4. 주술구가 목적어로 쓰이는 경우

일부 동사뒤에는 주술구가 목적어로 올 수 있다. 이러한 동사에는 '知道', '认为', '相信', '看见', '听见', '听说', '说', '发现', '希望', '盼望', '记得', '怕', '觉得', '感觉', '感到' 등이 있다.

❶ 他说他要发一封电子邮件。　그는 자신이 이메일 한 통을 보낼 것이라고 말했다.

❷ 我觉得头有点儿不舒服。　나는 머리가 약간 아프다고 느껴진다.

❸ 你记得明天是她的生日吗?　너는 내일이 그녀 생일이라는 것을 기억하니?

5. 행위주 목적어

대부분의 목적어는 피동작주이거나 동작의 접수자이다. 그러나 동작을 실행하는 단어나 구(즉, 행위의 주체)가 목적어인 경우도 있으며, 이때 역시 어떠한 표지도 사용하지 않는다. 이것을 '행위주 목적어'라고 한다. (본서에서는 주어가 뒤에 있는 것처럼 보이는 문장에 대해 '도치문'이나 '주어가 뒤에 출현함' 등으로 설명하지 않고 바로 행위주 목적어 개념으로 설명한다.)

❶ 前边开来一辆大货车。　앞쪽에서 큰 화물차 한 대가 온다.

❷ 前天搬走了几个留学生。　그저께 유학생 몇 명이 이사 갔다.

❸ 会议室里坐着很多工会的代表。　회의실 안에는 많은 노조 대표가 앉아 있다.

6. 중국어에서는 단어나 구가 목적어로 쓰일 때, 형태의 변화가 없다. 즉 단어와 구(특히 인칭대명사)는 형태변화 없이 모든 문장성분으로 쓰인다.

❶ 我喜欢她。　나는 그녀를 좋아한다.

❷ 他不告诉我。　그는 나에게 말하지 않는다.

❸ 她不佩服你。　그녀는 너에게 감탄하지 않는다.

❹ 你看见她们了吗?　너는 그녀들을 보았니?

❺ 你们认识他吗?　너희들은 그를 아니?

❻ 他邀请我们了。　그는 우리를 초청했다.

UNIT 04 관형어

STEP 1 기본 문법 ···

1. 관형어란 주어나 목적어 앞에서 수식, 한정의 역할을 하는 단어나 구를 가리킨다.

2. 관형어는 주어 또는 목적어의 형상, 재료, 수량, 속성, 장소, 시간, 범위 등을 나타낸다.

❶ 圆形的屋顶相当好看。　원형의 지붕이 상당히 보기 좋다.

❷ 大理石的柱子是这座楼最大的特色。　대리석 기둥은 이 건물의 최대 특징이다.

❸ 十个人的小组有好几个。　열 명인 팀이 여러 개이다.

❹ 我的中文书很多。　나의 중국어 책은 많다.

❺ 北方的天气比较冷。　북쪽의 날씨는 비교적 춥다.

❻ 昨天的讨论会参加的专家不少。　어제 토론회에 참가한 전문가가 많다.

❼ 全体代表都来了。　전체 대표가 모두 왔다.

3. 여러 가지 품사의 어휘들이 주어나 목적어 앞의 관형어로 쓰일 수 있다.

❶ 妈妈的头巾很漂亮。　　　　　[명사]
엄마의 스카프가 예쁘다.

❷ 这是公司的财产。　　　　　　[명사]
이것은 회사의 재산이다.

❸ 他们的教练很严格。　　　　　[대명사]
그들의 트레이너는 엄격하다.

❹ 她喜欢我姑姑。　　　　　　　[대명사]
그녀는 우리 고모를 좋아한다.

❺ 蓝裙子也好看。　　　　　　　[형용사]
파란 치마도 예쁘다.

❻ 我常常穿粉红衣服。　　　　　[형용사]
나는 자주 분홍색 옷을 입는다.

❼ 邀请的贵客都在客厅。　　　　[동사]
초청한 귀빈들은 모두 응접실에 있다.

❽ 刘力在看旅游手册。　　　　　　　[동사]

刘力는 여행 가이드북을 보고 있다.

❾ 十的十倍是一百。　　　　　　　　[수사]

10의 열 배는 100이다.

❿ 一百是五的二十倍。　　　　　　　[수사]

100은 5의 20배이다.

4. 주어 앞에는 다양한 유형의 구들이 관형어로 쓰일 수 있다.

❶ 杭州和苏州的风景都很别致。　　　[대등구]

항저우와 쑤저우의 풍경이 모두 색다르다.

❷ 他说的话对极了。　　　　　　　　[주술구]

그가 한 말은 매우 옳다.

❸ 说话的人是公司的总裁。　　　　　[술목구]

말하는 사람은 회사의 회장이다.

❹ 不合法的事情一定不能做。　　　　[수식구]

불법적인 일은 절대 해서는 안 된다.

❺ 两支队伍在拔河。　　　　　　　　[수량구]

두 팀이 줄다리기를 하고 있다.

❻ 做完的五个同学先走了。　　　　　[보충구, 수량구]

다 한 다섯 명의 학생은 먼저 갔다.

❼ 墙上的通知我看了。　　　　　　　[방위구]

벽에 있는 통지를 나는 봤다.

❽ 齐赞教授的实验小组研制出了一种新药。　　[동격구]

齐赞 교수의 실험팀은 신약을 개발해냈다.

❾ 举世瞩目的北京奥运会于2008年8月8日在鸟巢盛大开幕。　　[관용구]

온 세상 사람들이 주목하는 베이징 올림픽이 2008년 8월 8일 주경기장에서 성대하게 개막했다.

5. 목적어 앞에도 다양한 유형의 구들이 관형어로 쓰일 수 있다.

❶ 我去过云南和贵州的省会。　　　　[대등구]

나는 윈난과 구이저우의 성도를 가본 적이 있다.

❷ 大家都在等你和她的好消息。　　　[대등구]

모두가 너와 그녀의 좋은 소식을 기다리고 있다.

❸ 经理要见你请来的经济专家。　　　[주술구]

대표는 당신이 초청한 경제 전문가를 만나고자 한다.

❹ 我要看看唱歌的演员。　　　　　　　　[술목구]

　　나는 노래하는 연예인을 좀 보려고 한다.

❺ 这是十分愉快的事情。　　　　　　　　[수식구]

　　이것은 상당히 유쾌한 일이다.

❻ 这间教室可以坐二十个学生。　　　　　[수량구]

　　이 교실은 20명의 학생이 앉을 수 있다.

❼ 老师请五个写得好的同学朗读自己的作文。[수량구, 보충구]

　　선생님은 글을 잘 쓴 다섯 명의 학생에게 자신의 작문을 낭독하라고 부탁했다.

❽ 那天我们都参加了宿舍里的生日会。　　[방위구]

　　그날 우리는 모두 기숙사의 생일파티에 참석했다.

❾ 他们参观了沈阳那座城市的市容。　　　[동격구]

　　그들은 선양이라는 그 도시의 면모를 참관했다.

❿ 小丽是个心直口快的姑娘。　　　　　　[관용구]

　　小丽는 성격이 시원스럽고 입바른 소리를 잘하는 아가씨이다.

STEP 2 문법 업그레이드 ···

1. 관형어는 반드시 수식을 받거나 한정을 받는 피수식어 앞에 출현한다. 관형어가 피수식어의 뒤로 옮겨가게 되면 구조와 의미가 모두 완전히 바뀌거나 심지어 비문이 될 수 있다.

❶ 老师的母亲住在北京。　　선생님의 어머니는 베이징에 산다.

　　母亲的老师住在北京。　　어머니의 선생님은 베이징에 산다.

❷ 总裁的家在郊外。　　총재의 집은 교외에 있다.

　　家的总裁在郊外。　　（×）

2. 관형어와 구조조사 '的'

1) 일부 관형어의 뒤에는 구조조사 '的'가 필요하다.

① 소유관계를 나타내는 명사, 대명사의 경우

　　小王的电脑　小王의 컴퓨터　　　　我的东西　나의 물건

　　父亲的眼镜　부친의 안경　　　　　他们的资料　그들의 자료

② 시간을 나타내는 명사의 경우

晚上七点的电影　저녁 7시의 영화

③ 장소를 나타내는 명사, 대명사의 경우

后边的院子　뒤편의 정원　　　　　　那里的环境　그곳의 환경

④ 동사와 중첩형식 형용사의 경우

锻炼的计划　단련 계획　　　　　　大大的眼睛　커다란 눈

坐的姿势　앉은 자세　　　　　　干干净净的衣服　아주 깨끗한 옷

⑤ 수사가 수량을 나타내는 어휘 앞에 출현할 경우

五的三倍　5의 3배

⑥ 각종 구의 경우

定语和助词的关系　관형어와 조사의 관계　　[대등구]

他说的话　그가 한 말　　[주술구]

逛公园的人　공원을 거니는 사람　　[술목구]

非常幽默的演员　매우 유머러스한 연예인　　[수식구]

跳得高的运动员　높이 잘 뛰는 선수　　[보충구]

学校旁边的超市　학교 옆의 슈퍼마켓　　[방위구]

画家马力的作品　화가 마력의 작품　　[동격구]

对他的态度　그에 대한 태도　　[전치사구]

2) 일부 관형어는 구조조사 '的'를 부가할 수 없다.

① 사람, 사물의 성질을 나타내는 명사의 경우

植物人　식물인간　　　　　　铁锅　가마솥

② 지시대명사와 의문대명사 '什么', '多少'

这封信　이 편지　　　　　　哪根绳子　어느 줄

什么水果　어떤 과일　　　　　　多少钱　얼마의 돈

③ 단음절 형용사의 경우

红花　붉은 꽃　　　　　　新书　새 책

④ 중첩형식 양사의 경우

种种办法　각종 방법　　　　　　件件衣服　갖가지 옷

⑤ 사람, 사물의 성질을 나타내는 동사의 경우

研究人员 연구원　　　　　　　装饰品 장식품

⑥ 수량구의 경우

三份合同 계약서 세 부　　　　　五套餐具 식기 5세트

3) 위의 1), 2)의 예들을 제외한 다수의 관형어들은 '的'를 부가해도 되고 부가하지 않아도 된다.

3. 관형어의 성분이 다소 많을 경우, 일반적인 선후 배열순서는 아래와 같다.

소유관계를 나타내는 명사, 대명사	지시대명사	수량구	수식관계를 나타내는 말	피수식어
我父亲的	那	三本	有纪念意义的	集邮册

UNIT 05
부사어

1. 부사어는 서술어 앞에서 서술어를 수식, 한정하는 단어나 구이다.

2. 부사어는 서술어의 시간, 장소, 정도, 범위, 양태(情态), 긍정/부정, 중복, 능동/피동, 대상, 원인 등을 나타낸다.

    ❶ 我明天去。　　　　　　　　　　　　　　　　[시간]
       나는 내일 간다.

    ❷ 我在学校工作。　　　　　　　　　　　　　　[장소]
       나는 학교에서 일한다.

    ❸ 我非常努力。　　　　　　　　　　　　　　　[정도]
       나는 매우 노력한다.

    ❹ 我们大家都认识他。　　　　　　　　　　　　[범위]
       우리 모두는 그를 안다.

    ❺ 她全程经历了这次的探险活动。　　　　　　　[범위]
       그녀는 전 과정에 걸쳐 이번 탐험활동을 경험했다.

    ❻ 你难道不认识他吗?　　　　　　　　　　　　[부정]
       너는 설마 그를 모르니?

    ❼ 今天又是星期五了。　　　　　　　　　　　　[중복]
       오늘 또 금요일이다.

    ❽ 她差点儿把今天的聚会忘了。　　　　　　　　[능동]
       그녀는 하마터면 오늘의 모임을 잊을 뻔 했다.

    ❾ 这位林木病虫害防治专家被我们请来了。　[피동]
       이 임목 병해충 예방퇴치 전문가는 우리에 의해 초청되었다.

    ❿ 这个服务员对顾客很热情。　　　　　　　　　[대상]
       이 종업원은 고객에게 매우 친절하다.

    ⓫ 他为这次失误懊恼了好多天。　　　　　　　　[원인]
       그는 이번 실수 때문에 며칠 동안 괴로워했다.

3. 부사어가 될 수 있는 품사는 매우 다양하다. 부사 외에도 시간, 장소를 나타내는 명사 그리고 조동사, 형용사, 동사, 대명사 등이 있다.

❶ 她不相信。　　　　　　　　　　　[부사]

그녀는 믿지 않는다.

❷ 她今天出国。　　　　　　　　　　[시간사]

그녀는 오늘 출국한다.

❸ 外边停着一辆小轿车。　　　　　　[장소사]

밖에 소형 승용차 한 대가 서 있다.

❹ 她能解决汽油短缺问题。　　　　　[조동사]

그녀는 휘발유 부족 문제를 해결할 수 있다.

❺ 她小心地扶起母亲。　　　　　　　[형용사]

그녀는 조심스럽게 모친을 부축해 올렸다.

❻ 她笑着鞠了一个躬。　　　　　　　[동사]

그녀는 웃으면서 허리 굽혀 절을 한 번 했다.

❼ 她怎么那么有办法。　　　　　　　[대명사]

그녀는 어떻게 그렇게 수완이 좋은 건지.

4. 부사어로 쓰일 수 있는 구도 다양하다. 여기에는 전치사구, 대등구, 주술구, 술목구, 수식구, 수량구, 방위구, 관용구가 있다.

❶ 她对这个安排很满意。　　　　　　[전치사구]

그녀는 이렇게 배치한 것에 대해 만족한다.

❷ 她又说又笑地跑过来。　　　　　　[대등구]

그녀는 말도 하고 웃기도 하면서 뛰어 왔다.

❸ 母亲心疼地抱着生病的儿子。　　　[주술구]

모친은 마음 아파하며 병든 아들을 안고 있다.

❹ 她有意识地看了一眼。　　　　　　[술목구]

그녀는 의식적으로 살짝 한 번 보았다.

❺ 她非常谦虚地点了点头。　　　　　[수식구]

그녀는 매우 겸손하게 고개를 끄덕였다.

❻ 你一顿能吃几个馒头?　　　　　　[수량구]

너는 한 끼에 찐빵 몇 개를 먹을 수 있니?

❼ 我们屋里谈吧。　　　　　　　　　[방위구]

우리 방안에서 얘기하자.

❽ 老师语重心长地说：“你可一定要好好儿学习呀。”　　[관용구]

선생님은 의미심장하게 말했다. "너는 반드시 열심히 공부해야 한다."

1. 부사어는 반드시 수식을 받거나 한정을 받는 피수식어의 앞에 출현해야 하며, 절대 뒤에 출현할 수 없다.

    ❶ 代表们都报到了。   대표단은 모두 도착 보고를 했다.

       代表们报到都了。   （✕）

    ❷ 奥运会已经开幕了。   올림픽 대회가 이미 개막을 했다.

       奥运会开幕已经了。 （✕）

2. 부사어와 구조조사 '地'

  1) 일부 부사어의 뒤에는 구조조사 '地'를 사용해야 한다.

    ❶ 我羡慕地看着那个可爱的婴儿。   [동사]

      나는 그 귀여운 아기를 부러운 듯 쳐다보고 있다.

    ❷ 他高兴地迎接了我们。   [일부 쌍음절 형용사]

      그는 우리를 반갑게 맞이했다.

    ❸ 他们保质保量地完成了任务。   [대등구]

      그들은 질과 양을 보증할 정도로 임무를 완수했다.

    ❹ 我们情绪高涨地唱起歌来了。   [주술구]

      우리는 몹시 흥분이 되어 노래를 부르기 시작했다.

    ❺ 她很风趣地眨了眨眼睛。   [형용사성 수식구]

      그녀는 재미있게 눈을 깜빡거렸다.

    ❻ 她针锋相对地指责了他。   [관용구]

      그녀는 날카롭게 그를 질책했다.

  2) 일부 부사어는 구조조사 '地'를 부가할 수 없다.

    ❶ 我不吸烟。   [단음절 부사]

      나는 담배를 피우지 않는다.

    ❷ 我在家写工作报告。   [전치사구]

      나는 집에서 업무 보고서를 쓴다.

    ❸ 你可以坐公交车去。   [조동사]

      당신은 버스를 타고 갈 수 있다.

    ❹ 你明天来一趟吧。   [명사]

      당신은 내일 한 번 오세요.

⑤ 我们这样办吧。　　　　　　　　[대명사]

우리는 이렇게 처리하자.

⑥ 学习语言要多听多说。　　　　　[단음절 형용사]

언어를 공부하려면 많이 듣고 많이 말해야 한다.

⑦ 她一次也没来过。　　　　　　　[수량구]

그녀는 한 번도 온 적이 없다.

⑧ 她一个月回家一次。　　　　　　[명사성 수식구]

그녀는 한 달에 한 번 집에 간다.

⑨ 我十月以后去北京。　　　　　　[방위구]

나는 10월 이후에 베이징에 간다.

⑩ 她很少来我这儿。　　　　　　　[很少]

그녀는 내가 있는 곳에 거의 오지 않는다.

3) 이 외에 다수의 부사어들은 '地'를 붙여도 되고 붙이지 않아도 된다. 예를 들어, 일부 쌍음절 부사와 쌍음절 형용사가 부사어로 쓰일 경우가 그렇다.

非常高兴 / 非常地高兴　매우 기쁘다

认真学习 / 认真地学习　진지하게 공부하다

3. 부사의 사용 순서

두 개의 부사가 함께 부사어로 출현할 경우, 규칙에 따라 배열한다. '都'는 '也'의 뒤에, '常常'의 앞에 와야 한다. 그리고 '不'는 '也', '已经'의 뒤에 와야 한다.

❶ 我们都是学生，他们也都是学生。　우리는 모두 학생이다. 그들도 모두 학생이다.
　　　　　　　　　都也是（×）

❷ 我们都常常去看老师。　우리는 모두 자주 선생님을 뵈러 간다.
　　常常都去（×）

❸ 我不唱，他也不唱。　나는 노래를 하지 않는다. 그도 노래를 하지 않는다.
　　　　　　不也唱（×）

❹ 我已经不疼了。　나는 이미 아프지 않다.
　　不已经（×）

4. 부사어의 성분이 많을 경우, 일반적인 선후 배열순서는 아래와 같다.

시간	장소	범위	정도	양태방식	도구	대상	피수식어
上月	在苏州	都	非常	热情地	用家乡话	跟我	聊天儿

UNIT 06

보어1(결과보어)

STEP 1 기본 문법

1. 보어란 술어동사 뒤에서 동작 발생의 수량, 정도, 결과, 방향, 가능을 보충 설명하는 단어나 구를 말한다. 구조조사 '得'가 보어의 표지이긴 하지만, 모든 보어가 '得'를 필요로 하는 것은 아니다. 상태보어, 가능보어의 긍정형식, 일부 정도보어는 '得'가 필요하고, 그 외의 보어들은 '得'가 필요하지 않다.

>
> **U**PGRADE PLUS
>
> 중국어에서의 '보어'는 한국어에서의 보어 개념과 완전히 다르다. 한국어의 보어는 '철수는 학생이 아니다', '물이 얼음이 되다'에서 '아니다', '되다'의 앞에 출현하는 성분을 가리킨다. 중국어의 보어는 서술어를 보충 설명해주는 모든 용언성 성분을 가리키며, 그 기능이 매우 다양하다. '보어'는 문장성분, 즉 구조상의 개념으로 앞에 오는 술어동사를 보충한다. 그러나 실제 활용적 측면에서 볼 때, 보어가 오히려 술어동사보다 그 문장의 핵심이 되곤 한다. 예를 들면, '我吃饱了'라는 문장에서 술어동사인 吃보다 饱라는 결과가 이 문장에서 전달하고자 하는 주요 정보가 된다. 이것은 새로운 정보, 혹은 화자가 말하고자 하는 진짜 내용을 주로 문장의 뒷부분에 두려고 하는 중국인들의 인지적 특징에서 기인한다고 볼 수 있다.

❶ 你唱得非常好听。 [상태보어의 긍정형식]
　　당신은 노래를 매우 듣기 좋게 부른다.

❷ 他说得不快。 [상태보어의 부정형식]
　　그는 말을 빠르지 않게 하는 편이다.

❸ 这孩子脾气倔得很。 [정도보어]
　　이 아이는 성격이 아주 무뚝뚝하다.

❹ 你可把我吓死了。 [정도보어]
　　너는 나를 아주 놀라게 했다.

❺ 她应该听得懂。 [가능보어의 긍정형식]
　　그녀는 듣고 이해할 수 있어야 한다.

❻ 他搬不动。 [가능보어의 부정형식]
　　그는 들어서 움직일 수가 없다.

❼ 我去了一次。 [수량보어]
　　나는 한 번 갔다.

❽ 我看完了。　　　　　　　　　　　　[결과보어]

　　나는 다 봤다.

❾ 我们送去吧。　　　　　　　　　　　[방향보어]

　　우리가 보내주자.

2. 보어는 또한 술어형용사 뒤에서 사물의 상태, 시간, 수량, 정도 등을 보충적으로 형용, 설명하는 단어나 구가 될 수 있다.

❶ 她比你快得多。　　　　　　　　　　[정도보어]

　　그녀는 너보다 훨씬 더 빠르다.

❷ 树上的苹果都红透了。　　　　　　　[정도보어]

　　나무 위의 사과가 모두 매우 빨갛다.

❸ 她累得走不动了。　　　　　　　　　[상태보어]

　　그녀는 피곤해서 움직일 수조차 없다.

❹ 你比他慢5秒钟。　　　　　　　　　[수량보어]

　　당신은 그보다 5초 느리다.

3. 보어는 '결과보어(结果补语)', '정도보어(程度补语)', '상태보어(状态补语)', '수량보어(数量补语)', '방향보어(趋向补语)', '가능보어(可能补语)'로 분류할 수 있으며, 여기서는 먼저 결과보어를 살펴본다.

4. 결과보어는 술어동사 뒤에서 동작의 결과를 보충 설명하는 동사나 형용사를 일컫는다.

❶ 我听懂这句话的意思了。　　나는 이 말의 의미를 듣고 이해했다.

　　→ 들었을 뿐 아니라 이해도 했다.

❷ 我看清楚通知上的字了。　　나는 공지 상의 글자를 분명히 보았다.

　　→ 글자를 보았을 뿐 아니라 자세히 보았다.

1) 목적어가 있다면 목적어는 술어동사와 결과보어의 뒤에 와야 하며, 술어와 보어 사이에 올 수 없다.

❶ 我看见她了。　　나는 그녀를 보았다.

　　我看她见了。　　（×）

❷ 她听懂我的话了。　　그녀는 내 말을 알아들었다.

　　她听我的话懂了。　　（×）

2) 결과보어의 부정형식은 일반적으로 술어동사와 보어의 앞에 '没(有)'를 사용하여 나타낸다. 다만 미완료나 가설을 나타낼 때에는 '不'를 사용한다.

❶ 我没看见她。　나는 그녀를 보지 못했다.

　我不看见她。　(✕)

❷ 我不看见她就决不离开。　나는 그녀를 만나지 못하면 절대 떠나지 않을 것이다.

❸ 她没听清楚我的话。　그녀는 나의 말을 잘 알아듣지 못했다.

　她不听清楚我的话。　(✕)

❹ 她不听清楚我的话，怎么能了解我的良苦用心呢?
　그녀가 내 말을 잘 못 알아듣는다면 나의 고심을 어떻게 이해할 수 있을까?

　(如果)你不看懂这封信，就不知道她走的原因。
　(만약) 당신이 이 편지를 보고 이해하지 못한다면 그녀가 떠난 이유를 모를 것이다.

　(如果)我不写完这篇总结，就不休息。
　(만약) 내가 이 결론을 다 쓰지 못하면 쉬지 않을 것이다.

UPGRADE PLUS

상용 [동사 + 결과보어]

보어	뜻	동사 + 결과보어
饱	배부르다	吃饱, 喝饱, 看饱
遍	두루	查遍, 传遍, 问遍, 找遍, 走遍, 检查遍
成	~이 되다	拌成, 变成, 盖成, 急成, 翻译成
	이루어지다	办成, 学成, 做成
迟	늦다	来迟, 去迟, 办迟
错	틀리다	办错, 猜错, 记错, 看错, 说错, 算错, 写错, 想错, 找错, 做错
大	크다	变大, 写大, 做大
呆	멍하다	惊呆, 看呆, 听呆, 吓呆
倒 dǎo	넘어지다	绊倒, 病倒, 踩倒, 吹倒, 打倒, 跌倒, 刮倒, 滑倒, 砍倒, 推倒, 撞倒, 碰倒, 摔倒, 醉倒
到	이루어지다	办到, 做到, 见到, 看到, 买到, 听到, 闻到, 想到, 遇到, 遭到, 找到, 打听到, 注意到, 感觉到, 意识到, 体会到

보어	뜻	동사 + 결과보어
倒 dào	거꾸로	摆倒，放倒，挂倒，贴倒
掉	떨어지다	拔掉，剥掉，吹掉，弄掉，脱掉
	없어지다	擦掉，吃掉，拆掉，卖掉，跑掉，忘掉，处理掉
懂	이해하다	看懂，听懂
对	맞다	猜对，说对，写对，回答对
多	많다	吃多，穿多，花多，喝多，买多，说多，
	정도가 높다	好多了，累多了，冷多了，胖多了，厉害多了
干净	깨끗하다	擦干净，洗干净，吃干净，打扫干净
够	충분하다	买够，睡够，打够，休息够
	심하다	吃够，看够，玩够，受够
惯	익숙하다	吃惯，穿惯，过惯，看惯，听惯，叫惯，用惯，住惯
光	없어지다	吃光，喝光，花光，卖光，烧光，用光
好	좋다, 잘, 이루어짐	做好，办好，吃好，穿好，订好，切好，考好，说好，学好，约好，准备好，安排好，收拾好，处理好，商量好
红	붉다	变红，冻红，急红，拍红，哭红
坏	망가지다	穿坏，搞坏，看坏，用坏
	매우 심하다	饿坏，急坏，渴坏，困坏，累坏
见	이루어짐	看见，梦见，碰见，听见，闻见，遇见
紧	꽉, 꼭	跟紧，捆紧，握紧
久	오래다	穿久，呆久，住久，用久，坐久
累	피곤하다	骑累，玩累，走累，站累
满	가득하다	坐满，摆满，插满，盛满，放满，贴满，倒满，安排满
明白	분명하다	看明白，听明白，弄明白，打听明白
腻	질리다	吃腻，穿腻，看腻，住腻
破	깨지다	穿破，拉破，碰破，弄破
清	분명하다	查清，讲清，看清，问清，还清

보어	뜻	동사 + 결과보어
清楚	분명하다	搞清楚，讲清楚，看清楚，弄清楚，听清楚，说清楚，写清楚
伤	다치다	打伤，碰伤，摔伤，撞伤
折 shé	부러지다	踩折，打折，刮折，摔折，撞折
湿	젖다	淋湿，尿湿，浇湿
熟	익다	炒熟，煮熟，烤熟
	익숙하다	走熟，摸熟
死	죽다, 죽을 정도이다	打死，吊死，冻死，累死，饿死，闷死，气死，烫死
碎	깨지다	打碎，撕碎，砸碎
通	통하다	打通，谈通，说通，想通
透	철저히, 완전히	看透，摸透，说透，琢磨透，研究透
完	끝나다	办完，吃完，讲完，看完，买完，说完，写完，学完，用完，做完
晚	늦다	吃晚，起晚，睡晚，来晚，回来晚
醒	깨다	吵醒，叫醒，喊醒，吓醒
赢	이기다	打赢，赌赢，踢赢
远	멀다	搬远，调远，飞远，跑远，说远
着 zháo	이루어짐	买着，找着，追着，踩着，烫着，遇着，睡着
中 zhòng	들어맞다	打中，看中，射中
住	머물다	抱住，记住，拉住，围住，抓住，挡住，拦住，劝住，停住，把握住
走	가다	搬走，调走，飞走，带走，借走，拿走
醉	취하다	喝醉，灌醉

1. 술어동사와 결과보어 사이에는 어떠한 성분도 부가할 수 없다.

2. 결과보어로 쓰이는 동사에는 '完', '见', '开', '住', '在', '到', '给', '着 zháo' 등이 있다.

UPGRADE PLUS

결과보어는 吃饱의 饱나 看懂의 懂처럼 그 어휘 의미가 구체적인 경우도 있으나 일부는 추상적이어서 '이루어짐'의 의미를 나타내기도 한다. 예를 들어, 买到는 '사다'라는 동작이 이루어짐(到)을 나타내며, 이때 到는 '도착하다'의 의미가 없다. 이러한 보어로는 好, 完, 成, 见, 着, 过 등이 있으며, 이들은 현대중국어에서 자주 사용되는 결과보어이다.

3. 결과보어로 쓰이는 형용사에는 '好', '坏', '对', '错', '清楚', '干净' 등이 있다.

4. 술어동사와 결과보어 뒤에는 일반적으로 하나의 목적어만 올 수 있다.

5. 술어동사와 결과보어의 뒤에는 동태조사 '了', '过'를 부가할 수 있다. 그러나 동태조사 '着 zhe'는 부가할 수 없다.

　❶ 她今天找着(zháo)了那本书。　　그녀는 오늘 그 책을 찾아냈다.

　　她今天找着(zháo)着(zhe)那本书。　（✕）

　❷ 这位专家讲清楚了学生提出的问题。
　　이 전문가는 학생이 질문한 문제에 대해 명확하게 설명했다.

　　这位专家讲清楚着学生提出的问题。　（✕）

　❸ 我看见过那本书。　　나는 그 책을 본 적이 있다.

　　我看见着那本书。　（✕）

6. 어떤 동사는 그 자신이 결과보어로 쓰일 수 있으나 결과보어를 수반하지 못하는 경우가 있다. 반대로 어떤 동사는 결과보어를 수반할 수 있어도 그 자신이 결과보어가 될 수 없는 경우도 있다.

　1) '懂', '着 zháo', '在', '给', '到', '完' 등의 동사는 다른 동사의 결과보어로 쓰이지만, 자신이 결과보어를 수반하지는 않는다.

　2) '听', '看', '读', '拿', '含', '睁' 등의 동사는 결과보어를 수반할 수 있지만, 자신이 다른 동사의 결과보어로는 쓰이지 않는다.

UNIT 07
보어2(정도보어)

STEP 1 기본 문법 ··

1. 정도보어란 술어동사 뒤에서 동작의 정도를 보충 설명하는 단어나 구를 말하기도 하고, 술어 형용사 뒤에서 사물의 양태, 성상의 정도를 보충 설명하는 단어나 구를 가리키기도 한다.

　❶ 我的口语比他差远了。　　나의 회화는 그보다 훨씬 못하다.

　❷ 人们恨死了醉酒驾车的人。　　사람들은 술에 취해 운전한 사람을 몹시 미워했다.

　❸ 他勤奋得很。　　그는 매우 근면하다.

2. 정도보어로 쓰일 수 있는 형용사에는 '多', '死', '坏', '透', '远' 등이 있고, 부사로는 '很', '极'가 있으며, 동사에는 '要命', '要死'가 있다.

3. 술어동사/술어형용사와 정도보어 사이에 구조조사 '得'의 사용 여부는 정도보어에 의해 결정된다. '极', '透', '死', '坏', '远' 등이 정도보어로 쓰일 경우에는 '得'를 사용하지 않고, '很', '慌', '不得了 liǎo', '要死', '要命', '厉害' 등이 정도보어로 쓰일 때는 '得'를 사용한다. '多'는 '得'를 쓰기도 하고, 쓰지 않기도 한다.

　❶ 这孩子总是不听话，真是气死我了。
　　이 아이는 항상 말을 안 듣는다. 정말 화가 나 죽겠다.

　❷ 那个孩子可爱极了。　　그 아이는 참 귀엽다.

　❸ 今天可把我累坏了。　　오늘 나를 너무 힘들게 했다.

　❹ 听到这个消息他怕得要死。
　　이 소식을 듣자 그는 너무 두려웠다.

　❺ 得知他被北京大学录取了，妈妈高兴得不得了。
　　그가 베이징대학에 합격했다는 것을 알자 엄마는 매우 기뻐했다.

　❻ 小李比他高多了。　　小李는 그보다 훨씬 크다.

　❼ 小李比他高得多。　　小李는 그보다 훨씬 크다.

문법 업그레이드 ··

1. '得'를 쓰지 않는 정도보어의 문장에서는 문장 끝에 반드시 '了'가 와야 한다.

➊ 今年的天气糟透了。　오늘 날씨는 아주 엉망이다.

➋ 他的话把爸爸气坏了。　그의 말이 아빠를 무척 화나게 했다.

➌ 这次比上次好多了。　이번이 지난번보다 훨씬 좋다.

2. 동사/형용사와 보어 사이에는 '了'나 '过'를 삽입할 수 없다.

➊ 昨天我可累坏了。　어제 나는 피곤해 죽을 지경이었다.

昨天我可累了坏了。　（✕）

昨天我可累过坏了。　（✕）

➋ 人们恨透了那些不讲社会公德的人。
사람들은 그러한 사회도덕을 지키지 않는 사람을 무척 싫어한다.

人们恨了透了那些不讲社会公德的人。　（✕）

人们恨过透了那些不讲社会公德的人。　（✕）

3. 술어동사가 목적어를 갖는 경우

1) 목적어를 정도보어의 바로 뒤에 놓는다.

➊ 人们恨透了那些不讲社会公德的人。
사람들은 그러한 사회도덕을 지키지 않는 사람을 무척 싫어한다.

➋ 怎么还不开饭？ 都快饿死我了。
어째서 아직도 밥을 안 줘요? 나를 굶겨 죽일 작정이에요?

2) 동사 뒤에 목적어를 놓고 동사를 한 번 더 반복한 후 정도보어를 사용한다.

➊ 敌人怕他怕得要命。　적은 그를 무척 두려워한다.

➋ 你妈妈想你想得不得了，快给她打个电话吧。
너희 어머니가 너를 무척 보고 싶어 하니까 어서 전화해 봐.

UNIT 08

보어 3 (상태보어)

STEP 1 기본 문법 ···

1. 상태보어는 술어동사나 술어형용사 뒤에서 동작의 결과상태를 나타낼 수도 있고, 동작 진행의 묘사나 평가 등을 나타낼 수도 있다.

❶ 他高兴得跳了起来。　　그는 기뻐서 펄쩍 뛰었다.

❷ 爸爸忙得连喝水的时间都没有。　　아빠는 바빠서 물 마실 시간조차 없다.

❸ 马克的汉语说得非常流利。　　마이크의 중국어는 상당히 유창하다.

> **UPGRADE PLUS**
>
> 상태보어의 기본 형식 : 주어 + 술어동사(또는 형용사) + 得 + 보어
>
> 여기서 '보어'는 주어를 설명하는 것일 수도 있고, 술어동사를 설명하는 것일 수도 있다. 일반적으로 보어가 주어를 설명하는 것이라면 보어는 그 술어동사의 '결과 상태'를 나타내고, 술어동사를 설명하는 것이라면 보어는 그 동작 진행의 '묘사나 평가'를 나타낸다. 예컨대, 위의 ❶이나 ❷는 보어가 주어를 설명한다. 즉, 跳了起来는 '그'를 설명하면서 기쁨이라는 동작의 결과 상태를 나타내고, 连喝水的时间都没有는 '아빠'를 설명하면서 '바쁜 상황'에 대한 결과 상태를 나타낸다. 반면, ❸은 보어인 非常流利가 술어동사인 说을 설명하고 있으므로 '말하다'라는 행위에 대한 판단을 나타낸다. 묘사나 판단을 나타내는 보어로는 주로 형용사(구)가 쓰인다.

2. 상태보어로 쓰일 수 있는 단어와 구는 매우 다양하다.

❶ 她写得好(，我写得不好)。　　　　[형용사]
　 그녀는 잘 쓴다. (나는 잘 못 쓴다.)

❷ 你今天玩儿得怎么样?　　　　[대명사]
　 넌 오늘 어떻게 놀았니?

❸ 我们跳得非常开心。　　　　[수식구]
　 우리는 매우 즐겁게 춤추었다.

❹ 她累得又饿又困。　　　　[대등구]
　 그녀는 지쳐서 배가 고프고 졸렸다.

❺ 你画得精致极了。　　　　[보충구]
　 너는 매우 정교하게 그린다.

⑥ 我嗓子都干得冒烟了。　　　　　　　　　[술목구]

나는 목이 말라서 죽을 지경이다.

⑦ 那个女孩子高兴得眼泪都流出来了。　　　[주술구]

그 여자아이는 눈물이 다 나올 정도로 기뻐했다.

3. 목적어가 있을 경우, 아래와 같은 방법으로 처리한다.

1) 목적어를 술어동사의 뒤에 놓고, 앞의 동사를 다시 반복한 다음 '得'를 쓴다.

❶ 她写字写得很好。　그녀는 글씨를 잘 쓴다.

她写字得很好。　（×）

❷ 小红织毛衣织得又快又好。　小红은 스웨터를 빠르게 잘 뜬다.

小红织毛衣得又快又好。　（×）

2) 동사를 반복하지 않을 경우, 목적어는 술어동사의 앞에 올 수 있으며, 이런 경우에는 주술구를 서술어로 쓰게 된다.

❶ 她字写得很好。　그녀는 글씨를 잘 쓰는 편이다.

❷ 小红毛衣织得又快又好。　小红은 스웨터를 빠르게 잘 뜬다.

3) 동사를 반복하지 않을 경우, 또한 '的'를 사용하여 술어동사의 목적어를 주어와 연결시킬 수가 있다. 이런 경우, 동사의 목적어가 전체 문장의 주어가 된다.

❶ 她的字写得很好。　그녀의 글씨는 잘 쓰는 편이다.

❷ 小红的毛衣织得又快又好。　小红의 스웨터는 빠르게 잘 떠진다.

4. 상태보어의 부정형식은 구조조사 '得'와 상태보어 사이에 '不'나 '没(有)'를 넣어 표현한다.

❶ 我织毛衣织得不快。　나는 스웨터 뜨는 게 빠르지 않다.

❷ 他们打字打得不太熟练。　그들은 타자가 그다지 숙련되지 않았다.

❸ 他唱得没有节奏。　그는 리듬감 없이 노래한다.

1. 상태보어와 구조조사 '得'

술어동사/술어형용사와 상태보어 사이에 반드시 '得'가 있어야 한다.

❶ 他说得很清楚。 그는 말을 분명하게 한다.

他说很清楚。 （×）

❷ 她演得很到位。 그녀는 연기가 경지에 이르렀다.

她演很到位。 （×）

❸ 这个办公室干净得一尘不染。 이 사무실은 깨끗해서 먼지 하나 없을 정도이다.

这个办公室干净一尘不染。 （×）

❹ 她兴奋得唱起来了。 그녀는 흥분해서 노래를 하기 시작했다.

她兴奋唱起来了。 （×）

❺ 天气热得像下了火。 날씨가 더워서 마치 불이 내려온 듯하다.

天气热像下了火。 （×）

2. 상태보어 부정형식의 경우, 부정부사는 반드시 상태보어의 앞에 오며, 술어동사 앞에 올 수 없다.

❶ 她唱得不好听。 그녀는 노래를 잘 못 부른다.

她不唱得好听。 （×）

❷ 他翻译得不太准确。 그는 번역이 그다지 정확하지 않다.

他不翻译得太准确。 （×）

3. 모든 상태보어가 부정형식이 있는 것은 아니다. 일반적으로 상태보어의 보어 부분은 부정형식이 가능하지만, 보어가 묘사성이 강한 경우에는 부정형식을 사용하지 않는다.

❶ 他汉语说得不流利。 그는 중국어 말하기가 유창하지 않다.

❷ 她长得不漂亮。 그녀는 생김새가 예쁘지 않다.

❸ 他急得团团转。 그는 조급해서 쩔쩔맸다.

他急得不团团转。 （×）

他急得没(有)团团转。 （×）

❹ 他高兴得又蹦又跳。 그는 팔짝팔짝 뛸듯이 기뻐했다.

他高兴得不又蹦又跳。 （×）

他高兴得没(有)又蹦又跳。 （×）

4. 상태보어를 갖는 동사는 일반적으로 이미 완성되었거나 이루어진 것이지만, 보어 앞의 구조조사 '得'를 '了'로 바꿀 수는 없다.

➊ 他翻译得很准确。　그의 번역은 정확하다.

他翻译了很准确。　（✕）

他翻译了得很准确。　（✕）

➋ 她编写得很完整。　그녀는 완벽하게 편집한다.

她编写了很完整。　（✕）

她编写了得很完整。　（✕）

5. 형용사가 상태보어로 쓰인 경우와 부사어로 쓰인 경우의 비교

1) 상태보어는 동사의 뒤에, 부사어는 동사의 앞에 출현한다.

2) 상태보어 앞에는 '得'가 쓰이고, 부사어 뒤에는 '地'가 쓰인다.

3) 상태보어는 이미 발생한 동작의 진행 정도를 나타내므로 묘사적이다. 이에 반해, 부사어는 동작의 진행 방식을 나타내므로 서술적이다.

➊ 汉语他说得很多。　중국어를 그는 많이 한다.

→ 그는 항상 중국어를 말한다.

→ 이미 많은 중국어를 했다.

➋ 你要多说汉语。　당신은 중국어를 많이 말해야 한다.

→ 앞으로 중국어를 많이 해야 한다.

UPGRADE PLUS

또 다른 상태보어 형식 : 술어동사 + 个 + 보어

중국어에는 得을 사용하는 상태보어 외에도 구조조사 个를 사용하여 표현하는 상태보어도 있다. 이때 보어로는 동사나 형용사, 고정된 관용구나 '부정사 + 동사'의 형식이 온다. 일반적으로는 주어의 상태를 묘사하지만 아래 세 번째 문장처럼 '부정사 + 동사'의 형식은 동작을 묘사한다.

· 他玩儿个痛快。　그는 아주 실컷 놀았다.

· 我去问个明白。　내가 가서 자세히 물어보겠다.

· 她一提起孩子的成绩就说个没完。　그녀는 아이의 성적만 언급하면 끊임없이 말한다.

UNIT 09 보어 4 (수량보어)

1. 수량보어란 술어동사, 술어형용사 뒤에서 동작행위가 지속된 시간이나 동작행위가 끝난 후 지속된 시간, 또는 동작이 진행된 횟수를 보충 설명하는 단어나 구이다. 사람과 사물의 길이, 높이 등의 수량을 나타낼 수 있는 단어나 구 역시 수량구로 쓰인다. 단, 수량구와 수식구만이 수량보어로 쓰일 수 있다.

2. 수량보어는 일반적으로 아래의 세 가지로 분류할 수 있다.

1) 동량보어(动量补语)

① 동량보어는 술어동사 뒤에서 동작의 횟수를 나타내는 보어이다.

❶ 我们每天去三次。　우리는 매일 세 번 간다.

❷ 这个电影他看了两遍。　이 영화를 그는 두 번 보았다.

② 동량보어와 목적어가 있는 경우

A. 일반적으로 동사를 반복 사용하며, 이때 목적어는 첫 번째 동사 뒤에 오고, 반복된 동사 뒤에는 '了'와 동량보어가 온다.

B. 목적어를 술어동사 앞에 오게 하여 주술구가 서술어가 되는 문장을 만들 수 있다. (상태보어와 동일)

C. 목적어를 문장 맨 앞에 오게 하여 주어로 만들고, 전체 문장을 주술구가 서술어인 문장으로 만들 수 있다.

❶ 他看这个电影看了三遍。　(A)　그는 이 영화를 세 번 봤다.

他这个电影看了三遍。　(B)

这个电影他看了三遍。　(C)

❷ 她爬山爬了好几次了。　(A)　그녀는 산을 여러 차례 올랐다.

她山爬了好几次了。　(B)

山她爬了好几次了。　(C)

③ 목적어가 사람 이름이나 장소일 경우, 술어동사의 뒤, 혹은 동량보어의 뒤에 올 수 있다. 그러나 대명사일 경우에는 반드시 술어동사와 동량보어 사이에 온다.

❶ 他每天来公司两次。　그는 매일 회사에 두 번 온다.

他每天来两次公司。

❷ 我们专门去了超市一趟。　우리는 슈퍼에 일부러 한 번 갔다.

我们专门去了一趟超市。

❸ 上星期我看望了康叔叔一次。　지난주 나는 康씨 아저씨를 한 번 찾아뵈었다.

上星期我看望了一次康叔叔。

❹ 律师找了他两次。　변호사는 그를 두 번 찾았다.

律师找了两次他。　（×）

❺ 我来过这儿三次。　나는 여기에 세 번 왔다.

我来过三次这儿。　（×）

2) 시량보어(时量补语)

① 시량보어는 술어동사 뒤에서 동작이 얼마나 오랜 시간 진행되었는가를 나타내는 보어이다.

❶ 我今天看了一小时。　나는 오늘 한 시간 동안 보았다.

❷ 你跳二十分钟吧。　너는 20분간 뛰어라.

② 목적어가 있으면 술어동사를 반복할 수 있다.

❶ 我今天看报看了一小时。　나는 오늘 신문을 한 시간 동안 봤다.

❷ 你跳舞跳了二十分钟吧?　당신은 20분 동안 춤을 추었죠?

❸ 我昨天上网上了半个钟头。　나는 어제 인터넷을 30분 동안 했다.

❹ 我查资料查了三天。　나는 자료를 사흘 동안 찾았다.

③ 동작 자체의 지속을 나타낼 경우, 목적어가 일반 사물을 나타내는 명사(구)라면 목적어를 시량보어
의 뒤에 쓸 수 있다.

❶ 我每天晚上听半小时古典音乐。　나는 매일 밤 고전음악을 30분 동안 듣는다.

❷ 他昨天打了一刻钟国际长途电话。　그는 어제 국제전화를 15분 동안 했다.

④ 목적어가 특정한 사람을 나타내는 명사나 대명사일 경우, 대개 시량보어 앞에 놓는다.

❶ 我们都等了你半个小时了。　우리는 모두 너를 30분 동안 기다렸다.

❷ 上级部门考察他一年多了，终于决定任命他为副局长。
상부에서 그를 1년 넘게 관찰을 했고, 마침내 그를 부국장으로 임명하기로 결정했다.

3) 명량보어(名量补语)

명량보어는 술어형용사 뒤에서 길이, 높이, 수량 등을 나타내는 보어이다. 그중 대다수는 비교의 의미를 갖고 있으므로 '비교수량보어'라고도 한다.

❶ 她高一米七八。　그녀는 키가 178cm이다.

❷ 那条路比这条路近三公里。　그 길은 이 길보다 3km 가깝다.

❸ 这件衣服长一点儿。　이 옷은 약간 길다.

❹ 今天的气温比昨天低两度。　오늘 기온은 어제보다 2도 낮다.

STEP 2　문법 업그레이드 ··

1. 수량보어

1) 수량보어는 동사나 형용사 뒤에 바로 출현하며 그 사이를 연결할 단어가 필요 없으므로 구조조사 '得'를 쓰지 않는다.

2) 부사가 부사어인 경우, 대개 동사 앞에 출현하며 동사와 수량보어 사이에 출현하지 않는다.

❶ 我只写了一小时。　나는 단지 한 시간 동안 썼다.

我写了只一小时。　(✕)

❷ 他们都看了两遍。　그들은 모두 두 번 봤다.

他们看了都两遍。　(✕)

3) 부사가 부사어인 경우, 이 부사는 반복된 두 번째 동사 앞에 와야 하며, 첫 번째 동사 앞에 올 수 없다.

❶ 我写信只写了半个钟头。　나는 단지 30분 동안 편지를 썼다.

我只写信写了半个钟头。　(✕)

❷ 他们看这个电影都看了一遍。　우리는 모두 이 영화를 한 번 봤다.

他们都看这个电影看了一遍。　(✕)

4) 수량보어를 갖는 동사는 중첩할 수 없다.

    ❶ 我们坐一会儿吧。　우리 잠깐 앉자.

      我们坐坐一会儿吧。　（×）

    ❷ 你读一遍课文第五段吧。　네가 본문의 다섯 번째 단락을 한 번 읽어 봐라.

      你读读一遍课文第五段吧。　（×）

5) 어떤 동작을 얼마 안 되는 시간이나 적은 횟수 동안 진행했음을 설명할 경우, 수량구를 동사 앞에 오게 하여 부사어로 쓰며 수량보어로는 쓰지 않는다.

    ❶ 我们一个月就完成了任务。　우리는 한 달 만에 바로 임무를 완성했다.

      我们就完成了任务一个月。　（×）

    ❷ 他们几个男生两趟就搬完了这些家具。

      그들 남학생 몇 명은 겨우 두 번 만에 이 가구들을 모두 날랐다.

      他们几个男生就搬完了这些家具两趟。　（×）

2. 시량보어

1) 목적어가 있지만 동사를 반복하지 않을 경우, 시량보어 뒤에 구조조사 '的'를 부가할 수 있다. 이때 시량보어는 목적어의 관형어가 된다.

    ❶ 我今天看了一小时的杂志。　나는 오늘 잡지를 한 시간 동안 보았다.

      我今天看杂志看了一小时。

      → 동사의 반복

    ❷ 我查了三天的历史资料。　나는 역사 자료를 사흘 동안 조사했다.

      我查历史资料查了三天。

      → 동사의 반복

2) 일부 동사의 경우 그 동작이 지속적이지 않고 목적어를 수반하면 목적어 바로 뒤에 시량보어를 놓는다. 이때 동사를 반복할 필요는 없다.

    ❶ 我离开家乡十几年了。　나는 고향을 떠난 지 십여 년이 되었다.

    ❷ 她到北京两天了。　그녀가 베이징에 도착한 지 이틀 되었다.

UPGRADE PLUS

시량보어를 취하는 동사에는 지속동사와 비지속, 즉 순간동사가 있으며, 각각의 경우 시량보어의 의미가 다르다. 지속동사의 경우, 看, 听, 吃, 读 등과 같은 동작은 진행하는 데 시간이 걸리므로 뒤에 오는 시량보어는 '동작이 지속된 시간'을 의미한다.

· 我今天看电视看了两个小时。
나는 오늘 텔레비전을 두 시간 보았다. (두 시간 동안 텔레비전을 보았다.)

반면, 순간동사의 경우, 来, 到, 死, 离开, 毕业, 结婚 등과 같은 동작은 지속적으로 진행되는 것이 아니라 순간적으로 발생하는 것이므로 뒤에 오는 시량보어는 '동작이 끝난 후부터 화자가 말하고 있는 시점까지의 시간'을 의미한다.

· 他毕业三年了。　졸업한 지 3년이 되었다. (졸업 후 3년이 지났다.)

UNIT 10

보어5(방향보어)

STEP 1 기본 문법 ··

1. 방향보어란 술어동사 뒤에서 동작의 방향을 보충 설명하는 동사나 구를 말한다.

2. 방향보어는 단순방향보어와 복합방향보어로 나눌 수 있다.

  1) 단순방향보어 : '来', '去', '上', '下', '出', '进', '回', '过'를 사용한다. 이중 '来'와 '去'는 아래와 같은 비교적 특수한 기능이 있다.

    ① 동사 '来'와 '去'는 술어동사의 뒤에서 동작이 입족점(立足点)을 향해 진행되는가의 여부를 나타낸다. 다시 말해, '来'를 쓸 것인가, '去'를 쓸 것인가는 화자의 입족점이 기준이 된다.

> **UPGRADE PLUS**
>
> 화자가 서 있는 지점을 '입족점'이라고 한다. 来와 去는 입족점을 나타내기 때문에 上, 下, 出, 进, 起, 回, 过 등과 같이 어휘의 의미를 바탕으로 하는 방향 의미와는 다르게 좀 더 추상적인 면이 있다.

    ② 만약 동작이 입족점을 향해 진행된다면 '来'를 방향보어로 쓴다.

      ❶ 我买来了一本练习册。   나는 워크북 한 권을 사왔다.

      ❷ 她带来一本妇女杂志。   그녀는 여성잡지 한 권을 가지고 왔다.

    ③ 반면, 동작이 입족점으로부터 멀어지는 것이라면 '去'를 방향보어로 쓴다.

      ❶ 你回去吧。   당신은 돌아가시오.

      ❷ 哥哥拿去一张报纸。   형은 신문 한 장을 가지고 갔다.

    ④ 장소 목적어가 있을 경우, 반드시 술어동사와 방향보어 '来/去' 사이에 놓는다. ('来/去' 뒤에 올 수 없다.)

      ❶ 你回家去吧。   너는 집으로 돌아가거라.

       你回去家吧。   (×)

      ❷ 他出门去了。   그는 밖으로 나갔다.

       他出去门了。   (×)

❸ 你们都进屋来。　너희들 모두 방으로 들어와라.

你们都进来屋。　(×)

❹ 快下楼来呀。　어서 아래층으로 내려와라.

快下来楼呀。　(×)

2) 복합방향보어 : 단순방향보어인 '来/去'와 '上', '下', '进', '出', '回', '过', '起' 등의 동사로 구성
　　된다.

上来	下来	进来	出来	回来	过来	起来
上去	下去	进去	出去	回去	过去	——

UPGRADE PLUS

동사 到도 来/去와 결합하여 到……来/去 형식으로 쓰인다.

•他走到公园去了。　그는 공원까지 걸어갔다.

① 복합방향보어에 있는 '**来/去**' 역시 동작이 입족점을 향해 진행되는지의 여부를 나타낸다. '**来/去**'
　앞의 동사 '**上**', '**下**', '**进**', '**出**' 등은 구체적인 방위를 나타낸다.

❶ 我买回来了。　나는 물건을 사서 돌아왔다.

→ 화자가 집 안에 있을 수 있다.

❷ 他跑上来了。　그가 뛰어 올라왔다.

→ 화자가 위에 있다.

❸ 我们搬进去吧。　우리가 옮겨서 들어가자.

→ 화자가 밖에 있다.

② 동사가 장소 목적어와 복합방향보어를 갖는 경우, 목적어는 '**来/去**' 앞에 온다.

❶ 他走上楼来了。　그는 걸어서 위층으로 올라왔다.

他走上来楼了。　(×)

他走楼上来了。　(×)

❷ 我要跑回学校去。　나는 뛰어서 학교에 돌아가야 한다.

我要跑回去学校。　(×)

我要跑学校回去。　(×)

③ 장소를 나타내는 목적어가 아닌 경우, 목적어는 복합방향보어의 사이, 혹은 '来/去' 뒤에 온다.

❶ 我买回鱼来了。　　나는 생선을 사서 돌아왔다.

我买回来鱼了。

❷ 她拿出二百块来。　　그녀는 200위안을 꺼냈다.

她拿出来二百块。

다음과 같은 경우에도 목적어를 반드시 来/去 앞에 놓아야 한다.

① 방향보어가 파생의미인 경우

· 他终于想出办法来了。　　그는 마침내 방법을 생각해 냈다.

· 下起雨来了。　　비가 오기 시작했다.

② 명령문(또는 동작이 발생하지 않은 것)

· 拿一个杯子来吧。　　컵 하나를 가져와라.

④ 비장소 목적어가 복합방향보어 뒤에 오는 경우, 일반적으로 동작이 이미 이루어졌음을 의미한다.

❶ 他挂起来一面国旗。　　그는 국기 하나를 걸었다.

❷ 她放进去一支笔。　　그녀는 펜 하나를 안에 넣었다.

STEP 2 문법 업그레이드 ·······

1. 방향보어는 동사 뒤에 바로 출현하며, 다른 어휘를 통해 연결되지 않는다.

2. 방향보어와 동태조사

1) 단순방향보어를 갖는 동사 뒤, 또는 '술어 + 보어' 뒤에 동태조사 '了'를 써서 완료상을 나타낼 수 있다.

❶ 她带了两本地理书来。　　그녀는 지리책 두 권을 가져왔다.

她带来了两本地理书。

❷ 我给他们送了几斤苹果去。　　나는 그들에게 사과 몇 근을 보냈다.

我给他们送去了几斤苹果。

2) 복합방향보어를 갖는 동사 뒤에 동태조사 '了'를 써서 완료상을 나타낼 수 있다. 그러나 동태조사 '过'는 사용할 수 없다.

❶ 那个小朋友跑了进去。　그 아이는 뛰어 들어갔다.

那个小朋友跑过进去。　（✕）

❷ 大夫开出来了一张处方。　의사가 처방전 한 장을 발급했다.

大夫开出来过一张处方。　（✕）

3. 복합방향보어의 파생의미 용법

1) 下来는 형용사나 동사 뒤에 출현하여 다음과 같은 의미를 나타낸다.

① 형용사 뒤에 출현하여 동작이나 상태가 '움직임(动)'에서 '고요함(静)'으로 또는 '밝음(明)'에서 '어둠(暗)'으로 변화하는 과정을 나타낸다.

❶ 大家安静下来了。　모두가 조용해졌다.

❷ 天已经黑下来了。　하늘이 이미 어두워졌다.

② 동사 뒤에 출현하여 동작을 통해 사람이나 사물이 어떤 장소에 보존, 유지됨을 나타낸다.

❶ 她生日那天的情景，你拍下来了吗?　그녀의 생일 때의 모습을 너는 찍어 놓았니?

❷ 他说的注意事项，你都要写下来。
그가 말하는 주의사항을 너는 모두 적어 놓아야 한다.

❸ 我把专家讲的要点记下来了。　나는 전문가가 말한 요점을 적어 놓았다.

③ 동사 뒤에 출현하여 어떤 어려운 일을 이루어냄(해냄)을 나타낸다.

❶ 在那么艰苦的环境下红军都坚持下来了。
그렇게 고된 환경 속에서 홍군은 잘 버텨냈다.

❷ 十年拼搏下来，他终于还清了全部债务。
10년간 열심히 해서 그는 마침내 모든 빚을 다 갚았다.

2) 下去는 동사 뒤에 출현하며, 동작이 지속될 것임을 나타낸다. 동사 뒤에는 목적어가 올 수 없다.

❶ 你念下去吧。　너는 계속 읽어나가라.

你念这篇课文下去吧。　（✕）

❷ 我们还要讨论下去。　우리는 계속해서 토론해야 한다.

我们还要讨论这个问题下去。　（✕）

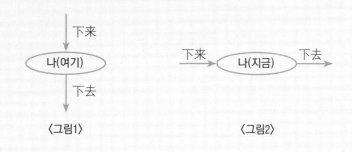

下来와 下去는 원래 〈그림1〉과 같이 '나'가 있는 지점을 기준으로 '내려오다'와 '내려가다'를 의미
하는 공간상의 개념이다. 이것을 그대로 시간 개념에 대응하여 〈그림2〉로 나타냈을 때, '나'는 '내
가 지금 있는 공간'이 아니라 '내가 지금 있는 시간'을 의미한다. 공간상의 下来는 '위로부터 나
에게 내려온다'라는 개념이고, 시간상의 下来는 '내가 있는 지금까지 진행되어 온 것, 즉 거기까
지 완결'을 나타낸다. 공간상의 下去는 '내가 있는 장소로부터 그 아래로 계속 떨어진다'라는 의
미이고, 시간상의 下去는 '내가 있는 지금으로부터 앞으로 계속해서 진행됨'을 나타낸다. 따라서
下来는 시간적 개념에서 '완결'을 나타내고, 下去는 '계속'을 나타낸다.

3) 出来는 동사 뒤에 출현하여 다음과 같은 의미를 나타낸다.

① 동작에 어떤 결과가 생겼음을 나타내며, 일반적으로 '무(无)'에서 '유(有)'가 출현함을 나타낸다.

❶ 这个设计图纸已经画出来了。　　이 설계도안을 이미 다 그려냈다.

❷ 我们都定出计划来了。　　우리는 이미 계획을 확정했다.

② 동작을 통해 사람이나 사물을 분별해냄을 나타낸다.

❶ 我听出来了，你是章力。　　나는 들으니 알겠다. 너는 章力이다.

❷ 我能听出你的声音来。　　나는 너의 목소리를 듣고 알아낼 수 있다.

4) 起来는 동사나 형용사 뒤에 출현하여 다음과 같은 의미를 나타낸다.

① 동작 혹은 상태가 시작되고 아울러 계속됨을 나타낸다.

❶ 合唱团唱起来了。　　합창단이 노래하기 시작했다.

❷ 合唱团唱起歌来了。　　합창단이 노래를 부르기 시작했다.

合唱团唱歌起来。　　（×）

❸ 武术队已经练起来了。　　무술단은 이미 연습하기 시작했다.

❹ 武术队已经练起武术来了。　　무술단은 이미 무술을 연습하기 시작했다.

武术队已经练起来武术。　　（×）

武术队已经练武术起来。　　（×）

⑤ 冬天了，天气冷起来了。　겨울이 되니 날씨가 추워졌다.

⑥ 她的身体好起来了。　그녀의 몸은 좋아졌다.

② 사람이나 사물이 '분산'에서 '집중됨'을 나타낸다.

❶ 这些暂时不用的桌椅先集中起来吧。

　잠시 사용하지 않는 책상과 의자들을 먼저 모아보자.

❷ 这几个社区的居民都组织起来了。

　이 몇 개 공동체의 주민들을 모두 조직했다.

③ 동작이 진행되는 때를 나타낸다.

❶ 有些事情说起来容易，做起来难。

　어떤 일은 말로는 쉽지만 하려면 어렵다.

❷ 这个领导表扬起人来非常客气，批评起人来非常严厉。

　이 지도자는 사람을 칭찬할 때는 매우 겸손하고, 비난할 때는 매우 매섭다.

UPGRADE PLUS

단순방향보어도 파생의미가 있다.

上	접촉, 다가감, 이루어짐	跟上　따라붙다 关上门　문을 닫다 我爱上她了。　나는 그녀를 사랑하게 되었다.
过	넘기다, 이루어짐	熬过冬天　겨울을 이겨내다 我吃过了　저 이미 밥 먹었어요.
起	결합, 이루어짐	藏起衣服　옷을 보관하다
下	분리, 이루어짐	生下孩子　아이를 낳다 我一喊，他就停下了。　내가 소리 지르자 그가 멈추었다.

UNIT 11 보어 6 (가능보어)

기본 문법 ···

1. 가능보어란 술어동사 뒤에서 '가능성'을 나타내는 보어를 말한다. 이것은 술어동사와 결과보어 또는 방향보어 사이에 구조조사 '得'나 '不'를 넣어 표현한다.

2. 가능보어로는 동사, 형용사, 보충구가 쓰일 수 있다.

❶ 你买着那本画报了吗? [동사 – 결과보어]
너는 그 화보를 구입했니?

你买得着那本画报吗? [동사 – 가능보어]
너는 그 화보를 구입할 수 있니?

❷ 我听清楚你的意思了。 [형용사 – 결과보어]
나는 너의 뜻을 잘 알아들었다.

我听得清楚你的意思。 [형용사 – 가능보어]
나는 너의 뜻을 잘 알아들을 수 있다.

❸ 他从马路对面过来了。 [동사 – 방향보어]
그는 큰길 건너편에서 건너왔다.

他从马路对面过得来。 [동사 – 가능보어]
그는 큰길 건너편에서 건너 올 수 있다.

❹ 我今天晚上走回去。 [보충구 – 방향보어]
나는 오늘 저녁 걸어서 돌아갔다.

我今天晚上走得回去。 [보충구 – 가능보어]
나는 오늘 저녁 걸어서 돌아갈 수 있다.

3. 가능보어의 긍정형식은 술어동사와 보어 사이에 '得'를 넣어 나타내며, 이때 술어동사 앞에 가능을 나타내는 조동사가 올 수 있다.

❶ 我能看得清楚黑板上的字。 나는 칠판 위의 글자를 분명히 볼 수 있다.

❷ 他可以完成得了这个任务。 그는 이 임무를 완성할 수 있다.

4. 가능보어의 부정형식은 긍정형식의 술어동사와 보어 사이에 있는 '得' 대신 '不'를 쓴다.

❶ 我看不懂这封中文信。　나는 이 중국어 편지를 보고 이해할 수 없다.
看得不懂（✕）

❷ 小孩子上不去。　어린 아이는 올라갈 수 없다.
上得不去（✕）

❸ 我怎么也记不下来。　나는 아무리 해도 외워지지가 않는다.
记得不下来（✕）

5. 목적어는 가능보어 뒤에 오며, 술어동사와 가능보어 사이에 올 수 없다.

❶ 我们都记得住这些比赛规则。　우리는 모두 이 시합의 규칙을 기억할 수 있다.

我们都记这些比赛规则得住。　（✕）

我们都记得这些比赛规则住。　（✕）

❷ 这个教室坐不下五十人。　이 교실은 50명이 다 앉을 수는 없다.

这个教室坐不五十人下。　（✕）

这个教室坐五十人不下。　（✕）

❸ 那个教室坐得下五十人。　그 교실은 50명이 다 앉을 수 있다.

那个教室坐五十人得下。　（✕）

那个教室坐得五十人下。　（✕）

> ⬆ **U**PGRADE PLUS
>
> 조동사를 쓰는 부정형식 不能跳过와 가능보어의 부정형식 跳不过는 의미가 다르므로 사용상 주의해야 한다. 즉 전자의 경우에는 不能이 跳过 전체를 부정한다. 그러나 후자는 '跳'는 했지 만 '过'는 할 수 없다는 뜻으로 보어 부분만을 부정한다.

1. 가능보어 뒤에 오는 목적어를 문장 맨 앞에 놓아 피동작주 주어로 만들 수 있고, 주어 뒤에 놓고 주술구 서술어의 주어로 만들 수도 있다.

❶ 这篇文章我看得懂。　이 글을 나는 보고 이해할 수 있다.

我这篇文章看得懂。　나는 이 글을 보고 이해할 수 있다.

❷ 这个任务他们完成不了。　이 임무를 그들은 완성할 수 없다.

他们这个任务完成不了。　그들은 이 임무를 완성할 수 없다.

❸ 她的讲话我记得下来。　그녀의 연설을 나는 기억할 수 있다.

我她的讲话记得下来。　나는 그녀의 연설을 기억할 수 있다.

2. 술어동사 앞에 조동사가 오는 경우, 조동사 부정형식의 방법으로 가능보어의 부정형식을 대체할 수 없다.

❶ 她写不清楚这些句子。　그녀는 이 문장들을 명확하게 쓸 수 없다.

她不能写得清楚这些句子。　(×)

→ '她不能写清楚这些句子。'로 쓸 수 없다.

❷ 他们完成不了这个任务。　그들은 이 임무를 완성할 수 없다.

他们不能完成得了这个任务。　(×)

→ '他们不能完成这个任务。'로 쓸 수 없다.

3. 가능보어와 상태보어의 비교

1) 가능보어와 상태보어의 긍정형식은 모두 구조조사 '得'를 사용한다.

❶ 她写<u>得</u>清楚。　그녀는 명확하게 쓸 수 있다.　　　　　[가능보어]

→ 보어 앞에 어떠한 수식성분도 출현할 수 없다.

❷ 她写<u>得</u>很清楚。　그녀는 분명하게 쓴다.　　　　　　　[상태보어]

→ 보어 앞에 항상 정도부사를 갖는다.

❸ 我听<u>得</u>懂。　나는 듣고 이해할 수 있다.　　　　　　　[가능보어]

→ 보어로는 오직 단독의 동사나 보충구만이 올 수 있다.

❹ 我听<u>得</u>流下了眼泪。　나는 듣고는 눈물을 흘렸다.　　[상태보어]

→ 단독의 동사는 상태보어로 올 수 없다.

2) 가능보어와 상태보어는 부정형식이 다르다. 가능보어는 '得' 대신 '不'를 사용한다. 반면, 상태보어는 '得' 뒤에 오는 보어를 부정형태로 바꾼다.

❶ 她写不好。　　　　　　　　　[가능보어]

　그녀는 잘 쓰지 못한다. (그녀는 쓰는 능력이 안 좋다.)

❷ 她写得不好。　　　　　　　　[상태보어]

　그녀는 잘 못 쓴다. (그녀는 쓴 결과가 좋지 않다.)

3) 가능보어와 상태보어는 정반의문문의 형식이 다르다. 가능보어는 술어동사와 보어 전체의 긍정형식과 부정형식을 병렬해야 하는 반면, 상태보어는 '得' 뒤에 오는 보어의 긍정형식과 부정형식을 병렬해야 한다.

❶ 他做得好做不好?　　　　　　[가능보어]

　그는 잘 할 수 있나요, 잘 할 수 없나요?

❷ 他做得好不好?　　　　　　　[상태보어]

　그는 잘 합니까, 못 합니까?

4) 목적어가 있는 경우, 가능보어는 바로 뒤에 목적어가 오는 반면, 상태보어는 뒤에 목적어를 쓸 수 없다.

❶ 他画得好这张地图。　　　　　[가능보어]

　그는 이 지도를 잘 그릴 수 있다.

❷ 他(画)这张地图画得很好。　　[상태보어]

　그는 이 지도를 잘 그렸다.

　他画得很好这张地图。　(×)

5) 가능보어의 강세(重音)는 앞의 술어동사에 있으나 상태보어의 강세는 뒤에 오는 보어에 있다.

4. 가능보어의 파생의미 용법

1) 동사 '动'이 가능보어로 쓰일 경우, 사람이나 사물의 위치를 이동시킬 힘이 있는가의 여부를 나타낸다.

❶ 我走得动。　　나는 걸어 움직일 수 있다.

❷ 他跑不动了。　　그는 뛸 수가 없다.

❸ 我搬得动这把椅子。　　나는 이 의자를 들어 옮길 수 있다.

❹ 他提不动这个箱子。　　그는 이 상자를 들어 움직일 수 없다.

2) 동사 '下'가 가능보어로 쓰일 경우, 어떤 공간이 일정 수량의 사람이나 사물을 수용할 수 있는지를 나타낸다.

   ❶ 这个教室坐得下三四十人。   이 교실은 30~40명이 앉을 수 있다.

   ❷ 那个礼堂坐不下两千人。   그 홀은 2,000명을 수용할 수 없다.

   ❸ 每个房间都放得下两张床。   모든 방에는 침대 두 개를 놓을 수 있다.

   ❹ 我吃不下这么多面条。   나는 이렇게 많은 면을 다 먹지 못한다.

> **UPGRADE PLUS**
>
> '起'도 가능보어의 파생 용법으로 자주 사용되며, 주로 '자격 또는 경제적인 능력을 나타낼 때' 사용된다.
>
> - 对得起 : 얼굴을 들고 떳떳하게 대할 수 있다
> - 买得起 : 경제적으로 살 능력이 된다
> - 吃不起 : 경제적으로 먹을 능력이 안 된다

3) 동사 '了 liǎo'가 가능보어로 쓰일 경우, 어떤 일을 할 수 있는 능력이 있거나 가능성이 있음을 나타낸다.

   ❶ 这个讨论会我参加得了。   이 토론회에 나는 참가할 수 있다.

   ❷ 他出席得了你们的婚礼。   그는 너희들 혼례에 참석할 수 있다.

   ❸ 我去不了公园了。   나는 공원에 갈 수 없게 되었다.

   ❹ 他参观不了这个展览了。   그는 이 전람회를 참관할 수 없게 되었다.

> **UPGRADE PLUS**
>
> 중국어의 가능보어 형식은 총 세 가지가 있다.
>
>   ① [V + 得/不 + 보어] : 我走得动。
>   ② [V + 得/不 + 了] : 我去不了公园了。
>   ③ [V + 得/不得] : 这个人你可小看不得。   이 사람을 너는 무시하면 안 된다.
>   (舍得/舍不得나 记得/记不得와 같은 관용적 형식이 자주 사용된다.)

UPGRADE PLUS

상용 가능보어 형식

比 + 得/不 + 上	~와 비교할 만 하다 / 비교가 안 된다
赶 + 得/不 + 上	~을 따라갈 수 있다 / ~을 따라갈 수 없다
追 + 得/不 + 上	~을 쫓아갈 수 있다 / ~을 쫓아갈 수 없다
靠 + 得/不 + 住	~을 믿을 수 있다 / ~을 믿을 수 없다
来 + 得/不 + 及	시간에 맞게 갈 수 있다 / 시간에 맞게 갈 수 없다
禁 + 得/不 + 住	참을 수 있다 / 참을 수 없다
吃 + 得/不 + 惯	먹는 게 익숙하다 / 먹는 게 익숙하지 않다
拿 + 得/不 + 动	들 수 있다 / 들 수 없다
看 + 得/不 + 起	존경하다 / 무시하다
听 + 得/不 + 懂	듣고 이해할 수 있다 / 듣고 이해할 수 없다
看 + 得/不 + 见	보인다 / 안 보인다
看 + 得/不 + 出来	보고 알아낼 수 있다 / 보고 알아낼 수 없다
听 + 得/不 + 出来	듣고 알아낼 수 있다 / 듣고 알아낼 수 없다
过 + 得/不 + 去	지나갈 수 있다 / 지나갈 수 없다. ~와 사이가 좋다 / ~와 사이가 좋지 않다. 지내기 괜찮다 / 지내기 어렵다
想 + 得/不 + 到	생각이 닿다 / 생각하지 못하다
经得/不 + 起	견뎌내다 / 견뎌내지 못하다
合 + 得/不 + 来	마음이 맞다 / 마음이 맞지 않다
信 + 得/不 + 过	믿을 수 있다 / 믿을 수 없다
受 + 得/不 + 了	견딜 수 있다 / 견딜 수 없다
舍 + 得/不得	아깝지 않다 / 아깝다
记 + 得/不得	기억하다 / 기억하지 못하다
顾 + 得/不得	돌볼 수 있다 / 겨를이 없다

CHECK POINT 문법정리

☑ 각 사항들을 체크하면서 LESSON 3의 학습내용을 복습하고 정리합니다.

☐ **1.** 주어와 목적어는 문장 내에서의 위치가 어떻게 다른가?

☐ **2.** 주어와 목적어는 각각 어떤 유형이 있는지 예를 들어 설명해보자.

☐ **3.** 관형어와 부사어의 차이점과 유사점에 대해 예를 들어 설명해보자.

☐ **4.** 어떤 단어와 구가 관형어로 쓰이는가? 각각 예를 들어보자.

☐ **5.** 어떤 관형어 뒤에 구조조사 '的'를 붙일 수 없는가?

☐ **6.** 어떤 품사의 단어와 어떤 구가 부사어로 쓰이는가? 각각 예를 들어보자.

☐ **7.** 어떤 부사어 뒤에 구조조사 '地'를 붙일 수 없는가?

☐ **8.** 부사어와 보어는 어떤 차이가 있는가?

☐ **9.** 어떤 품사의 단어가 보어를 가질 수 있는가? 보어는 어떤 유형이 있는가?

☐ **10.** 결과보어가 있는 문장에서 목적어의 위치는 어디인가?

☐ **11.** 결과보어의 부정형식은 어떻게 표현하는가?

☐ **12.** 정도보어와 상태보어는 반드시 구조조사 '得'를 사용해야 하는가?

☐ **13.** 상태보어의 부정형식은 어떻게 표현하는가?

☐ **14.** 상태보어가 있는 문장에서 목적어의 위치는 어디인가?

☐ **15.** 수량보어에는 어떤 유형이 있는가? 목적어는 어디에 출현하는가?

☐ **16.** 수량보어는 어떤 작용을 하는가? 예를 들어 설명해보자.

☐ **17.** 단순방향보어와 복합방향보어는 어떤 차이점과 유사점이 있는가?

☐ **18.** 목적어는 방향보어의 앞에 출현하는가, 뒤에 출현하는가?

☐ **19.** 복합방향보어인 '下去'와 '下来'는 동작의 구체적인 방향을 나타내는 것 외에도 어떤 의미를 나타내는가? 또한 '起来'는 어떤 의미를 나타내는가?

☐ **20.** 가능보어의 부정형식은 어떻게 표현하는가?

☐ **21.** 목적어는 가능보어 앞에 출현하는가, 뒤에 출현하는가?

☐ **22.** 가능보어와 상태보어를 어떻게 구분하는가?

☐ **23.** 가능보어로 쓰이는 '动', '下', '了(liǎo)'는 어떤 의미를 나타내는가? 예를 들어 설명해보자.

☐ **24.** 결과보어, 방향보어는 가능보어와 어떤 관계가 있는가?

☐ **25.** 관형어, 부사어, 보어와 구조조사 '的', '地', '得'는 어떤 관계가 있는가?

LESSON ④ 단문

단문

단문(单句)은 복문(复句)에 상대적인 것으로, 단문은 그것의 구조에 따라 '주술문(主谓句)'과 '비주술문(非主谓句)'의 두 부류로 나눌 수 있다. 주술문은 주부와 술부 두 부분을 포함하고 있는 문장으로 이른바 '쌍부문(双部句)'이라고 한다. 반면, 비주술문은 주부와 술부로 나눌 수 없는 문장으로 이른바 '단부문(单部句)'이라고 한다.

주술문(主谓句)의 분류

— 술부의 주요 구성성분 중심 분류

① 동사술어문(动词谓语句)

我发电子邮件。   나는 이메일을 보낸다.

② 형용사술어문(形容词谓语句)

他很高。   그는 키가 크다.

③ 명사술어문(名词谓语句)

明天星期六。   내일은 토요일이다.

④ 주술술어문(主谓谓语句)

我身体很好。   나는 몸이 건강하다.

— 문장의 기능 중심 분류

① 평서문(陈述句)

我是汉语老师。   나는 중국어 선생님이다.

② 의문문(疑问句)

你去哪儿?   너는 어디 가니?

③ 명령문(祈使句)

你快打电话啊。   너는 어서 전화해라.

④ 감탄문(感叹句)

这里的风景太美了!   이곳의 풍경이 매우 아름답구나!

◆ **비주술문(非主谓句)의 분류**

① 무주어문(无主句)

出太阳了。　해가 떴네.

② 일어문(独语句)

蛇！　뱀이다!

③ 생략문(省略句)

(我去商场,) 你呢?　(난 시장에 가.) 너는?

(我去) 银行。　(나는) 은행(에 가).

UNIT 01 동사술어문

STEP 1 기본 문법 ··

1. 동사술어문이란 서술어의 주요부분이 동사로 구성된 것으로 주어가 무엇을 한다고 설명하는 문장이다.

2. 동사가 서술어로 쓰이는 문장은 중국어에서 절대 다수의 비율을 차지한다.

3. 술어동사는 목적어를 취할 수도 있고 목적어가 없을 수도 있다. 술어동사 중 다수는 목적어를 하나만 취할 수 있으며, 이를 '단일목적어(单宾语)'라고 한다. 또한 일부 동사는 두 개의 목적어를 취할 수 있으며, 이를 '이중목적어(双宾语)'라고 한다. LESSON 1・UNIT 06 동사 참고

주어	술어동사	목적어1 (간접목적어)	목적어2 (직접목적어)
我	吃		
你	喝	茶。	
我	是	心理医生。	
她	有	这本小说。	
你	通知	学生。	
他	通知	大家	开会。
哥哥	告诉	我	一件事。

4. 위의 기본적인 형식 외에도, 동사술어문에는 여러 가지 특수한 형식이 존재한다. 예를 들어, 겸어문(兼语句), 존현문(存现句) 등이 있다. LESSON 6 특수문형 참고

5. 술어동사의 부정형식은 미래에 있을 동작행위 또는 일상성의 동작행위인 경우, 동사 앞에 부사 '不'를 붙인다. 이미 발생한 동작행위인 경우에는 '没(有)'를 사용하여 부정한다.

❶ 明天我不逛街。　내일 나는 거리를 구경하지 않을 것이다.

我昨天没逛街。　나는 어제 거리를 구경하지 않았다.

❷ 他晚上一般不跳舞。   그는 저녁에 보통 춤을 추지 않는다.

他今天晚上没跳舞。   그는 오늘 저녁에 춤을 추지 않았다.

STEP 2 문법 업그레이드 ···

1. 술어동사가 하나의 목적어를 갖는 문장을 '단일목적어 동사술어문(单宾语动词谓语句)'이라고 하고, 술어동사가 두 개의 목적어를 갖는 문장을 '이중목적어 동사술어문(双宾语动词谓语句)'이라고 한다.

2. 목적어는 모두 술어동사 뒤에 출현한다. 다만, 강조를 나타낼 때에는 목적어를 동사의 앞으로 이동시켜 '피동작주 주어(受事主语)'로 만들 수 있다.   LESSON 3 • UNIT 01 주어 참고

UNIT 02 형용사술어문

STEP 1 기본 문법 ··

1. 형용사술어문이란 서술어 부분이 형용사에 의해 직접 구성되는 것으로 이때 '是'나 '有' 등의
동사는 사용하지 않는다. 즉, 술어형용사를 사용하여 주어의 상태나 좋고 나쁨 등을 묘사한다.

   ❶ 她高，我矮。   그녀는 키가 크고 나는 작다.

   ❷ 他弟弟很瘦。   그의 동생은 말랐다.

2. 형용사술어문의 부정형식은 술어형용사 앞에 '不'를 부가한다.

   ❶ 那个学生不刻苦。   그 학생은 애를 쓰지 않는다.

   ❷ 这位体操冠军不张扬。   이 체조 챔피언은 우쭐대지 않는다.

> ### UPGRADE PLUS
>
> 부정형식으로 不 외에 没를 쓸 수 있으며, 이 경우에는 '변화'의 의미를 내포한다.
>
> • 我爸爸的头发还没白，他显得比较年轻。
>   우리 아빠의 머리는 아직 하얘지지 않아서 비교적 젊어 보인다.
>   → 머리카락이 하얗게 변하는가의 상황을 말하고 있으므로 没를 쓴다.

3. 형용사술어문의 술어부분에 형용사만 있는 경우, 그 앞에는 정도를 나타내는 '很', '非常' 등
의 정도부사가 온다. 만약 이러한 정도부사 없이 형용사만 있으면 대체로 다른 사물과 비교의
의미를 갖는다.

   ❶ 这张桌子很新。   이 탁자는 새 것이다.

     这张桌子新。   (다른 탁자에 비해) 이 탁자가 새 것이다.

   ❷ 阿文很用功。   阿文은 열심히 공부한다.

     阿文用功。   (다른 누군가에 비해) 阿文이 열심히 공부한다.

4. 형용사술어문의 부정형식에서 很은 '不'의 앞에 위치하거나 '不'의 뒤에 위치할 수 있다. 이때 很의 위치에 따라 나타내는 정도의 의미가 달라진다.

❶ 我不很舒服。　　나는 몸이 편치 않다.

　　→ 약간 불편하다.

❷ 我很不舒服。　　나는 몸이 많이 불편하다.

　　→ 매우 불편하다.

STEP 2 문법 업그레이드 ···

1. 형용사 앞에 '是'를 첨가하면 강조의 의미를 나타낸다. 이때 '是'를 강하게 읽는다.

❶ 她是高。　　그녀는 (확실히) 키가 크다.

❷ 他弟弟是很瘦。　　그의 동생은 (확실히) 말랐다.

2. 술어형용사 뒤에는 정도보어, 상태보어, 수량보어만이 올 수 있다.

❶ 她灵活得像只猴子。　　　　　　　[상태보어]

　　그녀는 민첩하기가 마치 원숭이 같다.

❷ 那个篮球运动员的技术好极了。　　[정도보어]

　　그 농구선수의 기술은 매우 좋다.

❸ 她高一米八二。　　　　　　　　　[수량보어]

　　그녀는 키가 182cm이다.

UNIT 03 명사술어문

STEP 1 기본 문법 ···

1. 명사술어문이란 술어가 명사 또는 명사구로 구성된 문장으로 동사 '是'를 사용하지 않는다.
   술어명사를 사용하여 주어의 국적, 출생지, 연령, 직업, 날짜, 절기, 명절, 돈의 액수, 기상 등
   을 설명한다.

    ❶ 我中国人。   [국적 – 수식구]
       나는 중국인이다.

    ❷ 他北京人。   [출생지 – 수식구]
       그는 베이징 사람이다.

    ❸ 她护士。   [직업 – 명사]
       그녀는 간호사이다.

    ❹ 昨天十九(号)。   [날짜 – 수사]
       어제는 19일이다.

    ❺ 明天元旦。   [명절 – 명사]
       내일은 양력설이다.

    ❻ 今天立秋。   [절기 – 명사]
       오늘은 입추이다.

    ❼ 这本书二十八元。   [돈의 액수 – 수량구]
       이 책은 28위안이다.

2. 명사술어문의 부정형식은 술어명사의 앞에 '不是'를 사용하며, '不'만 쓸 수 없다. 이때 명사
   술어문은 '不是'를 사용하므로 동사술어문이 된다.

    ❶ 她不是欧洲人。   그녀는 유럽인이 아니다.
       她不欧洲人。   (✕)

    ❷ 我不是律师。   나는 변호사가 아니다.
       我不律师。   (✕)

    ❸ 今天不是春节。   오늘은 설이 아니다.
       今天不春节。   (✕)

3. 수량을 표시하는 술어명사 앞에는 부사가 올 수 있다.

　❶ 今天已经二十七号了。　　오늘이 벌써 27일이다.

　❷ 现在刚两点。　　지금 막 두 시다.

STEP 2　문법 업그레이드 ···

1. 명사술어문에는 단지 긍정형식만 존재한다. 부정형으로 만들 경우, 술어명사 앞에 동사 '是'를 사용하므로 '不是'가 된다. 따라서 명사술어문의 부정형식은 동사술어문이다.

2. 명사술어문은 회화에서 자주 사용한다.

3. 명사술어문은 나열을 하거나 장부에 기재를 할 때에도 사용된다.

　❶ 他重庆人，你天津人，我上海人。
　　그는 충칭 사람이고, 너는 톈진 사람이고, 나는 상하이 사람이다.

　❷ 大卫美国人，阿里坦桑尼亚人，凯瑟琳瑞典人。
　　데이빗은 미국 사람이고, 알리는 탄자니아 사람이고, 캐서린은 스웨덴 사람이다.

　❸ 正月初一春节，五月初五端午，八月十五中秋，九月初九重阳，腊月
　　三十除夕。
　　정월 초하루는 설이고, 5월 초닷새는 단오절이고, 8월 15일은 중추절이고, 9월 9일은 중양절,
　　음력 12월 30일은 섣달그믐이다.

　❹ 这次的奖品，第一名笔记本电脑，第二名数码相机，第三名蓝牙音箱。
　　이번 상품은 1등이 노트북PC, 2등은 디지털 카메라, 3등은 블루투스 스피커이다.

　❺ 桌子四张，椅子八把，书架两个，衣架一个。
　　탁자 네 개, 의자 여덟 개, 책장 두 개, 옷걸이 한 개.

　❻ 萝卜三块，胡萝卜两块八，青菜五块，土豆三块五。
　　무가 3위안, 당근이 2.8위안, 청경채가 5위안, 감자가 3.5위안이다.

UNIT 04

주술술어문

기본 문법 ··

1. 주술술어문이란 서술어가 주술구로 구성된 것으로 주어가 어떠하다고 묘사, 설명하는 문장이다.

전체 주어 (주부)	전체 서술어(술부) : 주술구		
	주어	부사어	서술어
她	头发	很	长。
我们	身体	都很	健康。
这种台历	我	已经	有了。

"这种台历我已经有了。(이런 탁상용 달력은 나는 이미 가지고 있다.)"라는 문장에서 '这种台历'는 '我'의 관형어가 아니다. 그러므로 이 뒤에 '的'를 부가할 수 없다.

2. 전체 서술어 앞에 구조조사 '的'를 첨가할 경우, 문장의 구조는 더 이상 주술술어문이 아니게 된다.

관형어	주어	부사어	서술어	문형
她的	头发	很	长。	형용사 술어문
我们的	身体	都很	健康。	
他的	电脑水平	非常	高。	

3. 주술술어문의 부정형식은 술부의 서술어 앞에 부정부사 '不'나 '没(有)'를 사용한다.

❶ 妹妹眼睛不大。   여동생은 눈이 크지 않다.

❷ 她胃不舒服。   그녀는 속이 불편하다.

❸ 这本词典我没买。   이 사전은 내가 사지 않았다.

1. 주술술어문의 주어와 주술술어 사이는 다른 성분을 이용하여 연결하지 않는다. 단, '**是**'를 첨가할 경우, 강조를 나타내며, '**是**'를 강하게 읽는다.

　　❶ 他是字写得很漂亮。　　그는 글자를 예쁘게 쓰는 편이다.

　　❷ 我是头有点儿疼。　　나는 머리가 좀 아프다.

또한 '**是**'를 주술술어 속 서술어 앞에 놓아 강조를 표시할 수도 있다.

　　❸ 他字是写得很漂亮。　　그는 글자를 예쁘게 쓰는 편이다.

　　❹ 我头是有点儿疼。　　나는 머리가 좀 아프다.

2. 주술술어문의 서술어가 타동사일 경우, 목적어는 대부분 수량구이며, 목적어를 문장 맨 앞에 놓아 피동작주 주어로 만들 수 있다.

　　❶ 我这本小说已经看了二十七页了。　　나는 이 소설을 벌써 27페이지나 읽었다.
　　　 这本小说我已经看了二十七页了。　　이 소설을 나는 이미 27페이지나 읽었다.

　　❷ 我这种花色的毛衣织了两件。　　나는 이런 무늬와 색깔의 스웨터를 두 벌 떴다.
　　　 这种花色的毛衣我织了两件。　　이런 무늬와 색깔의 스웨터를 나는 두 벌 떴다.

　　❸ 我这本小说已经看完了。　　나는 이 소설을 이미 다 보았다.
　　　 这本小说我已经看完了。　　이 소설을 나는 이미 다 보았다.

　　❹ 他那些文件都批阅了。　　그는 그 문서들을 모두 읽고 수정했다.
　　　 那些文件他都批阅了。　　그 문서들을 그는 모두 읽고 수정했다.

UNIT 05 비주술문

STEP 1 기본 문법

1. 무주어문이란 주어가 없는 문장이다. 이러한 문장은 자연현상을 나타내기도 하고, 구체적인 정황을 설명하기도 하며, 어떤 경우에는 일반적인 상황을 설명하기도 한다.

❶ 下雨了。　비가 온다.
→ 자연현상

❷ 现在营业。　현재 영업하고 있다.
→ 구체적인 정황을 설명함.

❸ 注意车辆！　차량 주의!
→ 일반적인 상황으로 모든 사람에게 지나가는 차량에 주의하도록 함.

2. 일어문이란 하나의 단어 또는 하나의 구로 구성된 문장이다. 시간, 장소, 인원을 나타내기도 하고, 호칭을 나타내기도 한다. 또한 갑작스러운 발견이나 감탄, 동의를 나타낸다.

❶ 二〇〇八年。　2008년.
❷ 首都机场。　수도공항.
❸ 两位。　두 분.
❹ 老余！　余 선생!
❺ 蛇！　뱀이다!
❻ 太奇妙了！　참 기묘하네!
❼ 多倒霉啊！　얼마나 재수가 없는지!
❽ 同意。　동의합니다.
❾ 嗯。　응.

3. 생략문이란 특정한 언어 환경 속에서 일부 성분이 생략된 문장이다. 이때 서술어나 주어 등을 생략할 수 있으며, 그래도 상대방은 그 의미를 완전히 이해할 수 있다.

❶ 我的手机呢?（我放在哪儿了?）　내 휴대전화는? (내가 어디에 뒀지?)
❷ 她呢?（她去哪儿了?）　그녀는? (그녀는 어디 갔어?)

❸ A:(我们几个朋友都打算听歌剧，)你呢? (你打算做什么?)

　　(우리 몇 명은 오페라를 볼 거야.) 너는? (너는 뭐 할 거니?)

　　B:(我打算)看话剧。　　(나는) 연극 관람(을 할 거야).

❹ A:你去哪个公园?　　너는 어느 공원에 가니?

　　B:(我去)香山(公园)。　　(나는) 샹산 (공원에 가).

STEP 2 ▶ 문법 업그레이드

1. 무주어문

　1) 자연현상을 설명하는 무주어문의 경우, 어떤 주어도 첨가할 수 없다.

　　❶ 刮风了。　바람이 분다.

　　　天刮风了。 （×）　　　　　　　它刮风了。 （×）

　　❷ 打雷了。　천둥이 친다.

　　　天打雷了。 （×）　　　　　　　它打雷了。 （×）

　2) 어떤 문장은 주어가 무엇인지 굳이 말할 필요가 없다.

　　❶ 开会了。　회의가 시작되었다.

　　　它开会了。 （×）　　　　　　　它到开会的时间了。 （×）

　　❷ 揭幕了。　막이 열렸다.

　　　它揭幕了。 （×）　　　　　　　它到揭幕的时间了。 （×）

　3) 일반적인 지시나 명령을 나타낼 때, 주어를 붙이지 않아도 의미는 명확하다.

　　❶ 请进。　들어오시오.

　　❷ 小心路滑。　길이 미끄러우니 조심하시오.

2. 일어문은 주로 감탄을 나타내므로 대부분 문장 끝에 감탄부호(!)를 붙인다.

3. 생략문은 전후 문맥이 분명할 때 사용한다.

UNIT 06 평서문

STEP 1 기본 문법 ······

1. 평서문은 하나의 사건이나 견해를 서술, 설명하는 문장이다.

2. 평서문은 각종 유형의 문장이 모두 가능하며, 문장 끝에는 마침표(。)를 찍는다.

❶ 我明天去长城。 　　　　　[동사술어문]
　　나는 내일 만리장성에 간다.

❷ 我能看懂英文报。 　　　　　[동사술어문]
　　나는 영문신문을 보고 이해할 수 있다.

❸ 票在玻璃板底下。 　　　　　[동사술어문]
　　표는 유리판 아래에 있다.

❹ 王经理每天都非常忙。 　　　[형용사술어문]
　　王 대표는 매일 매우 바쁘다.

❺ 天晴了。 　　　　　　　　　[형용사술어문]
　　날이 갰다.

❻ 今天清明节。 　　　　　　　[명사술어문]
　　오늘은 청명절이다.

❼ 这些资料我都需要。 　　　　[주술술어문]
　　이 자료들은 내가 다 필요하다.

❽ 地震！ 　　　　　　　　　　[일어문]
　　지진이다!

3. 평서문의 부정형식은 각 문장 유형의 부정형식과 마찬가지로 '不'나 '没(有)'로 나타낸다.

❶ 她明天不上班。 　　그녀는 내일 출근하지 않는다.

　　她昨天没上班。 　　그녀는 어제 출근하지 않았다.

❷ 她的普通话说得不太好。 　　그녀는 표준어를 그다지 잘 하지 못한다.

❸ 他今年不是二十(岁)。 　　그는 올해 스무 살이 아니다.

❹ 桌子上的文件我现在不看。　탁자 위의 서류를 나는 지금 보지 않는다.

桌子上的文件我上午没看。　탁자 위의 서류를 나는 오전에 보지 않았다.

桌子上的文件我还没看。　탁자 위의 서류를 나는 아직 보지 못했다.

❺ 买音乐会的票很不容易。　음악회 표를 사는 것은 결코 쉽지 않다.

❻ 弟弟不像哥哥那样坚强。　남동생은 형처럼 그렇게 꿋꿋하지가 않다.

❼ 没下雨。　비가 오지 않았다.

STEP 2 문법 업그레이드 ···

1. 평서문의 어조는 일반적으로 문장 끝을 내려 읽는 하강음조(降调)이다. 중국어 문장의 어조는 성조와는 별개이며, 성조는 문장 어조의 영향을 받지 않는다.

2. 평서문은 주술문일 수도 있고 비주술문일 수도 있다.

UNIT 07 의문문

STEP 1 기본 문법 ···

1. 의문문은 의문을 제기하는 문장이다.

2. 의문문의 구조는 기본적으로 평서문과 동일해서 다양한 유형의 문장이 모두 가능하다. 다만 문장 끝에 의문부호(?)를 부가한다.

❶ 你知道明天有比赛吗?　당신은 내일 시합이 있다는 것을 압니까?

❷ 谁去北海公园?　누가 베이하이 공원에 갑니까?

❸ 你父母的身体怎么样?　당신의 부모님은 건강이 어떠신가요?

❹ 你明天去哪儿?　당신은 내일 어디에 갑니까?

3. 평서문 또는 일어문의 문장 끝에 의문을 나타내는 어기조사를 부가하면 의문문이 된다.

❶ A: 您是这里的负责人吗?　당신이 이곳의 책임자입니까?

　　B: 是。/ 不是。　네. / 아니오.

❷ A: 他会说汉语吗?　그는 중국어를 할 줄 압니까?

　　B: 会。/ 不会。　할 줄 압니다. / 못합니다.

❸ A: 我的公文包呢?　내 서류가방은?

　　B: 在这儿。　여기 있어.

❹ A: 他们回学校，你呢?　그들은 학교로 돌아갔는데, 너는?

　　B: 回家。　집에 가.

4. 평서문에서 의문의 부분을 의문대명사로 바꾸면 의문문이 된다.

❶ 哪儿最好玩?　　　　　　　　　　　　[주어]

　어디가 가장 놀기 좋을까?

❷ 您要见谁?　　　　　　　　　　　　　[목적어]

　당신은 누구를 만나려고 합니까?

❸ 这套西服的颜色怎么样?　　　　　　　[서술어]

　이 양복의 색깔은 어떤가요?

❹ 什么节目你最喜欢看? [관형어]

어떤 프로그램을 당신은 가장 좋아합니까?

❺ 这个汉字怎么念? [부사어]

이 한자는 어떻게 읽습니까?

❻ 那几个演员表演得怎么样? [보어]

그 몇몇 배우는 연기하는 게 어때요?

5. 의문문의 구성에는 다른 방식도 있다.

❶ 她是不是美术教师? 그녀는 미술교사인가요?

❷ 你是喝茶还是喝咖啡? 당신은 차를 마시겠습니까 아니면 커피를 마시겠습니까?

6. 의문문은 아래의 몇 가지로 분류할 수 있다.

1) 是非의문문(是非问句)

긍정형식 또는 부정형식의 답을 요구하는 의문문이다. **是非**의문문은 아래의 몇 가지 형식이 있다.

① 평서문에 어기조사 '吗'를 부가한다. 이것은 가장 상용되는 의문문 형식이다.

❶ A: 您是内科大夫吗? 당신은 내과의사입니까?

B: 是。/ 不是。 예. / 아니오.

❷ A: 你最近忙吗? 너는 요즘 바쁘니?

B: 很忙。/ 不很忙。 많이 바빠. / 그렇게 바쁘지 않아.

② 의문어기로 물을 수 있다. 이러한 의문문에는 '吗'를 부가해도 의미에 변화가 없다.

❶ A: 她一个人去香山了? 그녀 혼자서 상산에 갔니?

B: 是啊。/ 没有。 응. / 아니.

→ A의 의문문은 '她一个人去香山了吗? '와 의미가 같다.

❷ A: 老师说过今天全部做完? 선생님이 오늘 전부 다 하라고 말씀하셨니?

B: 说了。/ 没说。 말씀하셨어. / 말씀 안 하셨어.

是的。/ 没有。 응. / 아니.

→ A의 의문문은 '老师说过今天全部做完吗? '와 의미가 같다.

③ 평서문의 문장 끝에 '好吗', '是吗', '行吗', '可以吗', '对吗' 등을 사용하여 의문을 제기할 수 있다.

❶ A: 我们一起去，好吗? 우리 같이 가자, 어때?

B: 好。/ 我不想去。 좋아. / 나는 가기 싫어.

❷ A : 口语老师说后天口试，对吗?

　　회화 선생님이 모레 회화시험을 본다고 하셨는데, 그렇지?

　　B : 对。/ 不对，是明天。　맞아. / 아냐, 내일이야.

④ 문장 끝에 어기조사 '吧'를 부가한다. 추측성의 의문을 제기하여 상대방의 확인을 바라는 의문문을 만들 수 있다.

❶ A : 她的汉语说得不错吧?　그녀는 중국어를 잘 하는 편이지?

　　B : 对，很不错。/ 不对，说得不太好。

　　그래, 아주 잘해. / 아냐, 그렇게 잘 하지 못해.

❷ A : 我这个歌唱砸了吧?　나 이 노래 엉망으로 불렀지?

　　B : 没唱好。/ 还好，没唱砸。　잘 못 불렀어. / 그런대로 좋아. 못 부르지 않았어.

2) 의문사의문문(特指问句)

대답을 얻고자 하는 부분에 의문대명사를 사용하여 묻는 의문문이다.

① 의문사의문문의 어순은 평서문과 완전히 같다.

❶ 什么掉了?　뭐가 떨어졌지?

❷ 你喝什么?　너는 무엇을 마시니?

❸ 谁的手套丢了?　누구의 장갑을 잃어버린 거야?

❹ 这是什么东西?　이것은 무슨 물건이야?

❺ 他准备怎么解决这个问题?　그는 이 문제를 어떻게 해결하려고 해?

② 의문사의문문의 문장 끝에는 '吗'를 부가할 수 없다. 단, '呢'를 부가할 수는 있으며, 어기를 완화시키는 작용을 한다.

❶ 什么掉了呢?　뭐가 떨어졌지?

❷ 你喝什么呢?　너는 무엇을 마시니?

❸ 谁的手套丢了呢?　누구의 장갑을 잃어버린 거야?

❹ 这是什么东西呢?　이것은 무슨 물건이야?

❺ 他准备怎么解决这个问题呢?　그는 이 문제를 어떻게 해결하려고 해?

③ 일어문 문장 끝에 '呢'를 부가하여 '在哪儿'의 의미를 묻는 형식도 있다.

❶ 小章呢?　小章은?　(→ 小章在哪儿呢? 小章은 어디 있지?)

❷ 孩子呢?　아이는?　(→ 孩子在哪儿呢? 아이는 어디 있지?)

❸ 字典呢?　자전은?　(→ 字典在哪儿呢? 자전은 어디 있지?)

特指问句의 정의상 '의문대명사를 사용한 것'이므로 이를 '의문사의문문'으로 풀이할 수 있다. 그러나 ③과 같이 의문사가 사용되지 않는 것도 포함할 수 있으며, 이것은 사실상 의문사가 생략된 형식이다.

먼저 어떤 상황을 이야기한 뒤에 바로 '일어문 + 의문어기조사 呢'가 이어지면, 이때 묻고자 하는 것은 앞에서 이야기한 내용과 관련된 것이다.

❹ 他们都买钢笔，你呢?　　그들은 모두 펜을 산대. 너는?

　　　　　　　　（→ 你买什么呢? 너는 뭘 살 거니?）

❺ 大家都不去了，他呢?　　다들 안 간대. 그는?

　　　　　　　　（→ 他去还是不去呢? 그는 가니, 안 가니?）

3) 정반의문문(正反问句)

술어동사, 형용사 또는 조동사의 긍정형식과 부정형식을 병렬함으로써 의문을 제기하는 문장이다.

① 정반의문문은 반드시 긍정형식을 먼저 말하고 나서 부정형식을 말해야 한다.

❶ 她是不是留学生?　　그녀는 유학생인가?

她不是是留学生?　（×）

❷ 这位专家能不能来?　　이 전문가가 올까요?

这位专家不能能来?　（×）

❸ 你胃疼不疼?　　너는 위가 아프니?

你胃不疼疼?　（×）

❹ 昨天她参加没参加排球比赛?　　어제 그녀는 배구시합에 참가했니?

昨天她没参加参加排球比赛?　（×）

② 정반의문문의 문장 끝에는 '吗'를 부가할 수 없다. 다만 '呢'는 부가할 수 있다.

❶ 她是不是留学生(呢)?　　그녀는 유학생인가?

她是不是留学生吗?　（×）

❷ 这位专家能不能来(呢)?　　이 전문가가 올까요?

这位专家能不能来吗?　（×）

❸ 你胃疼不疼(呢)?　　너는 위가 아프니?

你胃疼不疼吗?　（×）

❹ 昨天她参加没参加排球比赛(呢)?　　어제 그녀는 배구시합에 참가했었니?

　　昨天她参加没参加排球比赛吗?　　(✕)

③ '是不是'를 사용하는 정반의문문의 경우, '是不是'가 평서문의 문장 맨 앞이나 서술어의 앞 또는 문장 끝에 모두 올 수 있으며, 이로써 '건의'를 나타내거나 보다 확실한 '확인'을 나타낼 수 있다.

❶ 是不是你中午喝酒了?　　혹시 너 점심 때 술 마셨니?

❷ 你是不是中午喝酒了?　　너 혹시 점심 때 술 마셨니?

❸ 你中午喝酒了，是不是?　　너 점심 때 술 마셨구나. 그렇지?

특히 문장 끝에 올 경우, 더욱 확실히 확인하고자 하는 심리 상태를 나타낸다.

❹ 上月你到外地出差了，是不是?　　지난 달 당신은 외지에 출장 갔었죠. 그렇죠?

건의를 나타낼 때에는 일반적으로 '是不是'를 문장 끝에 놓지 않는다.

❺ 我们是不是去植物园赏菊花?　　우리 식물원에 가서 국화꽃 감상하는 게 어때?

❻ 是不是由他负责这项工作比较好?　　그가 이 일을 책임지는 게 비교적 좋은 것 같은데?

4) 선택의문문(选择问句)

접속사 '(还)是……，还是……'를 이용하여 두 개 또는 두 개 이상의 상황을 연결하여 의문을 제기하고, 상대방으로 하여금 그중 하나를 답으로 선택하게 하는 의문문이다.

❶ 你(还)是去购物，还是在房间里看书?
　　너는 쇼핑을 하러 갈 거니 아니면 방 안에서 책을 볼 거니?

❷ 你(还)是这星期交毕业论文，还是下星期交?
　　너는 이번 주에 졸업논문을 제출할 거니 아니면 다음 주에 제출할 거니?

① 선택의문문의 첫 번째 '还是'는 보통 생략하거나 '是'만 쓰기도 한다.

❶ 师傅说(是)这种机器好，还是那种机器好?
　　선생님은 이런 기계가 좋다고 하셨어요 아니면 저런 기계가 좋다고 하셨어요?

❷ (是)今天去，还是明天去，还是后天去?
　　오늘 갑니까, 내일 갑니까 아니면 모레 갑니까?

세 개 또는 그 이상의 선택항이 있을 경우, 두 개 또는 그 이상의 '还是'로 연결할 수 있다. 모든 선택항의 앞에 '还是'를 쓰지 않더라도 마지막 선택항의 앞에는 반드시 '还是'를 써야 한다.

❸ 我们(是)今天去，(是)明天去，还是后天去呢?
　　우리는 오늘 갑니까, 내일 갑니까 아니면 모레 갑니까?

② 선택의문문의 문장 끝에는 '吗'를 부가할 수 없고, 대부분 '呢'를 부가한다. 모든 선택항의 끝에 '呢'를 부가할 수도 있다.

> ❶ 你(是)去购物呢，还是在房间里休息呢?
>
> 너는 쇼핑하러 갈래 아니면 방에서 쉴래?

> ❷ 他们(是)想去动物园(呢)，(是)想去天文馆(呢)，还是想去颐和园(呢)?
>
> 그들은 동물원에 가고 싶어해요, 천문관에 가고 싶어해요 아니면 이허위안에 가고 싶어해요?

5) 반어의문문(反问句)

의문의 어기와 형식을 이용하여 반박과 강조를 나타내는 의문문이다. 이것은 상대방에게 어떠한 대답을 요구하지 않는다.

① 반어의문문은 긍정의 형식으로 부정의 의미를 강조하고, 반대로 부정의 형식으로 긍정의 의미를 강조하는 특징이 있다.

> ❶ 你怎么又想参加了?　너 왜 또 참가하고 싶어진 거니?
>
> → '너는 원래 참가하고 싶어 하지 않았다'를 강조한다.

> ❷ 谁说他不去?　그가 안 간다고 누가 그래?
>
> → '그는 간다'는 것을 강조한다.

② 상용되는 반어의문문 형식에는 아래의 두 종류가 있다.

A. 주어 + 哪儿/怎么……啊?

> ❶ 我哪儿知道啊?　내가 어찌 알겠어?
>
> → '내가 모름'을 강조한다. (아무도 나에게 알려주지 않았다.)

> ❷ 她怎么不知道啊?　그녀가 어째서 모르겠니?
>
> → '그녀가 알고 있음'을 강조한다. (내가 그녀에게 알려줬을 수도 있다.)

B. 不是……吗?

ⅰ) 주어 + 不是……吗?

> ❶ 我不是告诉你了吗?　내가 너에게 알려주지 않았니?
>
> → '너는 알고 있다'를 강조한다.

> ❷ 她不是给你票了吗?　그녀가 너에게 표를 주지 않았니?
>
> → '표가 너에게 있다'를 강조한다.

ⅱ) 不是 + 주어……吗?

> ❶ 不是她告诉你的吗?　그녀가 너에게 알려주지 않았어?
>
> → '그녀가 너에게 말했으므로 너는 알고 있다'를 강조한다.

> ❷ 不是学校已经决定了吗?　학교가 이미 결정하지 않았어?
>
> → '바꿀 수 없고, 이렇게 할 수 밖에 없다'를 강조한다.

1. 의문문의 어순은 평서문의 어순과 같으므로 동사 또는 의문대명사를 문장의 처음에 놓으면 안 된다.

❶ 他是法官吗?   그는 법관입니까?

是他法官吗?   (✕)

❷ 你羡慕他的成就吗?   너는 그의 성과가 부럽니?

是你羡慕他的成就吗?   네가 그의 성과를 부러워하는 거니? (→ 의미가 변함.)

❸ 你去哪儿?   너는 어디 가니?

哪儿你去?   (✕)

❹ 你找谁?   너는 누구를 찾니?

谁被你找?   (✕)

2. '吗'를 사용한 是非의문문을 제외하고, 의문사의문문, 정반의문문, 선택의문문 등은 모두 문장 끝에 '吗'를 부가하지 않는다.

❶ 你看什么书?   너는 무슨 책을 보니?

你看什么书吗?   (✕)

❷ 你听不听音乐会?   너는 음악회를 관람하니?

你听不听音乐会吗?   (✕)

❸ 你听京剧还是越剧?   너는 경극을 볼 거니 아니면 월극을 볼 거니?

你听京剧还是越剧吗?   (✕)

3. '吗'를 사용한 是非의문문을 제외하고, 의문사의문문, 정반의문문, 선택의문문 등은 모두 문장 끝에 '呢'를 부가할 수 있다.

❶ 你找谁(呢)?   당신은 누구를 찾습니까?

❷ 你看不看话剧(呢)?   당신은 연극을 봅니까?

❸ 你喝红茶，还是喝绿茶(呢)?   당신은 홍차를 마십니까 아니면 녹차를 마십니까?

❹ 你喝红茶呢，还是喝绿茶(呢)?   당신은 홍차를 마십니까 아니면 녹차를 마십니까?

4. 정반의문문은 서술어 앞에 부사어로 정도부사를 사용할 수 없다.

➊ 那位内科医生好不好?　　그 내과의사는 좋습니까?

那位内科医生很好不很好?　（✕）

➋ 你喜欢不喜欢那幅山水画?　당신은 그 산수화를 좋아합니까?

你非常喜欢不喜欢那幅山水画?　（✕）

서술어 앞에 조동사가 있는 경우, 정반의문문을 쓰고자 한다면 조동사의 긍정형식과 부정형식을 나열하고, 서술어의 긍정형식, 부정형식을 나열하지 않는다.

➊ 你能不能帮我一个忙?　　당신은 나를 좀 도와줄 수 있나요?

你能帮不帮我一个忙?　（✕）

➋ 他会不会给你发短信?　그가 너에게 문자메시지를 보낼까?

他会给你发不发短信?　（✕）

他会给不给你发短信?　（✕）

5. 선택의문문에서 사용하는 접속사 '还是'는 평서문에도 출현할 수 있으며, 이 경우 불확정성을 나타낸다.

➊ 我不知道他来还是不来。　나는 그가 올지 안 올지 모르겠다.

➋ 他没想好看京剧还是看话剧。　그는 경극을 볼지, 연극을 볼지 결정하지 못했다.

6. '哪儿/怎么……啊?'를 사용하는 반어의문문의 강세는 '哪儿/怎么'에 있고, '不是……吗?'를 사용하는 반어의문문의 강세는 '不是' 뒤에 오는 말에 있다.

7. '不是……吗?' 반어의문문은 이미 알고 있는 상황에 대해 그것이 사실인지 의문을 제기하는 것이다.

➊ 你不是到外地出差了吗?　너는 지방에 출장가지 않았니? (→ 너는 왜 또 출근했어?)

➋ 他不是已经结婚了吗?　그는 이미 결혼하지 않았어? (→ 그는 왜 또 결혼식을 해?)

UNIT 08

명령문

기본 문법 ···

1. 명령문(祈使句)은 요구, 건의, 재촉, 명령, 금지 등을 나타내는 문장을 말한다.

> **UPGRADE PLUS**
>
> 중국어로 祈使句는 위의 정의와 같이 단순한 명령 외에도 요구, 건의, 재촉 등 비교적 넓은 의미
> 를 포함하고 있다. 따라서 한국어의 '명령문'과 완전히 같지는 않으나 번역의 편의상 여기서는 한
> 국어 체계에서 사용하는 '명령문'이란 용어로 이를 번역한다.

2. 명령문은 주어가 잘 출현하지 않는다. 따라서 무주어문이나 생략문인 경우가 많다.

❶ (我们)快走，(时间)来不及了。 (우리) 빨리 가자, (시간이) 늦겠다.

❷ (她)现在还没来，(我们)不等了。 (그녀가) 아직 안 왔지만, (우리) 그만 기다리자.

3. 명령문은 문장의 맨 앞에 '请'을 사용하는 경우가 많다.

请进，请坐。 들어오세요. 앉으세요. (→ 我请你进来，我请你坐。)

→ 겸어구조로, 주어와 '请'의 목적어가 생략되었다.

> **UPGRADE PLUS**
>
> 요구의 경우, 좀 더 완곡한 어기를 위해 请, 麻烦, 劳驾 등의 표현을 함께 사용하기도 한다.
>
> ・麻烦你去一趟吧！ 죄송합니다만, 당신이 한 번 다녀와야 겠어요.
>
> 금지의 경우, 不许, 不准, 不得와 같은 말을 사용하여 금지의 어기를 강화하기도 한다.
>
> ・不许说谎！ 거짓말 하면 안 돼!

4. 언어 환경이 분명할 때, 일반적으로 상대방은 주어가 누구인지 오해하지 않는다.

走吧。 가자. (→ 我们走吧。 / 咱们走吧。 / 你们走吧。)

5. 부정형식은 주로 술어동사 앞에 '**别**'나 '**不要**'를 사용하며, 금지의 의미를 나타내기도 한다. '**请**'을 사용할 경우에는 문장의 맨 앞에 놓는다.

❶ 别吸烟。　담배 피우지 마라.
　→ '不吸烟。'은 명령의 의미가 없는 평서문이다.

❷ 请别吸烟。　담배 피우지 말아 주세요.

　别请吸烟。　(×) (→ 不要请(别人)吸烟。(다른 사람에게) 담배를 권하지 마세요.)
　→ 의미가 변함.

❸ 不要大声喧哗。　큰 소리로 떠들지 마시오.
　→ '不大声喧哗。'는 명령의 의미가 없는 평서문이다.

❹ 请不要大声喧哗。　큰 소리로 떠들지 말아 주세요.

　不要请大声喧哗。　(×)

STEP 2 문법 업그레이드 ···

1. 명령문에서의 '**请**'은 모두 문장의 맨 앞에 위치하며 문장 끝에 쓰지 않는다.

❶ 请坐。　앉으세요.

　坐请。　(×)

❷ 请这边走。　이쪽으로 가시죠.

　这边走请。　(×)

　这边走，请。
　→ '请' 앞에 휴지(休止)가 있어야 문장이 성립한다.

❸ 请大家安静。　모두 조용히 해주세요.

　大家安静请。　(×)

2. 일어문에서만 단독으로 '**请**'을 사용한다.

UNIT 09 감탄문

STEP 1 기본 문법 ···

1. 감탄문은 칭찬, 좋아함, 놀람, 혐오 등의 감정을 나타내는 문장이다. 문장 끝에 감탄부호를 사용한다.

2. 자주 사용하는 감탄문의 형식에는 두 가지가 있다.

1) 주어 + 真/多么……啊!

❶ 这里真安静啊! 이곳은 정말로 조용하다!

❷ 你真潇洒啊! 당신은 정말 세련됐네요!

❸ 这座大楼多(么)高啊! 이 빌딩은 얼마나 높은가!

❹ 他的行为多(么)恶劣啊! 그의 행위는 얼마나 악랄한가!

2) 주어 + 太……了!

❶ 她太紧张了! 그녀는 너무 긴장했군요!

❷ 这个演员演得太精彩了! 이 배우는 연기하는 게 너무나 훌륭하군요!

❸ 这部电影真太可怕了! 이 영화는 정말이지 너무 무섭네요!

STEP 2 문법 업그레이드 ···

1. 감탄문에는 이미 부사 '多(么)', '太'가 있으므로 정도를 나타내는 부사인 '很', '非常', '十分', '相当' 등을 다시 사용할 수 없다.

❶ 他们多(么)累啊! 그들은 얼마나 피곤할까!

   他们多(么)十分累啊! (✕)

❷ 这里太好了! 여기는 너무 좋다!

   这里太非常好了! (✕)

2. 감탄문은 일반적으로 하강음조이다.

CHECK POINT 문법정리

☑️ 각 사항들을 체크하면서 LESSON 4의 학습내용을 복습하고 정리합니다.

- ☐ **1.** 단문은 몇 가지로 분류할 수 있는가? 비주술문은 몇 가지로 분류할 수 있는가?

- ☐ **2.** 문장의 술부 구성을 기준으로 중국어의 문장을 네 가지 술어문으로 분류해보자.
  중국어에는 어떤 유형의 술어문이 가장 많은가?

- ☐ **3.** 동사술어문의 술어동사는 몇 개의 목적어를 가질 수 있는가? 예를 들어 설명해보자.

- ☐ **4.** 술어동사를 부정형으로 만들 때, '不'를 사용하는 경우와 '没(有)'를 사용하는 경우를 설명
  해보자.

- ☐ **5.** 형용사술어문의 주요 특징은 무엇인가? 주어와 술어형용사 사이에 기타 성분이 필요한가?

- ☐ **6.** 술어형용사 앞에 '很'의 유무 차이는 무엇인가?

- ☐ **7.** 명사는 서술어로 쓰일 수 있는가? 만약 주어와 술어명사 사이에 '是'를 넣는다면 이 문장은
  명사술어문인가? 부정형식의 문장도 명사술어문인가?

- ☐ **8.** 명사는 부사의 수식을 받을 수 있는가? 예를 들어 설명해보자.

- ☐ **9.** 주술구도 서술어가 될 수 있는가? 주어와 주술구 사이에 기타 성분이 필요한가?
  만약 '是'를 넣는다면 어떤 의미를 나타내는가?

- ☐ **10.** 문장의 기능을 기준으로 문장의 유형을 네 가지로 분류해보자.

- ☐ **11.** 평서문을 의문문으로 바꾸기 위해서는 어떤 방법이 있는가?

- ☐ **12.** 의문대명사를 사용하여 의문을 제기할 경우, 문장의 어순은 평서문과 어떤 차이가 있는가?

- ☐ **13.** 문장 끝에 '吗'와 '呢'를 첨가하는 의문문은 어떤 차이점과 유사점이 있는가?

- ☐ **14.** 문장 끝에 '吧'를 첨가하는 의문문은 어떤 의미가 있는가?

- ☐ **15.** 是非의문문과 의문사의문문 외에, 어떤 종류의 의문문이 더 있는가? 예를 들어 설명해보자.

- ☐ **16.** 주술문과 비주술문은 어떤 차이가 있는가?

- ☐ **17.** 비주술문의 종류와 특징에 대해 예를 들어 설명해보자.

- ☐ **18.** 명령문과 감탄문은 무엇인가?

LESSON ⑤ 동작의 상(相)

동작의 상(相)

동작이 시작, 지속, 진행, 완결, 경험, 변화 등의 상황에 놓이는 것을 말한다.

> **TIP**
>
> '상'이란 일반적으로 동작이나 사건이 진행될 때 그 진행의 단계를 설명하는 방식을 말한다. 이것은 시제와는 분명히 다르다. 하나의 사건은 '기점', '지속', '종점'으로 구성된다. 그러나 이러한 구분은 내부 자체를 들여다보았을 때이고, 이 사건을 외부에서 보면 이들이 통으로 하나의 완정한 것으로 보여질 수 있다. 이때 전자를 '비완정성'이라고 하고, 후자를 '완정성'이라 한다. 이러한 동작 내부의 기점, 지속, 종점을 나타내는 형식은 중국어에서도 존재하며, 각각 起来 (~하기 시작하다, 방향보어), 着 (동태조사), 完 또는 *好* (~이 끝나다, 결과보어) 등으로 표현되기도 한다. 한편, 상은 이 외에도 완정성 자체를 나타낼 수 있으며, 이것은 동태조사인 了에 의해 수행된다. 즉 하나의 동작이 기점, 지속, 종점으로 경계지어진 완정한 상태로 실현됨을 나타내는 것이다. 이러한 了의 기능을 전문적으로 '완료상'이라고 한다.

동작의 상은 주로 다섯 가지로 분류된다.

① 진행상(进行态) : 동작의 진행상은 주로 '正在……(呢)'를 사용하여 나타낸다.

　他正在看书(呢)。　　그는 책을 보고 있다.

② 지속상(持续态) : 동작의 지속상은 동태조사 '着 zhe'로 나타낸다.

　大门关着。　　대문이 닫혀 있다.

③ 완료상(完成态) : 동작의 완료상은 동태조사 '了 le'로 나타낸다.

　我听了一遍。　　나는 한 차례 들었다.

④ 변화상(变化态) : 동작의 변화상은 어기조사 '了 le'로 나타낸다.

　春节快要到了。　　곧 설이다.

⑤ 경험상(经历态) : 동작의 경험상은 동태조사 '过 guo'로 나타낸다.

　我听说过这个故事。　　나는 이 이야기를 들은 적이 있다.

UNIT 01 진행상

1. 진행상은 동작이 진행의 상태에 있는 것을 말한다.

2. 동작 진행의 상태는 '正在……呢'로 표현하며, 여기에는 몇 가지 형식이 존재한다.

① 正在……呢　　　　　② 正在……

③ 在……呢　　　　　　④ 在……

⑤ 正……呢　　　　　　⑥ 正……

⑦ ……呢

3. 위의 7가지 형식에서 '……' 부분에는 술어동사나 술목구 또는 수식구 등의 형식이 들어간다.

❶ 开幕式正在进行呢。　개막식이 진행되고 있다.

❷ 运动员正在接受训练。　운동선수가 훈련을 받고 있다.

❸ 她在游泳呢。　그녀는 수영을 하고 있다.

❹ 我们在研究一个学术问题。　우리는 학술문제 하나를 연구하고 있다.

❺ 领导正开会呢。　지도자는 회의를 하고 있다.

❻ 我们正一块儿座谈呢。　우리는 함께 좌담회를 하고 있다.

❼ 我看电视呢。　나는 TV를 보고 있다.

4. 진행상의 시간은 말하고 있는 시점에 제한되지 않고, 과거, 현재, 미래에 발생할 수 있다.

❶ 昨天上午我在上网查资料。　　　　　　　　　　　[과거]
어제 오전에 나는 인터넷을 하며 자료를 찾고 있었다.

❷ 张主任正在打电话。　　　　　　　　　　　　　　[현재]
张 주임은 (지금) 전화를 하고 있다.

❸ 明天你去他家的时候，他一定在玩儿电脑游戏呢。　[미래]
내일 네가 그의 집에 갔을 때, 그는 분명 컴퓨터 게임을 하고 있을 것이다.

5. 진행상의 부정형식은 '在' 앞에 부정부사 '没(有)'를 부가한다. 이때 '在'는 생략할 수 있다.

   ❶ 她没(有)(在)滑冰。   그녀는 스케이트를 타고 있지 않다.

   ❷ 我没(有)(在)洗衣服。   나는 옷을 빨고 있지 않다.

STEP 2 문법 업그레이드 ⋯⋯⋯⋯⋯⋯⋯⋯⋯⋯⋯⋯⋯⋯⋯⋯⋯⋯⋯⋯⋯⋯⋯⋯⋯

1. 진행상에 쓰이는 부사 '正'은 '동작이 진행되는 시간'에 중점을 두고, 부사 '在'는 '진행상태에 있음'에 중점이 있다. 그리고 '正在'는 시간과 상태 모두를 강조한다.

2. 진행상의 부정형식은 술어동사 앞에 '没(有)'를 부가하며, 여기에 다시 부사 '正'이나 조사 '呢'를 부가하지 않는다.

   运动员没(有)在接受训练。   운동선수가 훈련을 받고 있지 않다.

   运动员没(有)正在接受训练(呢)。   (×)

3. 진행상을 나타내는 동사는 중첩할 수 없다.

   ❶ 我在整理笔记呢。   나는 필기를 정리하고 있다.

     我在整理整理笔记呢。   (×)

   ❷ 大夫正在给病人检查。   의사는 환자를 검사하고 있다.

     大夫正在给病人检查检查。   (×)

4. '你做什么呢? (너 뭐 하고 있니?)' 등과 같은 진행상의 질문에 대답할 때에는 구체적인 동작을 나타내는 동사나 구를 쓰고, 다시 '做'를 쓸 필요가 없다.

   ❶ A:你做什么呢?   너는 뭐 하고 있니?

     B:我听音乐呢。   나는 음악을 듣고 있어.

       我做听音乐呢。   (×)

   ❷ A:他们在做什么?   그들은 뭐하고 있니?

     B:他们在跳舞。   그들은 춤을 추고 있어.

       他们在做跳舞。   (×)

   ❸ A:她正在做什么?   그녀는 뭐하고 있니?

     B:她正在做衣服。   그녀는 옷을 만들고 있어.

       她正在做做衣服。   (×)

UNIT 02 지속상

기본 문법

1. 지속상이란 동작이 지속의 상태에 있는 것을 말한다.

2. 동작의 지속상은 동사 뒤에 동태조사 '**着** zhe'를 부가하여 나타낸다.

UPGRADE PLUS

다음과 같은 경우는 동태조사 着를 붙일 수 없다.

① 판단, 존재 동사 : 是, 在 등
② 순간 동사 : 完, 进, 出, 去, 结束 등
③ 결과보어가 있는 경우 : 买到, 说好, 吃饱 등
④ 조동사가 있는 경우 : 能做, 会说, 要买 등

3. 지속상은 일반적으로 아래와 같은 두 가지 형식이 있다.

1) 동작의 지속 : 주어 + 술어동사 + 着(+ 목적어)

她戴着一副老花镜。 그녀는 돋보기를 쓰고 있다.

UPGRADE PLUS

'동작의 지속'을 나타내는 着와 '동작의 진행'을 나타내는 在는 얼핏 보기에는 비슷하나 둘은 약간의 차이가 있다. 전자는 동작의 지속상태를 '묘사'하는 것이고, 후자는 동작의 진행상황을 '서술'하는 것이다. 예를 들어, '그가 TV를 보고 있다.'라는 말은 '他看着电视呢'와 '他正在看电视呢'로 표현할 수 있다. 먼저 전자의 경우는 가까이서 직접 보면서 그 상황을 묘사하는 것이므로 동사 看 앞에 여러 가지 부사어를 첨가하여 묘사 내용을 구체화할 수 있다. 그러나 후자의 경우에는 행위에 대한 서술에 초점을 맞추고 있으므로 구체적으로 '어떻게'라는 식의 부가적인 표현이 들어가지 않고 객관적인 상황만을 언급할 뿐이다. 그래서 "他做什么呢?"라고 물어보았을 때 그에 대한 대답은 대개 '他正在看电视呢'와 같은 진행상이 된다.

2) 동작 결과의 지속 : 주어 또는 장소 어휘 + 술어동사 + 着(+ 목적어)

   ❶ 窗台上摆着一盆玫瑰花。   창턱에 장미꽃 화분이 하나 놓여 있다.

   ❷ 这本书里夹着几个纸条。   이 책 속에 종이쪽지 몇 개가 끼어 있다.

   ❸ 这个书柜里放着很多词典。   이 책장에 많은 사전이 꽂혀 있다.

이러한 지속상은 존현문과 관련이 있으므로 뒤에서 다시 설명한다. LESSON 6 • UNIT 07 존현문 참고

4. 목적어가 있을 경우, 동태조사 '着'는 동사와 목적어 사이에 오며, 목적어 뒤에 올 수 없다.

   ❶ 他开着窗户呢。   그는 창문을 열고 있다.

     他开窗户着呢。   （✕）

   ❷ 我戴着手镯。   나는 팔찌를 차고 있다.

     我戴手镯着。   （✕）

5. 지속상이 발생한 시간은 현재, 과거, 미래 모두 가능하다.

   ❶ 她现在讲着课呢。   [현재]
     그녀는 지금 강의를 하고 있다.

   ❷ 去年窗户贴着一张剪纸。   [과거]
     작년에 창문에 종이공예품 한 장이 붙어 있었다.

   ❸ 明天，我一定会笑着离开。   [미래]
     내일, 나는 반드시 웃으면서 떠날 것이다.

6. 지속상과 진행상이 함께 결합되어 사용될 때는 진행상이 지속상 앞에 출현한다.

   ❶ 教练们正在开着会。   코치들은 현재 회의 중이다.

     教练们开着会正在。   （✕）

     教练们开着正在会。   （✕）

   ❷ 你来的时候，我正看着一本历史小说呢。
     네가 왔을 때, 나는 역사소설 한 권을 보고 있었다.

     你来的时候，我看着一本历史小说正呢。   （✕）

     你来的时候，我看着正一本历史小说呢。   （✕）

7. 지속상의 부정형식은 술어동사 앞에 '没(有)'를 사용하며, 이때 '着'는 그대로 남겨둔다. 만약 '着'를 제거하면 지속상의 의미가 없어지면서 의미와 어기가 변한다.

❶ 窗台上没(有)放着花瓶。　창턱 위에 꽃병이 놓여 있지 않다.

❷ 报纸上没(有)登着他们的消息。　신문에 그들의 소식이 실려 있지 않다.

가설의 상황은 '不'를 써서 부정한다.

❸ (如果)你不带着有效证件，门卫就不会让你进去。
(만약) 당신이 효력이 있는 증빙서류를 가지고 있지 않으면, 경비원이 당신을 들여보내지 않을 것이다.

❹ 报上(假如)不登着这个消息，就不会引起这么大的反响。
신문에 이 소식이 올라와 있지 않으면, 이렇게 큰 반향을 일으키지 못할 것이다.

STEP 2 **문법 업그레이드** ··

1) 지속상은 동태조사 '了'와 함께 출현할 수 없다.

❶ 窗户关着。　창문이 닫혀 있다.

　窗户关着了。 （×）

❷ 我看着画报呢。　나는 화보를 보고 있다.

　我看着了画报呢。 （×）

　我看着画报了呢。 （×）

2) 지속상은 다른 동사 앞에 부사어로 출현하여 동작의 방식을 나타내기도 한다.

❶ 我们喝着茶讨论问题。　우리는 차를 마시면서 문제를 토론하고 있다.

❷ 他们听着音乐下棋。　그들은 음악을 들으며 바둑을 두고 있다.

UNIT 03 완료상

STEP 1 기본 문법

1. '완료상'이란 동작이 완정(完整)한 상태가 됨을 나타낸다.

> **UPGRADE PLUS**
>
> 동태조사 了는 동작이 그 내부에 기점, 지속, 종점으로 완정한 구조를 갖고 있는 하나의 경계화된 동작임을 나타낸다. 이렇게 '기점부터 종점까지의 완정한 구조', 즉 경계가 있는 하나의 구조임을 나타내기 때문에 '동사+了'가 취하는 목적어는 반드시 한정을 받는, 즉 수식어가 있는 것이어야 한다. 만약 "我看了一本小说。"라고 하면, 이때의 了는 看이라는 하나의 동작이 완료됨을 나타내며, 그것이 취하는 목적어 역시 '한 권'이라는 한정된 대상이다. 동태조사 了는 바로 이러한 기능만을 하며 실제로 동작이 지속되고 있는지, 아니면 끝났는지 등에 대한 것은 了가 쓰인 그 문장의 다른 성분을 통해 규정된다.
>
> A:我昨天给你的文章你看了吗?   제가 어제 준 글은 봤어요?
>
> B:看了，写得不错。   봤어요. 잘 썼더군요.
>
> 위의 대화에서 '看(보다)'이라는 동작이 이미 완료되었다. 이때의 了는 원래 동작의 완료상만을 나타내지만 전체적인 문맥상 행위가 완결된 것이기 때문에 문맥에 의해 완결의 의미도 나타내고 있다. 바로 이러한 이유로 종종 了를 과거를 나타내는 표지처럼 인식하기도 한다.

2. 동작의 완료상은 술어동사의 뒤에 동태조사 '了 le'를 부가하여 나타낸다.

❶ 他睡了。   그는 잔다.

❷ 她发了一封电子邮件。   그녀는 이메일 한 통을 보냈다.

'了'를 부가하여 '睡(자다)'와 '发(보내다)'라는 동작이 완료되었음을 나타낸다. 또한 '已经……了'의 형식으로 완료상을 나타내기도 한다.

❸ 他已经睡了。   그는 이미 잔다.

❹ 他已经看了关于地震的报道文章了。   그는 이미 지진과 관련된 보도기사를 봤다.

동태조사 了가 붙지 않는 경우

　　① 常常, 经常 등 습관적 의미를 나타내는 말이 있는 경우
　　② 是, 在, 像, 姓, 叫 등의 동사

常常, 经常 등의 부사가 붙는 문장이나 是, 在, 像, 姓, 叫 등의 동사는 그 자체가 경계가 없으므로 경계성을 갖는 了는 이들과 맞지 않다.

3. 목적어가 있을 경우, 동태조사 '了'는 동사와 목적어 사이에 놓는다. 문장 끝에 '了'가 있는 경우, 술어동사 뒤의 '了'는 생략할 수 있다.

❶ 我看了今天的电视新闻。　나는 오늘의 TV뉴스를 보았다.

我看(了)今天的电视新闻了。

❷ 她买了笔记本电脑。　그녀는 노트북 컴퓨터를 샀다.

她买(了)笔记本电脑了。

4. 완료상의 부정형식은 술어동사 앞에 '没(有)'를 놓는다. 이때 동태조사 '了 le'는 제거한다.

❶ 她没来。　그녀가 오지 않았다.

她没来了。　（×）

她已经没来。　（×）

她没已经来。　（×）

❷ 我没看电视节目。　나는 TV프로그램을 보지 않았다.

我没看电视节目了。　（×）

我没看了电视节目。　（×）

5. 완료상은 과거, 현재, 미래 모두에 사용될 수 있다.

❶ 昨天她已经看了那篇文章了。　　[과거]
어제 그녀는 이미 그 글을 보았다.

❷ 我看了今天的报了。　　[현재]
나는 오늘 신문을 보았다.

❸ 我吃了饭(以后)就去你那儿。　　[미래]
나는 밥을 먹고 나서 너한테 갈 것이다. (→ 아직 밥을 먹지 않았다.)

6. 완료상은 '……了没有'의 형식으로 일종의 정반의문문을 구성할 수 있다.

    ❶ 你吃了没有?   너는 밥을 먹었니?

    ❷ 你吃(了)早饭了没有?   너는 아침을 먹었니?

    ❸ 你吃了早饭没有?   너는 아침을 먹었니?

STEP 2 · 문법 업그레이드

1. 완료상과 목적어

1) 목적어가 있으면 목적어 앞에 항상 수량구나 기타 관형어가 있어야 한다.

    ❶ 她喝了一杯葡萄酒。   그녀는 포도주 한 잔을 마셨다.

    ❷ 她付了买书的钱。   그녀는 책 살 돈을 지불했다.

2) 만약 목적어 앞에 관형어가 있다면, 술어동사 뒤에 반드시 '了'를 써야 한다. 그리고 문장 끝의 '了'는 생략할 수 있다.

    ❶ 我喝了一杯咖啡(了)。   나는 커피 한 잔을 마셨다.

    ❷ 她吃了一顿丰盛的午餐(了)。   그녀는 풍성한 점심 식사를 한 끼 먹었다.

3) 만약 목적어 앞에 관형어가 없다면 문장 끝에 어기조사 '了'를 부가해야 한다. 만약 완료되었음을 강조하는 것이 아니라면 동사 뒤의 동태조사 '了'는 생략할 수 있다.

    ❶ 我喝(了)咖啡了。   나는 커피를 마셨다.

      我喝了咖啡了。   → 동작의 완료를 강조한다.

    ❷ 她吃(了)午饭了。   그녀는 점심을 먹었다.

      她吃了午饭了。   → 동작의 완료를 강조한다.

4) 목적어 앞에 관형어가 없고, 또 문장 끝에 '了'도 없다면, 이는 문장이 아직 끝나지 않았음을 의미하므로 뒤에 다시 말이 이어져야 한다.

    ❶ 我喝了一杯咖啡。   나는 커피 한 잔을 마셨다.

      我喝了咖啡(以后)<u>就去备课</u>。   나는 커피를 마시고 나서 수업을 준비하러 간다.

    ❷ 她吃了一顿丰盛的午饭(了)。   그녀는 풍성한 점심 식사 한 끼를 먹었다.

      她吃了午饭(以后)<u>休息了一会儿</u>。   그녀는 점심을 먹고 나서 잠시 쉬었다.

    ❸ 明天我就吃简单的早饭。   내일 나는 간단한 아침밥을 먹을 것이다.

      明天我吃了早饭(以后)<u>就去你那儿</u>。   내일 나는 아침밥을 먹고 나서 너에게 갈 것이다.

2. '了'와 관련된 각종 상황

1) 상태보어에서 술어동사는 뒤에 이어지는 '得 + 보어'를 통해 완료되었음을 나타내므로 그 뒤에는 다시 '了'를 쓸 필요가 없다. 그러나 문장 끝에 어기조사 '了'를 붙일 수 있으며, 이때 '了'는 이 결과가 이미 도달했음을 의미한다.

❶ 他解释得很清楚。   그는 해석이 아주 분명하다.

他解释了得很清楚。   （✕）

他解释得很清楚了。   그는 해석을 분명하게 했다.

❷ 我评判得很公平。   나는 심사가 아주 공평하다.

我评判了得很公平。   （✕）

我评判得很公平了。   나는 심사를 공평하게 했다.

2) 목적어가 방향보어 뒤에 올 경우, 일반적으로 동작이 이미 이루어졌음을 나타내지만, 동작의 완료를 다시 강조하기 위해 방향보어 뒤에 다시 '了'를 쓰기도 한다.   LESSON 3 • UNIT 10 방향보어 참고

❶ 我送去(了)两份文件。   나는 서류 두 개를 보냈다.

❷ 父亲带回来(了)一个惊人的好消息。
부친은 놀랄만한 좋은 소식을 가지고 돌아왔다.

UNIT 04 변화상

1. 변화상이란 동작이 변화의 상태에 있음을 말한다.

> **UPGRADE PLUS**
>
> 중국어에서 대개 동사 뒤에 출현하는 了를 동태조사라고 하고 이를 '了₁'이라고 하며, 문장의 맨 끝에 출현하여 변화 등을 나타내는 조사를 '어기조사'라고 하고 '了₂'로 명명한다. '了₂'와 관련하여 찰스 리와 샌드라 탐슨은 그 의미를 '현재와 관련된 상태의 표현'이라고 정의하고 있다.(「표준 중국어문법」) 여기서 말하는 '현재'란 특정한 어떤 상황을 말하며, 별도의 언급이 없을 때에는 주로 '현재'를 말한다. 대개 그 말이 발생한 시점이 '현재'에 해당되어 '지금'일 수도 있고, '그날'일 수도 있다. 한편, '상태'라는 말은 동작이 이루어지고 난 다음의 상태를 가리킨다. 예컨대, '她出去买东西了'라고 한다면, 이것은 '出去买东西(물건을 사러 나가다)'라는 동작 자체가 아닌 그 동작이 이미 이루어지고 난 후의 상태에 초점이 맞춰져 있다. 그러므로 '了₂'는 현재에도 과거에도 또는 미래에도 충분히 적용될 수 있다. 이는 마치 우리가 영어 문법에서 익히 배워왔던 '현재완료', '과거완료', '미래완료'와 유사하다. 또한 '동작이 이루어지고 난 후의 상태'가 주안점이므로 '동작을 하기 이전에는 이랬는데, 동작을 하고 나서 이렇게 변했다'라는 것을 나타낸다. 쉽게 말해서 '~하게 되었다, ~해졌다'라고 하는 우리말의 표현으로 바꿔볼 수 있다. 이러한 이유로 '了₂'를 '변화상'이라 한다.

2. 이미 변화함을 나타낼 때, 서술어 뒤에 '了'를 붙인다.

❶ 饭熟了。   밥이 다 익었다.
→ '익지 않음'에서 '익음'으로 변화함.

❷ 车子来了。   차가 왔다.
→ '오지 않음'에서 '도착'으로 변화함.

❸ 花儿红了。   꽃이 붉어졌다.
→ '붉지 않음'에서 '붉음'으로 변화함.

❹ 房子盖好了。   집을 다 지었다.
→ '아직 짓지 않음'에서 '다 지음'으로 변화함.

3. 동작의 변화상을 표현할 때, 만약 미래에 발생할 것임을 표시하려면, 아래와 같이 '要……了' 및 그것과 관련된 형식으로 나타낼 수 있다.

① 要……了

② 将要……了

③ 快(要)……了

④ 就要……了

4. 위의 네 가지 형식에서 '……' 부분에는 술어동사, 술목구 또는 수식구 등이 들어갈 수 있다. 여기서의 '了'는 어기조사로 문장 끝에만 출현할 수 있다.

❶ 暑假要到了。　　　　　　　　　　[동사]

　　곧 여름방학이다.

❷ 他们俩将要举行婚礼了。　　　　　[술목구]

　　그들 둘은 곧 결혼식을 할 것이다.

❸ 下周末我要和她一起去旅游了。　　[수식구]

　　다음 주말에 나는 그녀와 함께 여행을 갈 것이다.

❹ 她下月初就要毕业了。　　　　　　[동사]

　　그녀는 다음 달 초에 졸업한다.

5. 구체적인 시간 관련 표현은 주로 '就要……了'를 사용하여 나타낸다.

❶ 下个月暑假就要到了。　　다음 달이면 여름방학이다.

❷ 他们兄弟俩下星期就要去英国了。　　그들 형제 둘은 다음 주면 영국에 간다.

❸ 我明年就要大学毕业了。　　나는 내년에 대학을 졸업한다.

6. 변화상의 부정형식도 '没(有)'를 사용하며, 이때 어기조사 了는 생략한다.

1. 만약 구체적인 시간 관련 표현이 있다면, '**快(要)……了**'의 형식은 사용할 수 없다.

❶ 暑假快要到了。　 곧 여름방학이다.

下个月暑假快(要)到了。　（×）

❷ 他们兄弟俩快去英国了。　 그들 형제 둘은 곧 영국에 간다.

他们兄弟俩下星期快去英国了。　（×）

❸ 我快参加工作了。　 나는 곧 일을 시작한다.

我明年快参加工作了。　（×）

2. 변화상은 과거 시간에도 적용될 수 있다. 그러나 동사 뒤에 어기조사 '**了**'는 쓸 수 없다.

❶ 他快要毕业的时候，找到了一份理想的工作。

그가 막 졸업할 즈음 원하던 일을 찾았다.

他快要毕业了的时候，找到了一份理想的工作。　（×）

❷ 我就要参加工作的时候，忽然生了一场大病。

내가 막 일을 하려고 했을 때, 갑자기 큰 병이 생겼다.

我就要参加工作了的时候，忽然生了一场大病。　（×）

我就要参加了工作的时候，忽然生了一场大病。　（×）

3. '**将要……了**'는 주로 서면어에 사용되며, 이때 '**了**'는 주로 생략한다.

❶ 明年将要在中国举行奥运会(了)。　 내년에 바로 중국에서 올림픽이 개최될 것이다.

❷ 他将要出席奥斯卡颁奖典礼(了)。　 그는 곧 오스카상 시상식에 참석할 것이다.

UNIT 05 경험상

STEP 1 기본 문법 ···

1. 경험상이란 일찍이 발생한 적이 있거나 어떤 경험이 있음을 가리키는 말이다.

 UPGRADE PLUS

동태조사 过와 결과보어 过를 구분해야 한다. 전자는 '~한 적이 있다'라는 과거의 경험을 나타내고, 후자는 '어떤 일이 이미 이루어졌음'의 '완결'을 나타낸다.

> A : 早饭吃过了吗?　아침 먹었어?
> B : 是，吃过了。　응, 먹었어.

위 대화에서 过는 '아침을 먹은 적이 있다'라고 하는 경험이 아니라 '이미 먹었다'라고 하는 행위 동작의 완결을 나타낸다. 그러므로 완결을 나타내는 过의 뒤에는 동태조사 了가 출현할 수 있다. (두 개의 동태조사가 동시에 출현할 수는 없다.)

2. 동작의 경험상은 술어동사의 뒤에 동태조사 '过 guo'를 부가하여 나타낸다.

❶ 这种台湾水果我们都吃过。　이런 대만 과일은 우리 모두 먹어본 적이 있다.

❷ 我去过澳大利亚。　나는 오스트레일리아에 간 적이 있다.

❸ 他二十年前当过这所小学的校长。
그는 20년 전에 이 초등학교 교장을 맡은 적이 있다.

❹ 她得过奥运会的冠军。　그녀는 올림픽의 우승을 차지한 적이 있다.

 UPGRADE PLUS

동태조사 过는 知道, 认识, 了解, 懂, 明白 등의 인지류 동사, 그리고 常常과 같은 항시성 부사와는 같이 출현하지 않는다.

경험상은 '曾经……过'의 형식을 자주 사용한다.

❺ 他曾经来过中国。　그는 일찍이 중국에 온 적이 있다.

❻ 我曾经写过一篇关于汉语拼音的文章。
나는 일찍이 중국어 병음에 관련된 글을 한 편 쓴 적이 있다.

3. 목적어가 있을 경우, 동태조사 '过'는 동사와 목적어의 사이에 오며, 목적어 뒤에 오지 않는다.

❶ 我来过这个城市。　나는 이 도시에 온 적이 있다.

我来这个城市过。　(✕)

❷ 你喝过这种饮料吗?　당신은 이런 음료를 마신 적이 있습니까?

你喝这种饮料过吗?　(✕)

4. 경험상의 부정형식은 술어동사 앞에 '没(有)'를 쓰며, 이때 '过'는 그대로 둔다. 특히 '不'를 쓰지 않도록 주의한다.

❶ 我没(有)吃过这种鱼。　나는 이런 생선을 먹어 본 적이 없다.

我不吃过这种鱼。　(✕)

❷ 她没(有)学过汉语拼音。　그녀는 한어병음을 배워본 적이 없다.

她不学过汉语拼音。　(✕)

5. 경험상은 '(曾经)……过(목적어)没有'의 형식으로 정반의문문을 구성할 수 있다.

❶ 你吃过(这种水果)没有?　당신은 이런 과일을 먹어 본 적이 있습니까?

❷ 她曾经去过(上海)没有?　그녀는 일찍이 상하이에 간 적이 있습니까?

1. 술어동사 뒤에 결과보어가 올 경우, 동태조사 '过'는 결과보어 뒤에 오며, 동사와 결과보어 사이에 오지 않는다.

❶ 我在商场看见过这种衣服。　나는 마트에서 이런 옷을 본 적이 있다.

　我在商场看过见这种衣服。　（✕）

❷ 上次考试他答错过这道题。　지난 번 시험에서 그는 이 문제에 틀리게 답한 적이 있다.

　上次考试他答过错这道题。　（✕）

2. 술어동사 앞에 전치사구가 있을 경우의 부정형식은 '没'를 전치사구 앞에 놓는다. 만약 '没'를 전치사구와 술어동사 사이에 놓으면 의미가 변하게 된다.

❶ 她没在北京语言大学学过汉语。

　그녀는 베이징언어대학에서 중국어를 배운 적이 없다.

　→ 다른 곳에서 중국어를 배웠을 가능성이 있지만 베이징언어대학에서 배운 적이 없다.

❷ 她在北京语言大学没学过汉语。

　그녀는 베이징언어대학에서 중국어를 배운 적이 없다.

　→ 그녀는 베이징언어대학에서 공부한 적이 있다. 다만 다른 과목을 배운 적이 있을지라도 중국어는 배운 적이 없다.

CHECK POINT 문법정리

☑ 각 사항들을 체크하면서 LESSON 5의 학습내용을 복습하고 정리합니다.

☐ **1.** 동태조사 '了(le)', '着(zhe)', '过(guo)'를 사용하는 동작의 상은 어떤 것이 있는지
　　예를 들어 설명해보자.

☐ **2.** 진행상과 지속상은 한 문장에서 사용 가능한가?
　　그렇다면 무엇이 앞이고 무엇이 뒤에 오는가? 두 개의 예를 들어 설명해보자.

☐ **3.** 지속상의 시간은 현재, 과거, 미래의 제한이 있는가? 예를 들어 설명해보자.

☐ **4.** 지속상의 부정형식은 부정부사를 첨가하는 것 외에 또 무엇을 주의해야 하는가?
　　두 개의 예를 들어보자.

☐ **5.** 완료상과 변화상은 모두 '了'를 사용하여 나타낸다. 이 둘 사이에 어떤 차이가 있는지
　　예를 들어 설명해보자.

☐ **6.** 완료상의 부정형식은 부정부사를 첨가하는 것 외에 어떤 점을 주의해야 하는가?
　　두 개의 예를 들어보자.

☐ **7.** 경험상의 특징은 무엇인가? 동태조사 '过'는 어느 위치에 놓아야 하는가?

☐ **8.** 경험상의 부정형식은 부정부사를 첨가하는 것 외에 어떤 점을 주의해야 하는가?
　　두 개의 예를 들어보자.

LESSON **6** 특수문형

동사술어문의 특수 형식

중국어에는 다양한 동사술어문이 있으며, 몇 가지 특수 형식도 있다. 이들 각각의 특수 형식은 아래와 같은 특징을 갖는다.

① '是'자문 : 동사 '是'를 서술어로 하는 문장

我是中国人。   나는 중국인이다.

牡丹是我们市的市花。   모란은 우리 시의 꽃이다.

② '有'자문 : 동사 '有'를 서술어로 하는 문장

他有哥哥。   그에게는 형이 있다.

一年有三百六十五天。   1년은 365일이다.

③ 연동문(连动句) : 술어동사가 둘 이상인 문장

我去超市购物。   나는 쇼핑하러 마트에 간다.

我们坐旅游车参观市容。   우리는 관광버스를 타고 시티투어를 한다.

④ 겸어문(兼语句) : 앞에 오는 술어동사의 목적어가 뒤에 오는 술어동사의 주어가 되는 문장

他请你们看京戏。   그는 너희들에게 경극을 보여줄 것이다.

王老师有一个儿子是博士研究生。   王 선생님에게는 박사과정생인 아들이 하나 있다.

⑤ '把'자문 : 술어동사의 앞에 전치사 '把'와 '把'의 목적어가 있는 문장

我把桌子上的姜汤喝了。   나는 테이블 위의 생강탕을 마셔 버렸다.

张文把书架上的书整理好了。   张文은 서가 위의 책을 잘 정리했다.

⑥ 피동문(被动句) : 술어동사 앞에 피동을 나타내는 전치사구를 사용한 문장

他被坏人骗了。   그는 나쁜 사람에게 속았다.

我的自行车让朋友骑走了。   내 자전거를 친구가 타고 가버렸다.

⑦ 존현문(存现句) : 문장 맨 앞에는 시간이나 장소를 나타내는 성분이 오며, 존재나 출현 혹은 소실 등을 나타내는 성분이 술어동사로 오는 문장

客厅里摆着几盆花。   거실에는 꽃 화분 몇 개가 놓여 있다.

昨天我家来了两位稀客。   어제 우리 집에 귀한 손님 두 분이 오셨다.

UNIT 01 '是'자문

기본 문법 ···

1. 판단, 존재, 동등, 종류 등을 나타내는 '是'가 술어동사로 사용된 문장을 '是'자문이라 한다.

❶ 我是教师。   [판단]
나는 교사이다.

❷ 我家旁边是一个大商场。   [존재]
우리 집 옆은 큰 쇼핑센터이다.

❸ 十的五分之一是二。   [동등]
10의 5분의 1은 2이다.

❹ 她的裙子是深灰的。   [종류]
그녀의 스커트는 진회색이다.

2. 술어동사 '是'의 부정형식은 '不是'만 가능하고, '是不'는 될 수 없다.

❶ 那位专家不是北京人。   그 전문가는 베이징 사람이 아니다.
那位专家是不北京人。 (×)

❷ 邮局对面不是银行。   우체국 맞은편은 은행이 아니다.
邮局对面是不银行。 (×)

❸ 这本杂志不是我的。   이 잡지는 나의 것이 아니다.
这本杂志是不我的。 (×)

3. '是'자문의 주어가 될 수 있는 품사와 구는 다양하다.

❶ 老板是外地人。   [명사]
사장은 외지인이다.

❷ 她是本地人。   [대명사]
그녀는 이곳 사람이다.

❸ 笑是一种健身的方法。   [동사]
웃음은 몸을 건강하게 하는 방법이다.

❹ 安静是很重要的。 [형용사]

정숙하는 것이 매우 중요하다.

❺ 九是三的倍数。 [수사]

9는 3의 배수이다.

❻ 一刻钟是十五分钟。 [수량구]

일각은 15분이다.

❼ 钢笔、铅笔都是书写工具。 [대등구]

펜과 연필은 모두 필기구이다.

❽ 唱京剧是他的业余爱好。 [술목구]

경극 부르기가 그의 취미이다.

❾ 吃得慢是她的特点。 [보충구]

천천히 먹는 것이 그녀의 특징이다.

❿ 他们两个是正副主任。 [동격구]

그들 둘이 주임, 부주임이다.

⓫ 站着的是他的哥哥。 ['的'자구]

서있는 사람이 그의 형이다.

⓬ 你当总经理是董事会决定的。 [주술구]

당신이 사장이 된 것은 이사회가 결정한 것이다.

⓭ 我左边是汪达。 [방위구]

나의 왼쪽은 汪达이다.

4. 술어동사 '是'의 목적어가 될 수 있는 품사와 구도 다양하다.

❶ 他是经理。 [명사]

그는 대표이다.

❷ 常用的否定副词是"不"。 [부사]

자주 사용하는 부정부사는 '不'이다.

❸ 我们的语法老师是她。 [대명사]

우리의 문법 선생님은 저분이시다.

❹ 跳舞也是锻炼。 [동사]

댄스도 운동이 된다.

❺ 这里的优点就是幽雅。 [형용사]

여기의 장점은 바로 고요하고 기품이 있다는 것이다.

⑥ 五的三倍是十五。 [수사]

5의 3배는 15이다.

⑦ 我喜欢的体育项目是跳水。 [술목구]

내가 좋아하는 스포츠는 다이빙이다.

⑧ 他参加的比赛项目是跳高和跳远。 [대등구]

그가 참가하는 시합종목은 높이뛰기와 멀리뛰기이다.

⑨ 来采访的是这位记者。 [수식구]

인터뷰하러 온 사람이 이 기자이다.

⑩ 他唱的是京剧《借东风》。 [동격구]

그가 부른 것은 경극《借东风(차동풍)》이다.

⑪ 领导布置的工作是我今天写完这篇总结。 [주술구]

상사가 맡긴 업무는 내가 오늘 이 결산 보고서를 다 쓰는 것이다.

STEP 2 문법 업그레이드 ·····

1. 동사 '是'는 어떤 상황에서도 형식상의 변화가 없으므로 단수나 복수 등의 수량, 동작의 상태 그리고 과거, 현재, 미래라는 시간 등에 영향을 받지 않는다.

2. 동사 '是'의 부정형식은 '是不'가 아니지만, 회화에서 '是不'는 '是不是'의 의미를 나타내기도 한다.

❶ 你的腿完全好了，是不？ 너의 다리는 완전히 좋아졌어. 그래, 안 그래?

❷ 明天有客人来，是不？ 내일 손님이 올 거야. 그래, 안 그래?

3. '是'자문 정반의문문의 기본 형식은 아래와 같다.

1) 주어 + 是 + 不是 + 목적어?

他是不是博士生导师？ 그는 박사 지도교수입니까?

2) 주어 + 是 + 목적어 + 不是?

你是在职研究生不是？ 당신은 직장인 대학원생입니까?

UNIT 02

'有'자문

STEP 1 기본 문법 ···

1. '有'가 술어동사로 사용되어 소유, 존재, 포함, 열거 등의 의미를 나타내는 문장을 '有'자문이라고 한다.

❶ 我有三本汉英词典。   [소유]
   나는 한영사전이 세 권 있다.

❷ 这座楼房前边有一条小溪。   [존재]
   이 건물 앞에는 작은 개울이 하나 있다.

❸ 一天有二十四小时。   [포함]
   하루는 24시간이다.

❹ 这些书有历史的、地理的、政治的、经济的。   [열거]
   이 책들은 역사, 지리, 정치, 경제에 관한 것이다.

2. 술어동사 '有'의 부정형식은 '没有'이다. 문장 안에서는 '没有'의 有를 생략할 수 있다.
'不有'나 '有没'라고는 쓰지 않는다.

❶ 他没(有)这样的弟弟。   그에게는 이런 남동생이 없다.

   他不有这样的弟弟。   (×)

   他有没这样的弟弟。   (×)

❷ 二月没(有)三十天。   2월은 30일이 안 된다.

   二月不有三十天。   (×)

   二月有没三十天。   (×)

❸ 这个公园里没(有)牡丹、茉莉、荷花。   이 공원에는 모란, 재스민, 연꽃이 없다.

   这个公园里不有牡丹、茉莉、荷花。   (×)

   这个公园里有没牡丹、茉莉、荷花。   (×)

3. '有'자문의 주어에 올 수 있는 품사와 구의 종류는 다양하다.

❶ 教师应该有教师的素质。   [명사]
   교사는 교사로서의 소양을 갖추어야 한다.

❷ 他有做不完的工作。 [대명사]

그는 다 하지 못한 업무가 있다.

❸ 锻炼有很多途径。 [동사]

신체 단련에는 여러 가지 방법이 있다.

❹ 小王和小李都有一辆福特汽车。 [대등구]

小王과 小李는 모두 포드 차 한 대씩을 가지고 있다.

❺ 刘老师的家有三口人。 [수식구]

刘 선생님 댁은 세 식구이다.

❻ 一公里有一千米。 [수량구]

1킬로미터는 천 미터이다.

❼ 博物馆里有不少参观的学生。 [방위구]

박물관에는 견학하러 온 학생들이 많다.

❽ 他们俩有一个幸福的家庭。 [동격구]

그들 둘에게는 행복한 가정이 있다.

❾ 参加射击比赛的有我的同学。 ['的'자구]

사격 시합에 참가한 사람 중에는 내 동창도 있다.

❿ 喝咖啡有很多讲究。 [술목구]

커피를 마실 때에는 신경을 써야 할 것이 많다.

4. 술어동사 '有'의 목적어가 될 수 있는 품사와 구도 다양하다.

❶ 我有日记本。 [명사]

나는 일기장이 있다.

❷ 表扬名单里有他。 [대명사]

표창 명단에 그가 있다.

❸ 合唱的演员有三十几个。 [수량구]

합창할 배우는 서른 몇 명이 있다.

❹ 她们喜欢的歌有《同一首歌》和《难忘今宵》。 [대등구]

그녀들이 좋아하는 노래에는 《同一首歌(같은 노래)》와 《难忘今宵(오늘밤을 잊지 못해)》가 있다.

❺ 那些花瓶里有清代的。 ['的'자구]

저 화병 중에는 청대의 것도 있다.

❻ 这本书里有她的文章。 [수식구]

이 책에 그녀의 글이 있다.

❼ 活动项目里有划船。 [술목구]

행사 프로그램에 조정이 있다.

1. 동사 '有'는 어떤 상황에서도 형식상의 변화가 없다. 단수나 복수의 수량, 동작의 상태 그리고 과거, 현재, 미래의 시간 등에 영향을 받지 않는다.

2. '有'자문 정반의문문의 기본 형식은 아래와 같다.

 1) 주어 + 有 + 没有 + 목적어?

 你有没有绘画方面的参考书?　너에게는 회화 방면의 참고서가 있니 없니?

 2) 주어 + 有 + 목적어 + 没有?

 他有这个工作的经验没有?　그는 이 업무에 경험이 있습니까?

3. 존재를 나타내는 동사에는 '是', '有', '在'가 있다.

 1) 동사 '有/是'를 사용하여 존재를 나타내는 상용 형식은 아래와 같다.

　❶ 里边是阅报室。　안쪽은 신문 열람실이다.
　　→ 안에는 신문 열람실만 있다.

　　里边有阅报室。　안쪽에 신문 열람실이 있다.
　　→ 안에는 신문 열람실 외에 다른 방도 있다.

　　里边在阅报室。　（×）

　❷ 楼下是超市。　아래층은 마트이다.
　　→ 아래층에는 마트만 있다.

　　楼下有超市。　아래층에 마트가 있다.
　　→ 아래층에는 마트 외에 다른 것도 있다.

　　楼下在超市。　（×）

　❸ (这张相片里，)左边是爷爷。　(이 사진에서) 왼쪽은 할아버지이시다.
　　→ 왼쪽에는 한 사람만 있는데, 바로 할아버지이다.

　　(这张相片里，)左边有爷爷。　(이 사진에서) 왼쪽에 할아버지가 계신다.
　　→ 왼쪽에 여러 사람이 있는데, 그중 할아버지도 계신다.

　　(这张相片里，)左边在爷爷。　（×）
　　→ 이러한 종류의 문장에서 술어동사 '是/有'는 '在'로 바꿀 수 없다.

2) 동사 '在'를 사용하여 존재를 나타내는 상용 형식은 아래와 같다.

❶ 阅报室在里边。　신문 열람실은 안쪽에 있다.

❷ 超市在楼下。　마트는 아래층에 있다.

❸ (这张相片里，)爷爷在左边。　(이 사진에서) 할아버지는 왼쪽에 있다.
　→ 이 문장의 술어동사 在는 '是/有'로 바꿀 수 없다.

존재를 나타내는 동사 有와 在의 차이

　① 他在教室里。　그는 교실 안에 있다.
　② 教室里有很多人。　교실 안에는 많은 사람이 있다.

이 두 문장에서 ①은 동사로 在를 사용하고 있고, ②는 有를 사용하고 있다. 이에 따라 ①은 장소가 뒤에 나오고 있고, ②는 앞에 나오고 있다. 그렇다면 이 둘의 어순을 바꾸어 '教室里有他'나 '很多人在教室里'가 가능할까? 일반적으로 이렇게 쓰지는 않는다. 그 이유는 중국어의 어순은 정보구조와 관련이 있기 때문이다. 중국어에서 대화의 장에 있는 이들이 모두 알고 있는 이전 정보는 대개 문장의 앞에 출현하고, 그렇지 않은 새로운 정보는 문장의 뒤에 출현한다. 이전 정보는 대화 중의 사람들이 아는 것이므로 일반명사 외에도 대명사나 고유명사 등으로 표현될 수 있다. 반면, 새로운 정보는 불특정한 사람이나 사물로 표현되는 경우가 많다. 따라서 위의 예에서 대명사인 他는 이전 정보를 나타내므로 문장 앞에 위치해야 자연스러우며 문형도 '在'자문에 출현해야 한다. 그러나 很多人은 대화 중의 사람들이 모르는 새로운 정보이기 때문에 문장의 뒤에 출현하는 것이 자연스러우며 문형은 '有'자문이 더 적합하다. 그러므로 '有'자문과 '在'자문을 함부로 바꾸어 써서는 안 된다.

UNIT 03 연동문

STEP 1 기본 문법

1. 두 개 또는 그 이상의 동사(구)가 시간 순서에 따라 연이어 출현하는 구조의 문장을 연동문이라고 한다. 일반적으로 하나의 동사(구)가 다른 하나의 동사(구)의 목적이나 방식 등을 나타낸다.

① 我去<u>游泳</u>。   나는 수영하러 간다.
→ '가는' 목적이 '수영'을 하기 위해서이다.

② 我<u>坐飞机</u> 去旅游。   나는 비행기를 타고 여행을 간다.
→ '비행기를 타는 것'은 '여행을 가는' 수단이다.

2. 술어동사가 모두 목적어를 가질 수도 있고, 모두 가지지 않을 수도 있다. 또 그중 일부만 목적어를 가질 수도 있다.

주어	술어동사1	목적어1	술어동사2	목적어2
我	去		锻炼。	
我	去	体育馆	锻炼。	
我	去		看	朋友。
我	去	超市	买	东西。

3. 뒤에 오는 술어동사가 앞에 오는 술어동사의 목적을 나타내기도 한다.

① 他<u>来</u><u>参加</u>婚礼。   그는 결혼식에 참석하러 온다.
→ '결혼식 참석'이 '오는' 목적이다.

② 我<u>去</u>美术馆<u>参观</u>画展。   나는 미술 전시회를 보러 미술관에 간다.
→ '미술 전시회를 본 것'이 '미술관에 간' 목적이다.

4. 앞에 오는 술어동사가 뒤에 오는 술어동사의 방법이나 수단을 나타내기도 한다.

① 我们都<u>用</u>右手<u>拿</u>筷子。   우리는 모두 오른손으로 젓가락을 잡는다.
→ '오른손 사용'이 '젓가락을 잡는' 방법이다.

② 我们<u>骑</u>自行车<u>去</u>春游。   우리는 자전거를 타고 봄나들이를 간다.
→ '자전거를 타는 것'이 '봄나들이를 가는' 수단이다.

5. 앞에 오는 술어동사의 목적어가 뒤에 오는 술어동사의 의미적 대상이 되기도 한다.

❶ 父亲倒酒喝。　아버지께서 술을 따라 드신다.
　→ 따른 것도 술이고, 마신 것도 술이다.

❷ 我买画报看。　나는 화보를 사서 본다.
　→ 산 것도 화보이고, 본 것도 화보이다.

6. 앞에 오는 술어동사가 '有'이면 뒤에는 반드시 목적어가 오며, 나중에 오는 술어동사가 '有'의 목적어를 보충 설명한다.

❶ 我有时间去你那儿。　나는 너에게 갈 시간이 있다.
❷ 他有机会表演节目。　그는 공연을 할 기회가 있다.

7. 조사 '了'는 나중에 오는 동사의 뒤나 문장의 끝에 오고, 먼저 오는 동사의 뒤에 오지 않는다.

❶ 父亲倒酒喝了。　아버지께서 술을 따라 드셨다.
　父亲倒了酒喝。　（×）

❷ 我去美术馆参观了画展。 / 我去美术馆参观画展了。
　나는 미술 전시회를 보러 미술관에 갔다.
　我去了美术馆参观画展。　（×）

8. 연동문의 부정형식은 일반적으로 먼저 오는 술어동사의 앞에 '不'나 '没(有)'를 사용하며, 뒤에 오는 동사의 앞에 오지 않는다.

❶ 我下午不去打球。　나는 오후에 공을 치러 가지 않을 것이다.
　我下午去不打球。　（×）

❷ 她怎么不来报名?　그녀는 왜 등록하러 오지 않을까?
　她怎么来不报名?　（×）

❸ 我没(有)去旅游。　나는 여행을 가지 않았다.
　我去没(有)旅游。　（×）

❹ 我没去美术馆参观画展。　나는 미술 전시회를 보러 미술관에 가지 않았다.
　我去美术馆没参观画展。　（×）

❺ 现在没(有)人按门铃。　지금 초인종을 누를 사람이 없다.
　现在有人没按门铃。　（×）

❻ 我没(有)哥哥在银行工作。　나는 은행에서 일하는 형이 없다.
　我有哥哥没在银行工作。　（×）

1. 연동문에서 술어동사의 순서는 함부로 바꿀 수 없다. 술어동사의 순서를 바꾸면 구조나 의미가 변하거나 문장이 성립하지 않을 수 있다.

❶ 我去旅游。   나는 여행하러 간다.

我旅游去。   나는 여행 간다.

→ '去'가 방향보어로 변한다.

❷ 我坐飞机去旅游。   나는 비행기를 타고 여행을 간다.

我去旅游坐飞机。   나는 비행기를 타러 여행을 간다.

→ '비행기를 타는 것'이 여행의 목적으로 보일 수 있다.

❸ 父亲倒酒喝。   아버지께서 술을 따라 드신다.

父亲喝酒倒。   (✕)

→ 논리적으로 말이 되지 않는다.

2. 연동문의 정반의문문 형식은 앞에 오는 동사의 긍정형식과 부정형식을 병렬하는 것이다.

❶ 你去不去美术馆参观画展?   너는 미술 전시회를 보러 미술관에 가니, 안 가니?

❷ 他有没有时间去跳舞?   그는 춤추러 갈 시간이 있니, 없니?

때로는 뒤에 오는 동사의 긍정형식과 부정형식을 병렬할 수도 있지만, 이런 경우, 의미가 달라진다.

❸ 你去美术馆参观不参观画展?   너는 미술관에 가서 미술 전시회를 볼래, 안 볼래?

→ 미술관에 가서 미술 전시회를 보는 것뿐 아니라 다른 일도 할 수 있다.

❹ 他有时间去不去跳舞?   그는 시간이 있으면 춤을 추러 가니, 안 가니?

→ 만약 그가 시간이 있다면 춤을 추러 가는지 묻고 있다.

3. 연동문과 동사성 대등구(**联合词组**)가 서술어로 쓰인 문장과의 차이점은 아래와 같다.

1) 연동문의 술어동사는 순서가 고정적이지만, 동사성 대등구는 순서를 바꿀 수 있다.

❶ 我去超市购物。   [연동문]

나는 쇼핑하러 마트에 간다.

❷ 我们看画报听音乐。   [대등구가 서술어인 문장]

우리는 화보를 보고 음악을 듣는다.

我们听音乐看画报。

우리는 음악을 듣고 화보를 본다.

2) 동사성 대등구는 호응어(**关联词**)를 사용하거나 동사 사이에 휴지를 둘 수 있지만, 연동문은 그렇게 하지 못한다.

我们又看画报，又听音乐。 　 우리는 화보도 보고, 음악도 듣는다.

我又去超市，又购物。 （×）

UNIT 04 겸어문

기본 문법 ··

1. 문장의 서술어 중 앞에 오는 동사가 목적어를 가지며, 이 목적어는 뒤에 오는 술어동사의 주어가 된다. 이처럼 목적어이면서 주어가 되는 성분을 겸어(兼语)라고 하고, 이 겸어가 있는 문장을 겸어문이라고 한다.

> 经理请你过去一下。 대표님이 너더러 좀 가보라고 했다.
>
> (→ 经理请你，你过去一下。 대표님이 너에게 요청했으니, 네가 좀 가 봐라.)
>
> → '你'는 '请'의 목적어이자, '过去'의 주어이므로 '你'가 겸어이다.

2. 겸어문의 첫 번째 술어동사에는 요청, 명령 등의 의미를 가지는 '请', '让', '叫', '命令', '禁止' 등이 주로 온다.

주어	술어동사1	겸어 (동사1의 목적어이자 동사2의 주어)	술어동사2	목적어2
他	让	你	来。	
我	请	你们	吃	饭。
她	有	朋友	在	上海。
学校	动员	大家	来参加	游泳比赛。

3. 겸어 뒤에 오는 술어가 형용사일 수도 있다. 이때 술어동사는 '有', '使', '令', '让', '叫' 등이다.

주어	술어동사	겸어	부사어	술어형용사	보어
他	有	一个儿子	很	可爱。	
这个通知	让	大家	有点儿	奇怪。	
这个消息	让	我们		兴奋	极了。

**U**PGRADE PLUS

겸어문에 쓰이는 동사는 위와 같은 명령, 요청 및 순수한 사역만을 나타내는 使, 让, 叫, 그리고 有가 있지만 그 외에도 아래와 같은 호칭, 권유, 임명을 나타내는 동사도 있다.

- 人们都叫他做张老师。　사람들은 모두 그를 '张 선생님'이라고 부른다. [호칭]
- 大家都劝他戒酒。　모두가 그에게 술을 끊으라고 권한다. [권유]
- 任命他为校长。　그를 교장으로 임명하다. [임명]

4. 주어가 없는 겸어문도 있으며, 이를 무주어겸어문(无主兼语句)이라고 한다.

❶ 有人在唱歌。　노래를 하고 있는 사람이 있다.

❷ 外边有人找你。　밖에 당신을 찾는 사람이 있어요.

❸ 是他给你发电子邮件呢。　너에게 이메일을 보낸 사람이 그 사람이다.

❹ 祝你快乐。　즐거운 시간 보내세요.

5. 겸어문의 부정형식 역시 부사 '不' 혹은 '没(有)'를 사용하며, 부정부사의 위치는 상황에 따라 다르다. 겸어 뒤의 명령이나 바람, 부탁 등을 나타내는 동사를 부정할 때는 주로 '不要', '别'를 사용한다.

❶ 她不请人帮忙。　그녀는 다른 사람에게 도와 달라고 요청하지 않는다.

❷ 我没让他来这里。　나는 그에게 여기로 오라고 하지 않았다.

❸ 他不鼓励我们探险。　그는 우리에게 탐험을 하라고 권하지 않는다.

❹ 我没叫他买点心。　나는 그에게 간식을 사라고 시키지 않았다.

❺ 她没有很多朋友喜欢游泳。　그녀는 수영을 좋아하는 친구가 많지 않다.

❻ 她请大家别再争论了。　그녀는 모두에게 더 이상 논쟁하지 말 것을 요청했다.

❼ 我让他不要去酒楼。　나는 그에게 술집에 가지 말라고 했다.

❽ 他劝说大家不要冒险。　그는 모두에게 모험을 하지 말라고 타일렀다.

❾ 我叫弟弟别去他家。　나는 동생에게 그의 집에 가지 말라고 했다.

❿ 他有朋友不喜欢游泳。　그에게는 수영을 좋아하지 않는 친구가 있다.

6. 겸어구조와 연동구조는 종종 한 문장 안에서 결합되어 나타난다. 먼저 겸어구조를 쓰고 뒤에 연동구조를 쓰거나 반대로 연동구조를 먼저 쓰고 뒤에 겸어구조를 쓸 수 있다.

❶ 他请我去看京剧。
그는 나에게 경극을 보러 가자고 청했다.

❷ 我们支持你去杭州参加比赛。
우리는 네가 시합에 참가하러 항저우에 가는 걸 지지한다.

❸ 同学们都去教授家邀请教授参加晚宴了。
학생들 모두가 교수님께 저녁모임에 참석을 청하러 교수님 댁에 갔다.

❹ 她来我的办公室叫我接待客人。
그녀는 나에게 손님을 접대하라고 시키러 내 사무실에 왔다.

> **STEP 2** 문법 업그레이드 ···

1. 무주어겸어문과 부정형식

1) 첫 번째 술어동사가 '是' 혹은 '有'로 구성된 겸어문의 맨 앞에는 시간이나 방위와 관련된 단어가 부사어로 오기도 한다. 이러한 문장 역시 무주어겸어문이다.

❶ <u>昨天</u>是他给我打了电话。   어제 그가 나에게 전화를 걸었다.
　시간 부사어

❷ <u>门外</u>有个朋友在等我。   문밖에 나를 기다리고 있는 친구가 있다.
　장소 부사어

2) 동사 '请', '禁止' 등으로 시작하는 겸어문 역시 무주어겸어문에 속한다. 또한 '请', '禁止' 뒤에 오는 목적어, 즉 겸어가 생략되기도 한다.

❶ 请坐。   앉으세요. (저는 당신이 앉기를 요청합니다.)

❷ 请喝咖啡。   커피 드세요. (저는 여러분께서 커피를 마시기를 청합니다.)

❸ 禁止吸烟。   흡연금지 (누구라도 흡연하는 것을 금지합니다.)

❹ 禁止喧哗。   소란금지 (누구라도 떠드는 것을 금지합니다.)

3) 무주어겸어문의 부정형식은 '不', '不要', '别', '没(有)' 등을 사용할 수 있으며, 그 위치는 무엇을 부정하는지에 따라 정해진다.

❶ 不是他给我打电话。   나에게 전화를 건 것은 그가 아니다.

是他不给我打电话。   나에게 전화를 걸지 않는 것은 그이다.

是他没给我打电话。   나에게 전화를 걸지 않았던 것은 그이다.

❷ 没有人在唱歌。　　노래를 부르는 사람이 없다.

❸ 请不要在这里停车。　여기에 주차하지 마세요.

在这里请不要停车。　여기에서는 주차를 하지 마세요.

2. 연동구와 겸어구를 결합하여 사용할 수 있다.

1) 연동구 + 겸어구

❶ 她去邀请老师参加他们班的聚会了。
그녀는 선생님께 반모임에 참석해 달라고 요청 드리러 갔다.

❷ 我们来请您给我们讲课。
저희에게 강의를 해주십사 청하러 왔습니다.

2) 겸어구 + 연동구

❶ 我请他来我家吃饭。
나는 그에게 우리 집에 식사하러 오라고 초대했다.

❷ 他们让我去博物馆参观展览。
그들은 내가 박물관에 전시를 참관하러 가게 했다.

3. 겸어문과 주술구가 목적어로 쓰인 문장과의 차이점은 아래와 같다.

1) 술어동사가 다르다. 주술구가 목적어로 쓰인 문장의 서술어는 보통 감각이나 심리활동을 나타내는 동사이다.　LESSON 3・UNIT 03 목적어 참고

我认为他比较合适。　나는 그가 비교적 적합하다고 생각한다.

2) 겸어문에서는 겸어 앞의 동사와 겸어 사이에는 다른 성분이 올 수 없지만, 주술구가 목적어로 쓰인 문장은 앞의 동사와 주술구 사이에 부사어를 넣을 수 있다.

我认为明天她会来。　나는 내일 그녀가 올 것이라고 생각한다.
→ 주술구가 목적어로 쓰임.

他请明天我去他家玩儿。 （×）

3) 휴지가 다르다. 겸어문 중 앞의 동사와 겸어 사이에는 쉴 수 없지만, 주술구가 목적어로 쓰인 문장에서는 술어동사와 주술구 사이에 휴지를 둘 수 있다.

他觉得，这样做很好。　그가 생각하기에, 이렇게 하는 것이 좋다.

我请，他吃饭。 （×）

UNIT 05

'把'자문

STEP 1 기본 문법 ···

1. 전치사 '把'와 목적어가 술어동사 앞에 오고, '把'의 목적어에 대해 모종의 동작을 행함으로써 어떤 변화 또는 영향을 끼치거나 어떤 결과를 가져올 때, 이러한 문장을 '把'자문이라고 한다.

> **UPGRADE PLUS**
>
> 把자문은 하고자 하는 말(문장의 초점 또는 새로운 정보)을 가급적 문장의 뒤에 놓는 중국인들의 인지구조를 반영하는 전형적인 구문이다. 중국어는 '주어-서술어-목적어'의 어순을 취하여 새로운 정보인 '목적어'를 문장의 끝에 놓는 것이 일반적이지만, 목적어보다 더 새로운 정보나 화자가 하고 싶은 말이 생기면 그것을 목적어보다 더 뒤에 놓는다. 이 과정에서 다른 성분을 목적어보다 더 두드러지게 하기 위해 把를 이용하여 목적어를 아예 술어동사 앞으로 이동시킨다. 이때 문장 끝에 놓인 술어동사와 각종 보어, 동태조사 등이 원래 목적어가 가지고 있었던 신정보의 의미를 갖게 된다. 간혹 목적어를 강조하기 위해 앞으로 도치시켰다고 설명하기도 하지만, 把자문에서 강조하는 것은 오히려 술어동사 및 그것의 결과인 기타성분이다.

1) 일부 '把'자문은 주어가 어떤 동작을 행함으로써 '把'의 목적어에 변화를 일으킨다.

   ❶ 我把牛奶喝了。   나는 우유를 마셔 버렸다.

     → '마시는' 동작을 통해 우유가 없어졌다.

   ❷ 她把黑板擦干净了。   그녀는 칠판을 깨끗이 닦았다.

     → '닦는' 동작을 통해 칠판이 깨끗해졌다.

   ❸ 那个孩子把玻璃碰碎了。   그 아이가 부딪혀 유리를 깨트렸다.

     → '부딪히는' 동작을 통해 유리가 깨졌다.

2) 일부 '把'자문은 주어가 어떤 동작을 행함으로써 '把'의 목적어의 위치가 이동한다.

   ❶ 你把这些东西带走吧。   당신이 이 물건들을 가져가세요.

     → '가져가는' 동작을 통해 물건들이 원래 있던 곳에서 이동한다.

   ❷ 父母把孩子交给幼儿园的老师了。   부모님이 아이를 유치원 선생님에게 맡겼다.

     → '맡기는' 동작을 통해 아이가 부모를 떠나 선생님한테 갔다.

   ❸ 我们把客人送到了机场。   우리는 손님을 공항에 모셔다 드렸다.

     → '배웅하는' 동작을 통해 손님이 원래의 장소에서 공항으로 이동했다.

3) 일부 '把'자문은 주어가 어떤 동작을 행함으로써 '把'의 목적어에 결과가 생긴다.

❶ 她把那篇英文论文翻译成西班牙文了。 　그녀는 그 영어 논문을 스페인어로 번역했다.

→ '번역'을 통해 영어 논문이 스페인어로 된 논문으로 바뀌었다.

❷ 我把饺子包好了。 　나는 만두를 다 빚었다.

→ '빚는' 동작을 통해 만두가 만들어졌다.

4) 어떤 변화나 영향이 없거나 결과가 발생하지 않는 상황에서는 '把'자문을 사용할 수 없다.

我把房子有。 （×）

他把这本书喜欢了。 （×）

UPGRADE PLUS

把자문에 술어동사로 쓰일 수 있는 동사는 제한적이며, 대체로 대상에 모종의 영향을 주는 동사들이 쓰인다. 여기에는 打, 吃처럼 목적어에 직접적인 영향을 주어 변화를 일으키는 동사는 물론 목적어를 어떤 장소로 이동시킬 수 있는 放, 拿 등의 동사도 가능하다. 그러나 직접적인 변화를 일으키지 못하는 판단이나 존재, 소유를 나타내는 동사인 是, 像, 有, 在, 姓, 等于, 当, 지각이나 심리 상태를 나타내는 동사인 知道, 认识, 觉得, 希望, 生气, 同意, 방향을 나타내는 동사인 上, 下, 来, 去, 起来, 자세를 나타내는 동사인 坐, 躺, 站, 趴, 跪 등은 출현하기 어렵다. 다만 일부 심리동사의 경우 '我把她爱得要死(나는 그녀를 죽도록 사랑한다)'처럼 뒤에 보어가 붙어서 대상에 영향을 끼치는 비유적인 의미일 경우에 사용하기도 한다.

2. '把'자문의 주어는 동작의 주체인 행위주이어야 하며, 술어동사는 목적어를 가질 수 있으면서도 목적어인 피동작주에 변화를 일으킬 수 있어야 한다. 술어동사 뒤에는 보통 동태조사 '了/着', 목적어, 보어 등과 같은 기타성분이 온다. '把'의 기본형식은 아래와 같다.

주어 : 행위주	부사어(把 + 목적어) : 把 + 피동작주	술어동사 : 동작 실행	기타성분 : 동작의 결과 등

❶ 你把这瓶饮料喝了吧。 　네가 이 음료수를 마셔라.

你把这瓶饮料喝。 （×）

❷ 你把这个苹果接着。 　당신이 이 사과를 받아요.

你把这个苹果接。 （×）

❸ 我把这张照片给你。 　이 사진을 너에게 줄게.

我把这张照片给。 （×）

❹ 她把那篇文章看完了。　　그녀는 그 글을 다 읽었다.

她把那篇文章看。　（×）

❺ 你把抽屉里的合同拿出来。　　서랍 속의 계약서를 가져오세요.

你把抽屉里的合同拿。　（×）

UPGRADE PLUS

把자문은 술어동사 뒤에 了나 着와 같은 동태조사, 목적어, 보어 등의 기타성분을 수반하는 방법 외에 동사를 중첩하거나 술어동사 앞에 방향이나 경로, 행위동작 등을 나타내는 구체적인 부사어를 사용하기도 한다.

• 咱们把房子收拾收拾吧。　우리 집을 좀 치우자.
• 把门往外拉!　문을 바깥쪽으로 당겨!

3. 동사 '在', '给', '到', '成' 등이 술어동사의 결과보어로 쓰일 경우, 뒤에는 장소, 대상 혹은 동작 결과를 나타내는 목적어가 와야 한다. 이러한 문장은 보통 '把'자문을 사용하여 나타낸다.

❶ 我把笔记本电脑放在电脑包里了。　　나는 노트북을 노트북 파우치에 넣었다.

我放笔记本电脑在电脑包里了。　（×）

❷ 老师把作业本发给学生了。　　선생님은 숙제노트를 학생에게 나누어 주셨다.

老师发作业本给学生了。　（×）

❸ 你可以把行李车推到出租车旁边。　　카트를 택시 옆으로 밀어놓아도 됩니다.

你可以推行李车到出租车旁边。　（×）

❹ 我们把这本书翻译成中文吧。　　우리가 이 책을 중국어로 번역합시다.

我们翻译这本书成中文吧。　（×）

각 예문 아래의 비문은 문법적으로 볼 때 연동문으로 분석 가능하므로 비문이 아닌 것처럼 보이지만, 적어도 중국어 표준어에서는 이렇게 말하지 않는다.

4. '把'자문의 부정형식은 일반적으로 '把' 앞에 '没(有)'를 사용한다.

❶ 她没把那本词典收起来。　　그녀는 그 사전을 챙겨 넣지 않았다.

❷ 我没把卧室的电视关上。　　나는 침실의 TV를 끄지 않았다.

❸ 清洁工还没把垃圾袋运走。　　환경미화원이 아직 쓰레기를 가져가지 않았다.

5. 가정, 의지, 바람을 나타내는 '把'자문의 부정은 '不'를 사용한다.

❶ (如果)不把这个消息告诉他，他就会睡不着觉。
（만약) 이 소식을 그에게 전하지 않는다면 그는 잠을 이루지 못할 것이다.

❷ (要是)不把这篇论文写完，就不能毕业。
（만약) 이 논문을 다 쓰지 않으면 졸업할 수 없다.

❸ 她从来不把自己的快乐建立在别人的痛苦之上。
그녀는 여태껏 자신의 즐거움을 위해 타인의 고통을 발판으로 한 적이 없다.

❹ 我不想把这个矛盾扩大化。
나는 이 갈등을 확대시키고 싶지 않다.

UPGRADE PLUS

예문에서 알 수 있듯이 把자문에 나오는 조동사, 부정사, 시간사 등은 把 앞에 온다.

STEP 2 문법 업그레이드 ⋯⋯⋯⋯⋯⋯⋯⋯⋯⋯⋯⋯⋯⋯⋯⋯⋯⋯⋯⋯⋯⋯⋯⋯⋯⋯⋯⋯⋯⋯⋯⋯

1. 결과의 의미를 나타내는 일부의 쌍음절 동사는 기타성분 없이 단독으로 '把'자문의 서술어가 될 수 있다.

❶ 你们一定要把这个任务完成。　　너희들은 반드시 이 임무를 완수해야 한다.

❷ 我能把那个困难克服。　　나는 그 어려움을 극복할 수 있다.

2. '把'자문의 술어동사는 가능보어를 수반할 수 없다.

我把那篇文章看得懂。　（×）

3. 전치사 '把'는 반드시 목적어를 수반한다. 이때 목적어는 대부분 특정한 것을 가리키며, 전후 문맥이 분명한 상황에서 말하는 이와 듣는 이가 어떤 것을 가리키는지 명확하게 알고 있는 것이기도 하다.

❶ 他把桌子上的材料拿走了。　　그가 책상 위의 자료를 가져갔다.

❷ 我把鸡炖了。　　나는 닭을 삶았다.

❸ 你把钱准备好了吧?　　돈은 준비됐겠지?

把 바로 뒤에 오는 목적어는 주어의 지배권 안에 있는 사람이나 사물이므로 청자나 화자가 모두 알고 있는 특정한 것이어야 한다. 따라서 불특정하고 임의적인 성분을 나타내는 '수사 + 양사 + 명사' 구조는 把의 목적어에 오지 않고, 주로 '这/那 + (양사) + 명사, 대명사'의 형식이 오며, 문맥상 추론이 가능한 경우에는 아무런 수식어를 갖지 않는 명사(구)가 올 수도 있다. 예를 들어, '你把钱准备好了吧?'에서 钱은 그 앞에 그 의미를 한정하는 어떤 수식어가 없기 때문에 매우 막연할 수 있으나 이것은 대화상에서 청자와 화자가 이미 알고 있는 '돈'을 말하고 있으므로 '把' 자문의 목적어 자격을 갖추고 있다.

4. '把'자문의 술어동사는 동태조사 '了', '着 zhe'를 수반할 수 있지만, '过'는 수반할 수 없다.

❶ 我把茶喝了。 　 나는 차를 마셨다.

　 我把茶喝过。 　(×)

❷ 你把这个合同收着。 　 너는 이 계약서를 챙겨라.

　 你把这个合同收过。 　(×)

가능보어와 동태조사 过는 사물의 처리나 결과를 강조할 수 없고, 각각 가능과 동작의 경험만을 나타내므로 '把'자문에 사용할 수 없다.

UNIT 06 피동문

....

1. 주어가 동작의 대상인 피동작주이고, 술어동사는 목적어를 가질 수 있으며, 주어를 지배하거나 영향을 줄 수 있는 문장을 피동문이라고 한다. 피동문의 술어동사는 뒤에 '了', '着', '过' 등 기타성분을 수반한다.

2. 전치사 '被'를 사용한 피동문을 '被'자문이라고 한다.

❶ 他全身都被雨淋湿了。 그는 온몸이 비에 젖었다.

❷ 那幢房子被台风刮倒了。 태풍에 집이 무너졌다.

❸ 她的胳膊被人打折了。 그녀의 팔이 남한테 부러졌다.

❹ 他被批评过两回。 그는 두 번이나 꾸중을 들었다.

3. 전치사가 필요 없는 피동문에서 주어는 사물을 나타내는 단어인 경우가 많다. 이러한 문장의 구조는 일반적인 술어동사문과 완전히 똑같으며, 어떤 사람이나 사물에 의해 영향을 받았는지 특별히 강조할 때에만 전치사 '被'를 사용한다.

❶ 桌子上的饮料喝了。 테이블 위의 음료수를 마셨다.

桌子上的饮料被我喝了。 테이블 위의 음료수를 내가 마셨다.

→ 음료수가 스스로 마셔질 수는 없다.

❷ 数码相机摔坏了。 디지털 카메라가 떨어져 고장 났다.

数码相机被孩子摔坏了。 디지털 카메라를 아이가 떨어뜨려 고장 냈다.

→ 카메라가 스스로 떨어질 수는 없다.

❸ 豆腐买回来了。 두부를 사왔다.

豆腐被爷爷买回来了。 두부를 할아버지가 사오셨다.

→ 두부가 스스로 사질 수는 없다.

❹ 那本小说翻译成中文了。 그 소설은 중국어로 번역되었다.

那本小说被他翻译成中文了。 그 소설은 그에 의해 중국어로 번역되었다.

→ 소설은 스스로 번역될 수 없다.

4. 전치사 '被'를 사용한 피동문은 대부분 주어가 바라지 않는 일이거나 피해를 입는 등의 부정적인 상황을 나타낸다.

➊ 他被那个骑车人撞了。 그는 그 자전거를 타는 사람에게 부딪혔다.

➋ 那个犯罪嫌疑人被警察抓走了。 그 범죄 용의자는 경찰에 잡혀 갔다.

➌ 我被大风刮得走不动了。 나는 강한 바람에 걸을 수조차 없었다.

➍ 电脑被他弄坏了。 컴퓨터는 그 사람에 의해 고장 났다.
　→ 일반적으로 '电脑被他修好了。(컴퓨터는 그 사람에 의해 고쳐졌다.)'라고 말하지 않는다.

➎ 鱼被他烧煳了。 생선이 그 사람에 의해 타버렸다.
　→ 일반적으로 '鱼被他烧好了。(생선이 그 사람에 의해 잘 구워졌다.)'라고 말하지 않는다.

5. 만약 구체적인 동작주를 언급할 필요가 없다면 전치사 '被'자 뒤의 목적어로 '人'을 사용하거나 목적어를 생략할 수 있다.

➊ 他们被(人)骗了。 그들은 (어떤 사람한테) 속았다.

➋ 那个广告牌被(人)拆下来了。 그 광고판은 (어떤 사람에 의해) 철거되었다.

➌ 同学们都被请去看芭蕾舞了。 학생들은 모두 발레 공연에 초대되어 갔다.

회화에서는 '被' 대신 '给'를 사용할 수 있으며, 의미와 용법은 거의 비슷하다.

➍ 我给大风刮得走不动了。 나는 강한 바람에 걸을 수조차 없었다.

➎ 他们给(人)骗了。 그들은 (어떤 사람한테) 속았다.

6. 회화체에서 전치사 '被' 외에 '叫', '让'을 사용하여 피동을 나타낼 수 있지만, 반드시 목적어를 수반해야 한다.

➊ 生日蛋糕让孩子们吃了。 생일 케이크는 아이들이 먹어 버렸다.
　生日蛋糕让吃了。 （✕）

➋ 妈妈叫人请去了。 엄마가 초대되어 갔다.
　妈妈叫请去了。 （✕）

➌ 孩子让小朋友约出去了。 아이는 친구와 약속하고 나갔다.
　孩子让约出去了。 （✕）

7. '被'자문의 부정형식은 일반적으로 '被' 앞에 '没(有)'를 사용한다.

    ❶ 她没被汽车撞倒。   그녀는 자동차에 치여 쓰러지지 않았다.

       她被汽车没撞倒。 （×）

    ❷ 我们没被他说服。   우리는 그에게 설득되지 않았다.

       我们被他没说服。 （×）

    ❸ 那辆自行车没被他骑走。   그 자전거는 그가 타고 가지 않았다.

       那辆自行车被他没骑走。 （×）

8. 안 좋은 일이 이미 발생한 상황에서 그런 일이 발생하지 않았을 때를 가정하는 경우에는 '被' 앞에 '不'를 사용하여 부정한다.

    ❶ (要是)他不被汽车撞倒就好了。
       (만약) 그가 차에 부딪히지 않았다면 좋았겠다.

    ❷ (如果)我们不被他说服，就不会出现这样的事故了。
       (만약) 우리가 그에게 설득 당하지 않았다면 이러한 사고는 일어나지 않았을 것이다.

    ❸ (要是)那辆自行车不被他骑走，就不会丢了。
       (만약) 그 자전거를 그가 타고 가지 않았으면 잃어버리지 않았을 것이다.

어떤 일이 아직 일어나지 않았거나 일어나기를 원하지 않는 상황에서는 '被' 앞에 '不'와 조동사를 사용하는 경우가 많다.

    ❹ 我不想被汽车撞倒。   나는 자동차에 부딪치고 싶지 않다.

    ❺ 我们不愿被他说服。   우리는 그에게 설득 당하고 싶지 않다.

STEP 2 문법 업그레이드 ···

1. 결과의 의미를 가지는 소수의 쌍음절 동사는 기타성분 없이 단독으로 '被'자문의 서술어로 쓰이기도 한다.

    那个困难能被他们克服。   그 어려움은 그들에 의해 극복될 수 있다.

피동문의 서술어에는 把자문과 마찬가지로 판단이나 존재를 나타내는 동사, 방향을 나타내는
동사 등은 사용할 수 없다. 그러나 把자문에 쓰일 수 없는 지각이나 심리상태를 나타내는 동사
인 看见, 听见, 知道, 认为 등은 피동문에 쓰일 수 있다.

- 他们的对话被他听见了。　그들의 대화를 그가 들었다.
- 那件事让他知道了。　그 일을 그가 알았다.

2. '被'자문의 술어동사는 가능보어를 수반할 수 없다.

桌子被他搬走了。　책상은 그에 의해 옮겨졌다.

桌子被他搬得动。　(×)

3. '被'자문의 술어동사는 동태조사 '了', '着', '过'를 수반할 수 있다.

❶ 茶被我喝了。　차는 내가 마셨다.

❷ 我的房间被树挡着，所以太阳不怎么照得进来。
  내 방은 나무로 가려져서 햇빛이 잘 들지 않는다.

❸ 这个电器没被她动过。　이 가전제품은 그녀가 만진 적이 없다.

4. 자발적으로 영향을 줄 수 없는 사물이 주어로 쓰일 경우, 피동 형식을 사용하지 않아도 된다.
특별히 동작주가 누구인지 설명하고자 할 때에만 피동 형식을 사용한다.

❶ 电脑用完了。　컴퓨터는 다 사용했다.

电脑被用完了。　(×)

❷ 鱼烧好了。　생선은 다 구워졌다.

鱼被烧好了。　(×)

위의 예문처럼 被를 사용하지 않지만, 주어가 자발적으로 영향을 줄 수 없는 사물이고, 서술어
가 자체적으로 피동의 의미를 나타낼 때, 이러한 유형의 문장을 '의미상의 피동문'이라고 한다.
被가 사용된 피동문이 주로 주어가 발생하기를 원하지 않거나 피해를 입었다는 의미를 내포하고
있다면 의미상의 피동문은 어떤 사실에 대한 객관적인 서술이다.

UNIT 07 존현문

STEP 1 기본 문법

1. 존현문의 특징

1) 문장의 맨 앞에 주어가 없고, 시간이나 장소를 나타내는 부사어가 와서 어떤 시간이나 장소에 어떤 사람이나 사물이 존재, 출현, 소실됨을 나타내는 문장을 존현문이라고 한다.

❶ 昨天这个客房里住着一位日本客人。 　　[존재]

　　어제 이 손님방에서 일본 손님 한 분이 묵었다.

❷ 学生公寓里搬来了几个留学生。 　　[출현]

　　학생 아파트에 유학생 몇 명이 이사를 왔다.

❸ 我们班转走了一个同学。 　　[소실]

　　우리 반에서 학생 한 명이 전학을 갔다.

UPGRADE PLUS

여기서는 존현문의 문장 맨 앞에 위치하여 시간, 장소를 나타내는 단어를 부사어로 설명하고 있지만, 타 문법서에서는 이를 부사어가 아닌 주어로 설명하기도 한다.

2) 술어동사 뒤에는 동태조사 '**着**', '**了**', '**过**'가 자주 온다.

❶ 桌子上放着一个台历。 　　[존재]

　　테이블 위에 탁상 달력 하나가 놓여 있다.

❷ 我们学校来了几位专家。 　　[출현]

　　우리 학교에 전문가 몇 분이 왔다.

❸ 这个牧场丢失过几只羊。 　　[소실]

　　이 목장에서 양 몇 마리가 없어진 적이 있다.

3) 목적어에는 피동작주가 오거나 행위주가 올 수 있다.

❶ 床上躺着一个病人。 　　[행위주 목적어]

　　침대 위에 환자 한 명이 누워있다.

❷ 她家买来了一些新家具。 　　[피동작주 목적어]

　　그녀의 집에서 새 가구 몇 점을 사들였다.

❸ 这个宾馆住过很多名人。 [행위주 목적어]

이 호텔에 많은 유명인사가 묵었었다.

존현문의 목적어는 새로운 정보를 나타내기 때문에 명사만 단독으로 사용되는 경우는 드물고, 보통 불특정의 의미를 나타내는 수량사나 기타 수식어를 동반한다. 따라서 '一 + 양사', '几 + 양사', 许多 등은 목적어가 되는 명사 앞에 올 수 있으나, 확정의 의미를 나타내는 지시대명사인 这, 那가 포함된 수식어는 명사 앞에 올 수 없다. 만약 수식어 없이 명사만 목적어로 쓰려면 문장 끝에 了가 있어야 한다.

· 来客人了。 손님이 왔다.
　来客人。 （✗）

그러나 존현문도 부정을 나타낼 때에는 일반적으로 목적어 앞에 수량사를 붙이지 않는다.

· 楼下没停着汽车。 건물 아래에 자동차가 주차되어 있지 않다.
　楼下没停着一辆汽车。 （✗）

2. 존현문에 자주 사용되는 동사

1) 존재를 나타내는 동사

　① 坐, 站, 睡, 贴, 躺, 住, 停 등 사람이나 사물 등이 정지될 때의 자세나 상태를 나타내는 동사
　② 放, 挂, 摆, 种, 写, 画, 绣 등 물품을 놓는 동작을 나타내는 동사

2) '来', '进', '出', '起', '出现' 등 출현을 나타내는 동사

3) '丢', '掉', '死', '走', '消失' 등 소실을 나타내는 동사

3. 존현문의 부정형식

1) 술어동사의 앞에 '没(有)'를 사용한다.

　❶ 信封上没贴邮票。 편지 봉투에 우표를 붙이지 않았다.
　❷ 最近小区里没搬来新住户。 최근에는 단지에 새로운 거주자가 이사 오지 않았다.

2) 가설이나 불허, 계획되지 않음을 나타내는 상황에서만 술어동사 앞에 '不'를 사용한다.

❶ (如果)医院门口不停着那么多车，就不会出事了。

(만약) 병원 입구에 그렇게 많은 차가 주차되어 있지 않았다면 사고가 나지 않았을 것이다.

❷ (要是)小区里不进新住户就好了。

(만약) 단지 안에 새로운 거주자가 들어오지 않으면 좋을 텐데.

❸ (如果)昨天不错过机会，早就可以参加了。

(만약) 어제 기회를 놓치지 않았다면 일찌감치 참가할 수 있었을 것이다.

STEP 2 문법 업그레이드 ··

1. 존현문의 문장 맨 앞에는 늘 시간이나 장소 부사어가 오며, 이러한 부사어 앞에는 전치사 '在' 나 '从'을 사용할 필요가 없다.

2. 시간이나 장소를 나타내는 단어는 동시에 존현문의 문장 맨 앞에 올 수도 있지만, 술어동사 뒤에는 올 수 없다.

昨天这个房间里住着我的一个朋友。　　어제 이 방에는 내 친구 한 명이 묵고 있었다.

这个房间里住着我的一个朋友昨天。　　（×）

昨天住着我的一个朋友在这个房间里。　　（×）

这个房间里住着昨天我的一个朋友在。　　（×）

3. 존현문의 술어동사가 가질 수 있는 보어는 결과보어와 방향보어이다.

❶ 今年这座楼里要搬走六户居民。

올해 이 건물에서 여섯 가구가 이사를 나갈 것이다.

❷ 明天要搬进一户人家来。

내일 한 가구가 이사를 들어올 것이다.

CHECK POINT 문법정리

☑ 각 사항들을 체크하면서 LESSON 6의 학습내용을 복습하고 정리합니다.

☐ **1.** '是'자문과 '有'자문의 차이점과 공통점은 무엇인가?

☐ **2.** 동사 '在', '是', '有'가 존재의 의미를 나타낼 때, 용법상 어떤 공통점과 차이점이 있는지 예를 들어 설명해보자.

☐ **3.** 연동문의 연이어 출현하는 동사구들 사이에는 어떠한 의미 관계가 있는가?

☐ **4.** 연동문에서 동태조사와 부정부사의 위치는 어디인가?

☐ **5.** 연동문과 겸어문은 어떻게 구분하는가? 각각의 예를 들어 설명해보자.

☐ **6.** 겸어문과 주술구가 목적어인 문장은 어떻게 구분하는가? 각각의 예를 들어 설명해보자.

☐ **7.** '把'자문과 '被'자문의 근본적인 차이점은 무엇인가?

☐ **8.** '把'자문과 '被'자문의 술어동사 뒤에 올 수 있는 '기타성분'은 모두 같은 것인가?

☐ **9.** '把'자문의 목적어와 '被'자문의 목적어는 어떤 차이점이 있는가?

☐ **10.** '被'자문을 제외하고 피동문에서 자주 보이는 형식에는 어떤 것이 있는가?

☐ **11.** 존현문은 주어가 없는 문장인가? 존현문의 문장 맨 앞에는 어떤 단어들이 오는가?

☐ **12.** 존현문에서 술어동사의 목적어는 어떤 특징을 가지고 있는가?

LESSON ⑦ 비교의 방법

비교 방법의 종류

중국어에서 비교를 표시하는 방법은 많지만 자주 사용하는 방식은 아래와 같다.

① '跟'을 사용한 비교

这张相片跟那张(相片)一样。   이 사진은 저것(사진)과 같다.

他的相机跟我的(相机)不同。   그의 카메라는 나의 것(카메라)과 다르다.

② '像'을 사용한 비교

她像她妈妈。   그녀는 그녀의 엄마와 비슷하다.

她像她妈妈那么文静。   그녀는 그녀의 엄마처럼 그렇게 차분하다.

③ '比'를 사용한 비교

这个房间比那个(房间)大。   이 방은 그것(방)보다 크다.

这个房间比那个大得多。   이 방은 그것보다 훨씬 더 크다.

这个房间比那个大三平方米。   이 방은 그것보다 3㎡ 더 크다.

④ '有'를 사용한 비교

他有你(这么)高。   그는 너만큼 (그렇게) 크다.

这本书有那本(那么)厚。   이 책은 그것만큼 (그렇게) 두껍다.

⑤ '不如'를 사용한 비교

这件衣服不如那件(衣服)。   이 옷은 그것(옷)만 못하다.

这件衣服不如那件(衣服)那么贵。   이 옷은 그것(옷)만큼 그렇게 비싸지 않다.

⑥ '越来越'를 사용한 비교

我们的生活越来越好了。   우리의 삶은 갈수록 나아졌다.

天气越来越冷了。   날씨가 갈수록 추워졌다.

UNIT 01

'跟'을 사용한 비교

기본 문법 ···

1. 두 사람 혹은 두 사물이 서로 같은지를 비교할 때, 전치사 '跟'과 목적어를 술어형용사 '一样/相同'의 앞에 놓고 부사어로 사용한다.

2. 전치사 '跟'의 목적어와 문장의 주어는 일반적으로 같은 종류이거나 비교 가능한 단어나 구이다.

　　他的年龄跟你的年龄一样。　　그의 나이는 너의 나이와 같다.

3. 전치사 '跟'의 목적어는 각종 단어나 구가 가능하고, 의미가 분명한 경우에는 앞뒤로 중복되거나 동일한 단어를 생략할 수 있다.

　① 这张名片跟那张(名片)一样/相同/差不多。
　　　이 명함은 그것(명함)과 같다/동일하다/비슷하다.

　② 他的性格跟他父亲(的性格)一样/相同/差不多。
　　　그의 성격과 그의 부친(의 성격)은 같다/동일하다/비슷하다.

　③ 这个学校(的规模)跟那个学校的规模一样/相同/差不多。
　　　이 학교(의 규모)는 그 학교의 규모와 같다/동일하다/비슷하다.

4. 전치사 '跟'은 전치사 '和'로 교체할 수 있고, '一样'도 '相同', '差不多'로 교체할 수 있다.

　① 这座楼和那座(楼)一样。
　　　이 건물은 저것(건물)과 같다.

　② 她的相貌跟她母亲(的相貌)相同。
　　　그녀의 외모는 그녀의 모친(의 외모)과 동일하다.

　③ 我们的课程和你们(的课程)差不多。
　　　우리의 교과과정은 너희 것(의 교과과정)과 비슷하다.

5. **'跟/和……一样/相同'을 사용한 비교의 부정형식**

1) 술어형용사의 앞에 '不'를 사용한 형식이 가장 자주 사용된다.

❶ 这篇文章的作者跟那篇文章的作者不一样。
이 글의 작가와 그 글의 작가는 다르다.

❷ 她的帽子跟我的(帽子)不一样。
그녀의 모자와 나의 것(모자)은 다르다.

❸ 这个颜色跟那个颜色不(相)同。
이 색깔과 저 색깔은 (서로) 다르다.

2) 반박할 때에는 '跟/和' 앞에 '不'를 사용할 수 있다.

❶ 这件衣服的式样不跟那件衣服(的式样)相同。
이 옷의 스타일이 그 옷(의 스타일)과 같은 것은 아니다.

❷ 你的发型不和她的(发型)一样。
너의 헤어스타일이 그녀의 것(스타일)과 같은 것은 아니다.

3) '跟……差不多'의 부정형식은 '跟……差得多/差多了'이다.

❶ 这条裙子的质量跟那条(裙子的质量)差得多。
이 스커트의 품질은 저것(스커트의 품질)과 차이가 많다.

❷ 这个汉字跟那个汉字差多了。
이 한자는 저 한자와 차이가 많다.

6. **'跟……一样/差不多'는 부사어가 될 수 있으며, 부사어 뒤에는 구조조사 '地'를 사용할 필요가 없다. 그러나 '跟……相同'은 부사어가 될 수 없다.**

❶ 她跟你一样/差不多乐观。　　그녀는 당신과 마찬가지로/비슷하게 낙관적이다.
她跟你相同乐观。　（×）

❷ 这座楼跟那座楼差不多高。　　이 건물은 저 건물과 비슷하게 높다.
这座楼跟那座楼相同高。　（×）

❸ 我跟他一样高。　　나는 그와 키가 같다.
我跟他相同高。　（×）

7. '跟/和……(不)一样/相同/差不多'는 관형어가 될 수 있으며, 관형어 뒤에는 구조조사 '的'를 사용해야 한다.

   ❶ 妈妈给我买了一辆跟强强买的一样<u>的</u>自行车。

      엄마는 나에게 强强이 산 것과 똑같은 자전거를 한 대 사주었다.

      妈妈给我买了一辆和强强买的相同<u>的</u>自行车。

      엄마는 나에게 强强이 산 것과 동일한 자전거를 한 대 사주었다.

   ❷ 我有一个跟你差不多<u>的</u>数码相机。

      나는 너와 비슷한 디지털 카메라를 하나 가지고 있다.

      我有一个跟你不同<u>的</u>数码相机。

      나는 너와 다른 디지털 카메라를 하나 가지고 있다.

   ❸ 她买了一个跟他不一样<u>的</u>花瓶。

      그녀는 그의 것과 다른 꽃병을 하나 샀다.

      她买了一个和他差不多<u>的</u>花瓶。

      그녀는 그와 비슷한 꽃병을 하나 샀다.

8. '跟……一样/差不多'는 상태보어가 될 수 있지만, '跟……相同'은 될 수 없다.

   ❶ 她长得跟她妈妈一样/差不多。

      그녀는 그녀의 엄마와 똑같이/비슷하게 생겼다.

      她长得跟她妈妈相同。　（×）

   ❷ 这个婴儿笑得跟花儿一样/差不多。

      이 아기는 꽃과 같이/비슷하게 웃는다.

      这个婴儿笑得跟花儿相同。　（×）

1. '跟……一样/相同'에서 술어형용사 앞에 부사어가 올 수 있다.

➊ 我的帽子跟你的(帽子)<u>差不多</u>一样。
   나의 모자는 당신의 것(모자)과 거의 똑같다.

➋ 这个电脑的型号跟那个(电脑的型号)<u>完全</u>相同。
   이 컴퓨터의 모델은 저것(컴퓨터의 모델)과 완전히 동일하다.

2. '跟……一样'과 구조조사

　1) 관형어로 사용되면 반드시 '的'를 붙여야 한다.

　2) 보어는 상태보어로만 사용될 수 있고, 앞에는 반드시 '得'를 붙여야 한다.

　3) 직접 부사어로 사용되면 '地'는 필요 없다.

3. '跟……(不)相同'은 부사어가 될 수 없고, 상태보어도 될 수 없다.

UNIT 02 '像'을 사용한 비교

STEP 1 기본 문법 ···

1. 두 사람 혹은 두 사물이 닮았는지 비교할 때, '像'을 술어동사로 사용할 수 있다.

   ❶ 她很像她妈妈。   그녀는 그녀의 엄마와 매우 닮았다.

   ❷ 这种玩具枪像真的。   이 장난감 총은 진짜 같다.

   ❸ 这个建筑的结构很像迷宫。   이 건축물의 구조는 미궁 같다.

2. 동사 '像'의 부정형식은 '不像'이다.

   ❶ 这个小孩儿不像小学生。   이 어린이는 초등학생답지 않다.

   ❷ 这位女士不像学生的家长。   이 여성분은 학부모 같지 않다.

   ❸ 她不像她妈妈。   그녀는 그녀의 엄마와 안 닮았다.

3. '像'도 '一样'과 함께 사용할 수 있으며, 이 때 '像'과 목적어는 '一样'의 부사어가 된다.

   ❶ 老人常常<u>像孩子</u>一样。   노인은 늘 어린아이 같다.

   ❷ 汉语的声调<u>像音乐</u>一样。   중국어의 성조는 마치 음악 같다.

4. '像……一样'은 부사어, 관형어 혹은 상태보어가 될 수 있다.

   ❶ 老人常常<u>像孩子一样</u>需要家人的照顾。   [부사어]
     노인은 늘 아이처럼 가족의 보살핌이 필요하다.

   ❷ 汉语的声调语调<u>像音乐一样</u>好听。   [부사어]
     중국어의 성조와 어조는 음악처럼 듣기 좋다.

   ❸ 我想有一顶<u>像你(的)一样的</u>帽子。   [관형어]
     나는 너와 똑같은 모자를 갖고 싶다.

   ❹ 与会的都是<u>像你一样的</u>专家级人物。   [관형어]
     회의에 참석한 이들 모두 너처럼 전문가 수준의 사람들이다.

   ❺ 她高兴得<u>像孩子一样</u>。   [상태보어]
     그녀는 아이처럼 기뻐했다.

   ❻ 她唱得<u>像歌手一样</u>。   [상태보어]
     그녀는 가수처럼 노래했다.

5. '像'은 아래와 같은 형식을 구성하여 비교를 나타내기도 한다.

> 주어 + 像 + 목적어 + 这么/那么 + 술어형용사/동사
> 부사어

❶ 她像她母亲那么漂亮。   그녀는 그녀의 어머니처럼 그렇게 예쁘다.

❷ 她的心胸像大海那么宽阔。   그녀의 마음씨는 큰 바다처럼 그렇게 넓다.

❸ 汉字不像汉语拼音这么容易学。   한자는 한어병음처럼 이렇게 배우기 쉽지는 않다.

STEP 2 문법 업그레이드

1. '像……一样'과 구조조사

1) 관형어로 사용되면 반드시 '的'를 붙여야 한다.

2) 보어는 상태보어만 될 수 있고, 앞에는 반드시 '得'를 붙여야 한다.

3) 직접 부사어가 되면 '地'를 붙일 필요가 없다.

2. '像……一样'과 '跟……一样'의 주요 차이점은 '像……一样'이 비교 대상이 서로 매우 닮았음을 나타낸다면, '跟……一样'은 비교 대상이 서로 같긴 하지만 생김새가 닮은 것은 아니므로 의미와 정도에 차이가 있다.

❶ 他像他姐姐一样。   그는 그의 누나와 닮았다.

❷ 他跟他姐姐一样用功。   그는 그의 누나와 똑같이 열심히 한다.

UNIT 03 '比'를 사용한 비교

1. 두 사람 혹은 두 종류의 사물에 어떤 차이점이 있는지 비교할 때, 술어형용사나 동사 앞에 전치사 '比'와 목적어를 놓고 부사어로 사용할 수 있다. '比'의 목적어는 비교의 대상이고, 서술어는 비교의 결과이다. '比'를 사용하여 비교를 나타내는 문장을 '比'자문이라고 한다.

2. '比'자문의 가장 기본적인 형식은 아래와 같다.

> 주어 + 比 + 목적어 + 술어형용사

- ❶ 你比她高。　너는 그녀보다 키가 크다.
- ❷ 今天比昨天冷。　오늘은 어제보다 춥다.
- ❸ 这本书比那本书厚。　이 책은 저 책보다 두껍다.

3. '比'자문은 술어형용사 앞에 '更', '还'를 사용하여 정도가 심함을 나타낸다.

- ❶ 你比她更高。　너는 그녀보다 훨씬 더 크다.
  → '그녀'가 키가 크다는 것을 전제로 한다.
- ❷ 今天比昨天还冷。　오늘은 어제보다도 더 춥다.
  → '어제'가 추웠다는 것을 전제로 한다.
- ❸ 这本书比那本书更厚。　이 책은 그 책보다 훨씬 더 두껍다.
  → '그 책'이 두껍다는 것을 전제로 한다.

4. '比'자문의 부정형식은 서술어에 반의어를 써서 나타내기도 한다.

- ❶ 她比你高。　그녀는 너보다 크다.
  你比她矮。　너는 그녀보다 작다.
- ❷ 今天比昨天暖和。　오늘은 어제보다 따뜻하다.
  昨天比今天冷。　어제는 오늘보다 추웠다.
- ❸ 这本书比那本书厚。　이 책은 그 책보다 두껍다.
  那本书比这本书薄。　그 책은 이 책보다 얇다.

5. 대략적인 차이의 정도를 비교할 때, 술어형용사 뒤에 보어 '一点儿', '一些', '得多', '多了' 등을 붙일 수 있다.

❶ 你比她高一点儿。　　너는 그녀보다 약간 크다.

　你比她高得多。　　너는 그녀보다 훨씬 더 크다.

❷ 今天比昨天暖和一些。　　오늘은 어제보다 약간 따뜻하다.

　今天比昨天暖和多了。　　오늘은 어제보다 훨씬 더 따뜻하다.

❸ 这本书比那本书厚一点儿。　　이 책은 저 책보다 약간 두껍다.

　这本书比那本书厚多了。　　이 책은 저 책보다 훨씬 더 두껍다.

6. 구체적인 차이를 나타내려면 수량보어를 부가한다.

❶ 你比她高一厘米。　　너는 그녀보다 1cm 더 크다.

❷ 今天的气温比昨天(的气温)高两度。　　오늘의 기온은 어제(의 기온)보다 2도 더 높다.

❸ 这张桌子比那张(桌子)长三厘米。　　이 책상은 저것(책상)보다 3cm 더 길다.

❹ 这件衣服比那件贵八十元。　　이 옷은 저것보다 80위안 더 비싸다.

7. '比'자문의 주어는 각종 단어나 구일 수 있다.

❶ 张三比李四高。　　　　　　　　　　　　　　[명사]
张三은 李四보다 키가 크다.

❷ 你比她更漂亮。　　　　　　　　　　　　　　[대명사]
너는 그녀보다 훨씬 더 예쁘다.

❸ 笑比哭好看。　　　　　　　　　　　　　　　[동사]
웃는 것이 우는 것보다 보기 좋다.

❹ 安静比热闹更舒服。　　　　　　　　　　　　[형용사]
조용한 것이 시끌벅적한 것보다 훨씬 더 편안하다.

❺ 你和他比你和我更合适。　　　　　　　　　　[대등구]
너와 그가 너와 나보다 훨씬 더 잘 맞는다.

❻ 坐火车比坐汽车快，坐飞机比坐火车更快。　　[술목구]
기차를 타는 것이 자동차보다 빠르고, 비행기를 타는 것이 기차보다 훨씬 더 빠르다.

❼ 安静一点儿比太热闹舒服得多。　　　　　　　[보충구]
좀 조용한 것이 너무 시끄러운 것보다 훨씬 더 편안하다.

❽ 你唱比他唱还合适。　　　　　　　　　　　　[주술구]
네가 노래를 부르는 것이 그가 부르는 것보다 훨씬 더 어울린다.

8. '比'자문의 서술어에는 동사 또는 동사구가 올 수 있다.

❶ 他比我还喜欢。　　　　　　　　　　　　　　　　　[동사]

그가 나보다 더 좋아한다.

❷ 她比你还喜欢游泳。　　　　　　　　　　　　　　[술목구]

그녀가 너보다 수영을 더 좋아한다.

❸ 这个医生比那个医生有经验。　　　　　　　　　　[술목구]

이 의사는 저 의사보다 경험이 많다.

❹ 她演这个角色比我(演这个角色)更符合要求。　[술목구]

그녀가 이 역할을 하는 것이 내가 (이 역할을) 하는 것보다 조건에 훨씬 더 부합한다.

9. 만약 술어동사가 상태보어를 갖는다면 '比'와 그 목적어는 두 가지의 위치에 올 수 있다. 하나는 술어동사 앞에 부사어로 오는 것이고, 다른 하나는 술어동사 뒤에 상태보어 중의 부사어로 오는 것이다.

❶ 小刘比我唱得好听。　　小刘는 나보다 노래를 잘 부른다.

　小刘唱得比我好听。　　小刘는 노래하는 것이 나보다 듣기 좋다.

❷ 她比你跑得快。　　그녀는 너보다 빨리 달린다.

　她跑得比你快。　　그녀는 뛰는 것이 너보다 빠르다.

❸ 这个演员比那个演员演得好。　　이 연기자는 저 연기자보다 연기를 잘한다.

　这个演员演得比那个演员好。　　이 연기자가 연기하는 것이 그 연기자보다 낫다.

10. 동작의 비교 결과를 나타내면서 구체적인 차이까지 나타낼 경우, 두 가지 표현 방법이 있다.

1) '比'가 아닌 술어동사 앞에 '早', '晚' 혹은 '多', '少'를 사용한다.

❶ 我的同屋比我早起了半小时。　　내 룸메이트는 나보다 30분 일찍 일어났다.

　我的同屋早比我起了半小时。　（×）

❷ 你比我晚到了一刻钟。　　너는 나보다 15분 늦게 도착했다.

　你晚比我到了一刻钟。　（×）

❸ 我今天比昨天多买了一份盒饭。　　나는 오늘 어제보다 도시락을 하나 더 많이 샀다.

　我今天多比昨天买了一份盒饭。　（×）

❹ 考试的时候我比她少做了一道题。　　시험을 볼 때 나는 그녀보다 한 문제를 덜 풀었다.

　考试的时候我少比她做了一道题。　（×）

2) 상태보어 뒤에 '一点儿', '一些', '多了' 등을 붙인다.

❶ 我比你跑得快多了。　나는 너보다 훨씬 더 빨리 달린다.

❷ 老人比年轻人穿得多一点儿。　노인은 젊은이보다 약간 더 많이 입었다.

STEP 2 문법 업그레이드

1. '比'자문에서 술어형용사나 동사 앞에는 부사 '更'이나 '还'만 붙일 수 있고, 정도를 나타내는 다른 부사는 부사어로 사용할 수 없다.

❶ 老二比老大还能干。　둘째가 첫째보다 더 유능하다.
　老二比老大很能干。　(✕)

❷ 这张油画比那张(油画)更有表现力。　이 유화가 저것(유화)보다 훨씬 더 표현력이 있다.
　这张油画比那张(油画)非常有表现力。　(✕)

UPGRADE PLUS

更과 还는 비교 대상과의 비교 정도를 나타내므로 比자문에 사용될 수 있으나, 很, 非常, 太와 같은 부사는 주관적인 정도를 나타내므로 比자문에 사용될 수 없는 것이다.

2. '比'자문의 부정형식인 '不比'는 상대방을 반박하거나 비교의 대상이 서로 비슷할 때 사용한다.

❶ 今天不比昨天暖和。　오늘이 어제보다 따뜻한 것은 아니다.
　→ 오늘과 어제의 기온이 비슷하거나 오늘이 어제보다 약간 더 추울 수도 있다.

❷ 你不比她高。　네가 그녀보다 큰 것은 아니다.
　→ 너는 그녀와 키가 비슷하거나 그녀보다 약간 작을 수도 있다.

❸ 这本书不比那本书厚。　이 책이 저 책보다 두꺼운 것은 아니다.
　→ 이 책의 두께는 저 책과 비슷하거나 이 책이 저 책보다 약간 얇을 수도 있다.

❹ 谁说他比你高?　누가 그가 너보다 더 크다고 했어?
　他不比你高。　그가 너보다 더 크지는 않아.

3. 연령을 비교할 때에는 '多/少'를 사용하지 않고, '大/小'를 사용하여 나타낸다.

> 他二十三岁，我二十岁。 그는 23세이고, 나는 20세이다.

❶ 他比我大(三岁)。 그는 나보다 나이가 (세 살) 많다.

他的年龄比我多。 (×)

❷ 我比他小(三岁)。 나는 그보다 나이가 (세 살) 어리다.

我的年龄比他少。 (×)

❸ 他比我大一点儿，我比他小一点儿。

그는 나보다 약간 나이가 많고, 나는 그보다 나이가 약간 어리다.

他比我多一点儿，我比他少一点儿。 (×)

> 你四十岁，他二十七岁。 너는 40세이고, 그는 27세이다.

❹ 你比他大多了，他比你小多了。

너는 그보다 훨씬 나이가 많고, 그는 너보다 훨씬 어리다.

你比他多多了，他比你少多了。 (×)

4. '比'자문에서 시간에 따라 정도가 계속 심화됨을 나타낼 때는 서술어 앞에 '一天比一天', '一年比一年', '一次比一次' 등을 사용한다.

❶ 他的病一天比一天严重。 그의 병은 하루가 다르게 심각해졌다.

❷ 我们的生活质量一年比一年高。 우리 삶의 질은 해마다 높아지고 있다.

❸ 这种产品一次比一次做得精致。 이 상품은 갈수록 더 정교하게 만들어졌다.

5. '一 + 양사 + 比 + 一 + 양사'는 관용적인 용법으로 동류의 사람이나 사물이 모두 일정 수준에 도달했음을 강조하기도 한다.

❶ 这些姑娘一个比一个漂亮。 이 아가씨들은 하나 같이 예쁘다.

❷ 这些果树一棵比一棵结得多。 이 과실나무는 하나 같이 많이 열렸다.

6. '比'의 뒤에 시간사를 사용하여 서로 다른 시간에 대한 비교를 나타낼 수 있다.

❶ 他的身体比从前好多了。 그의 건강은 이전에 비해 훨씬 좋아졌다.

❷ 我的生活比毕业以前平静一点儿。 내 삶은 졸업 전보다 좀 평온해졌다.

7. 전치사 '比'와 '跟……一样'

1) '跟……一样'은 오직 비교되는 대상이 서로 같은가, 다른가를 설명할 수 있고, 서로 간에 존재하는 차이를 나타낼 수는 없다. 두 대상의 차이를 나타내고자 할 때에는 '比'자문을 사용해야 한다.

❶ 你跟他不一样。　너는 그와 다르다.

❷ 你比他高。　너는 그보다 키가 크다.

❸ 你比他大。　너는 그보다 나이가 많다.

❹ 你比他瘦。　너는 그보다 말랐다.

❺ 你比他幽默得多。　너는 그보다 더 유머가 있다.

❻ 你比他自信一点儿。　너는 그보다 약간 더 자신감이 있다.

2) '比'는 '一样'과 같이 사용할 수 없다.

❶ 这个玩具跟那个一样。　이 장난감은 그것과 같다.

这个玩具比那个一样。　（×）

❷ 他的鼠标跟我的不一样。　그의 마우스는 나의 것과 다르다.

他的鼠标比我的不一样。　（×）

UNIT 04

'有'를 사용한 비교

STEP 1 기본 문법 ··

1. 두 사람 혹은 두 사물이 어떤 방면에서 유사점이 있는지를 비교할 때, 술어형용사나 동사 앞에 동사 '有'와 그 목적어를 놓고 부사어로 사용할 수 있다. 자주 사용되는 형식은 '……有……(这么/那么)……'이다.

> 这个粮食堆有小山那么高。 이 식량더미는 작은 산만 하다.

2. '有'의 목적어와 문장의 주어는 보통 동류이거나 비교 가능한 것으로 각종 단어나 구일 수 있다. 그러므로 만약 의미가 분명하다면 중복되는 동일한 단어는 생략할 수 있다. 술어형용사는 비교되는 내용을 나타내고, 술어형용사의 앞에는 항상 '这么/那么'로 정도를 나타내며, '有'는 '(어떤 정도)에 도달했다'는 뜻을 나타낸다.

> ❶ 她有她母亲那么美丽。 그녀는 그녀의 엄마만큼 그렇게 아름답다.
>
> ❷ 你有她那么幽默。 너는 그녀만큼 그렇게 유머러스하다.
>
> ❸ 那个护士有你这么关心患者。 그 간호사는 당신만큼 그렇게 환자에 관심이 있다.

3. '有'를 사용한 비교의 부정형식은 '没有'이며, '有'는 자주 생략된다.

> ❶ 我没(有)你这么爱滑冰。 나는 당신만큼 이렇게 스케이트를 좋아하지는 않는다.
>
> ❷ 她没(有)她双胞胎妹妹那么结实。
> 그녀는 그녀의 쌍둥이 동생만큼 그렇게 튼튼하지는 않다.
>
> ❸ 她没(有)你那么专心。 그녀는 당신만큼 그렇게 몰두하지는 않는다.

4. 술어동사 뒤에 상태보어가 오면, '有'와 그 목적어는 두 가지 위치에 올 수 있다.

1) 술어동사의 앞에서 부사어가 된다.

> ❶ 那个大夫有你来得早。 그 의사는 너만큼 빨리 왔다.
>
> ❷ 小强有小刚跑得快。 小强은 小刚만큼 빨리 달렸다.
>
> ❸ 我没有她写得多。 나는 그녀만큼 많이 쓰지 않았다.
>
> ❹ 她没有我画得好。 그녀는 나만큼 잘 그리지 못했다.

2) 술어동사 뒤에서 상태보어 내의 부사어가 된다.

❶ 那个大夫来得有你早。　그 의사는 너만큼 일찍 왔다.

❷ 小强跑得有小刚快。　小强은 小刚만큼 빨리 달렸다.

❸ 我写得没(有)她多。　나는 그녀만큼 많이 쓰지 않았다.

❹ 她画得没(有)我好。　그녀는 나만큼 잘 그리지 못했다.

STEP 2 문법 업그레이드 ···

'比'자문의 부정형식은 '没有'를 써서 나타낼 수 있다. 단, '没有'를 사용하면 더 이상 '比'를 쓰지 않는다.

❶ 我比他胖。　나는 그보다 뚱뚱하다.

　我没(有)他胖。　나는 그만큼 뚱뚱하지 않다.

❷ 她比我爱吃巧克力。　그녀는 나보다 초콜릿을 즐겨 먹는다.

　她没(有)我爱吃巧克力。　그녀는 나만큼 초콜릿을 즐겨 먹지 않는다.

❸ 这件衣服的颜色比那件衣服(的颜色)深。

　이 옷의 색깔은 그 옷(의 색깔)보다 진하다.

　这件衣服的颜色没(有)那件衣服(的颜色)深。

　이 옷의 색깔은 그 옷(의 색깔)만큼 진하지 않다.

UNIT 05

'不如'를 사용한 비교

STEP 1 기본 문법

不如를 사용한 비교 형식

1) 주어 + 서술어 **不如** + 목적어

❶ (在说汉语方面，)他不如你。　(중국어 말하기 방면에서) 그는 당신만 못하다.

❷ (在交际能力方面，)你不如他。　(의사소통 능력 방면에서) 당신은 그만 못하다.

2) 주어 + **不如** + 목적어 + 술어형용사

❶ 她不如你好。　그녀는 너만큼 좋지 않다.

❷ 你不如我勇敢。　당신은 나만큼 용감하지 않다.

3) 주어 + **不如** + 목적어 + 술어동사/구

❶ 爸爸不如妈妈爱运动。　아빠는 엄마만큼 운동을 좋아하지 않는다.

❷ 这个经理不如职员熟悉业务。　이 대표는 직원만큼 업무에 익숙하지 않다.

4) 주어 + **不如** + 목적어 + **这么/那么** + 술어동사/형용사

❶ 爸爸不如妈妈这么爱运动。　아빠는 엄마만큼 그렇게 운동을 좋아하지는 않는다.

❷ 这个经理不如职员那么熟悉业务。 이 대표는 직원만큼 그렇게 업무에 익숙하지는 않다.

❸ 她不如你这么好。　그녀는 당신만큼 그렇게 좋지는 않다.

'不如'는 '没有······(这么/那么)······'의 형식으로 바꾸어도 의미가 변하지 않는다. 그러나 '不如' 는 뒤에 목적어만 오는 것이 가능하지만, '没有······(这么/那么)······'의 형식을 사용할 때에는 '没有' 뒤에 목적어만 와서는 안 되며, 반드시 술어동사나 형용사가 와야 한다.

❶ 这个电视连续剧不如那个。　　이 TV 연속극은 그것만 못하다.

这个电视连续剧没有那个好。　　이 TV 연속극은 그것만큼 괜찮지는 않다.

这个电视连续剧没有那个。　（✕）

❷ 你不如他爱说话。　　너는 그만큼 말하는 것을 좋아하지는 않는다.

你没有他爱说话。

❸ 我不如你那么勇敢。　　나는 너만큼 그렇게 용감하지는 않다.

我没有你那么勇敢。

UNIT 06

'越来越'를 사용한 비교

기본 문법

1. 어떤 사람이나 사물이 시간의 흐름에 따라 동일한 방향으로 변함을 나타낼 때, '越来越'를 부사어로 사용할 수 있고, 변화의 내용을 서술어에서 나타낸다.

2. '越来越'를 사용하여 비교를 나타내는 문장의 기본적인 형식은 아래와 같다.

주어 + 越来越 + 술어형용사/동사

❶ 她越来越用功了。　그녀는 갈수록 열심히 공부했다.

❷ 这座城市越来越漂亮了。　이 도시는 갈수록 아름다워졌다.

❸ 那个学生的成绩越来越好了。　그 학생의 성적은 갈수록 좋아졌다.

❹ 我越来越喜欢打乒乓球了。　나는 갈수록 탁구 치는 것을 좋아하게 되었다.

❺ 她父亲越来越注意身体了。　그녀의 아버지는 갈수록 건강에 신경 쓰게 되었다.

3. 술어동사 뒤에 상태보어가 오면 '越来越'는 '得'의 뒤, 상태보어의 앞에 위치하여 부사어가 된다.

❶ 那个演员长得越来越好看了。
　그 연기자는 갈수록 예뻐졌다.

❷ 科学报告会的会场布置得越来越高级了。
　과학발표회의 회의장은 갈수록 고급스럽게 꾸며졌다.

❸ 这个孩子说得越来越离谱了。
　이 아이는 말하는 게 갈수록 버릇이 없다.

4. '越来越'와 형용사가 함께 관형어가 될 때에는 반드시 '的'를 사용해야 한다.

❶ 越来越多的公务员参加健身运动了。
　점점 더 많은 공무원들이 헬스를 하게 되었다.

❷ 越来越热的天气真让人受不了。
　갈수록 더운 날씨는 정말로 사람들을 못 견디게 한다.

1. '越来越'와 서술어 사이에는 정도를 나타내는 부사를 부사어로서 사용할 수 없다.

    ❶ 天气越来越冷了。   날씨가 갈수록 추워졌다.

       天气越来越很冷了。 （✕）

    ❷ 他的女儿越来越懂事了。   그의 딸은 갈수록 철이 들었다.

       他的女儿越来越十分懂事了。 （✕）

2. '越来越'는 '一天比一天', '一年比一年', '一次比一次' 등으로 교체할 수 있다.

    ❶ 我们彼此越来越了解了。   우리는 갈수록 서로를 이해하게 되었다.

       我们彼此一天比一天了解了。   우리는 하루가 다르게 서로를 이해하게 되었다.

    ❷ 这个城市的变化越来越大了。   이 도시는 갈수록 많이 변했다.

       这个城市的变化一年比一年大了。   이 도시는 해마다 많이 변했다.

    ❸ 他的考试成绩越来越好了。   그의 시험 성적은 갈수록 좋아졌다.

       他的考试成绩一次比一次好了。   그의 시험 성적은 매번 좋아졌다.

CHECK POINT 문법정리

☑ 각 사항들을 체크하면서 LESSON 7의 학습내용을 복습하고 정리합니다.

☐ **1.** '跟……一样'과 '跟……相同'의 용법은 완전히 같은가?

☐ **2.** '像……一样'과 '跟……一样'은 어떤 차이점과 공통점이 있는가?

☐ **3.** '一样'은 '比'와 함께 사용되어 비교를 나타낼 수 있는가?

☐ **4.** '比'자문은 어떤 표현 형식이 있는가? 그리고 각각 어떤 차이점이 있는가?

☐ **5.** '比'자문의 부정형식에는 몇 가지가 있는가? 그리고 각각 어떤 뜻이 있는가?

☐ **6.** '比'자문에서 술어동사가 상태보어를 갖는다면 '比'와 그 목적어의 위치는 어디인가? 예를 들어 설명해보자.

☐ **7.** '比'자문에서 술어동사에 '早', '晚', '多', '少' 혹은 '一点儿', '一些', '得多', '多了' 등을 붙여 비교의 결과와 구체적인 차이를 나타낸다면 어느 위치에 와야 하는가?

☐ **8.** 비교를 나타낼 때 '不如'와 '没有'는 어떤 차이점과 공통점이 있는가?

☐ **9.** '越来越'를 사용하여 비교를 나타낼 때의 특징은 무엇인가?

LESSON **8** 강조의 방법

◆ **강조 방법의 종류**

중국어에서 강조를 나타내는 방법은 다양하다. 본 장에서는 여러 가지 형식 가운데 자주 사용되는
몇 가지를 소개한다.

① 의문대명사를 사용한 강조

谁都喜欢听表扬。 누구나 다 칭찬 듣는 걸 좋아한다.

我什么也没听说。 나는 아무 것도 못 들었다.

② '就'를 사용한 강조

他就是那个演员。 그가 바로 그 연기자이다.

我就不愿意。 나야말로 원하지 않는다.

③ '是'를 사용한 강조

我是明天去上海。 나는 내일 상하이로 갈 것이다.

他是发烧了。 그는 열이 났다.

④ 반어(反问)의 방법으로 강조

他哪儿会说英语啊? 그가 어디 영어를 할 줄 아느냐?

我怎么不懂家乡话啊? 내가 어찌 고향 말도 모르겠느냐?

你不是去博物馆参观了吗? 너는 박물관 관람하러 간 게 아니었어?

他不是不准备参加比赛吗? 그는 대회에 출전할 준비가 안 되어 있지 않나요?

⑤ '连'을 사용한 강조

这件事他连我都没告诉。 이 일에 대해서 그는 나에게조차도 알려주지 않았다.

连幼儿园的小朋友都知道饭前要洗手。 유치원생조차도 식전에 손을 씻어야 한다는 건 안다.

⑥ 이중부정으로 강조

没有不透风的墙。 바람이 통하지 않는 벽은 없다.

我不能不说。 나는 말하지 않을 수 없다.

⑦ '是……的'를 사용한 강조

我是昨天到北京的。 나는 어제 베이징에 도착한 것이다.

他是从北京去的上海。 그는 베이징에서 상하이로 간 것이다.

UNIT 01 의문대명사를 사용한 강조

STEP 1 기본 문법 ···

의문대명사는 때로 문장 안에서 의문이 아니라 강조를 나타내기도 한다. 의문대명사가 평서문에서 서술어 앞에 사용되어 임의 지시(任指)를 나타내면 어떤 사람이나 사물에 예외가 없음을 강조하게 된다. 이때 의문대명사와 서술어 사이에는 '都' 혹은 '也'를 사용해야 한다.

❶ 谁都不喜欢这样。 누구나 다 이렇게 하는 것을 좋아하지 않는다.
   → 어떤 사람, 모든 사람

❷ 她什么都不知道。 그녀는 아무 것도 모른다.
   → 어떤 소식이나 일

❸ 我什么消息也没听到。 나는 아무 소식도 못 들었다.
   → 어떤 소식

❹ 哪儿都有银行。 어디든 은행은 있다.
   → 어떤 도시나 지역

❺ 哪个学校都有教师和学生。 어떤 학교든 교사와 학생이 있다.
   → 어떤 학교, 모든 학교

❻ 我怎么画也画不好。 나는 어떻게 그려도 잘 그릴 수 없다.
   → 모든 방법을 사용하여 그림

❼ 校园里哪儿都很安静。 교정 안은 어디든 다 조용하다.
   → 어떤 곳

❽ 这个城市什么都很新鲜。 이 도시는 무엇이든 다 신선하다.
   → 어떤 방면, 어떤 곳, 어떤 일

1. 의문대명사를 사용하여 임의 지시를 강조할 때 만약 '**都**', '**也**'를 사용하지 않는다면 의미가 완전히 변하여 의문문이 된다.

❶ 谁都愿意成功。　누구나 성공하고 싶어 한다.

谁愿意成功?　누가 성공하고 싶어 하는가?

→ 반어의문문. 성공하기를 원하는 사람이 없음을 강조한다.

❷ 他什么也不吃。　그는 아무것도 안 먹는다.

他什么不吃?　그가 무엇을 안 먹을까?

→ 반어의문문. 그가 모든 것을 먹음을 강조한다.

❸ 我怎么也高兴不起来。　나는 어떻게 해도 흥이 나지 않는다.

我怎么高兴不起来?　내가 왜 기쁘지 않겠어?

→ 반어의문문. 자신이 기뻐함을 강조한다.

2. '**也**'는 부정형식에 많이 쓰인다.

UNIT 02 '就'를 사용한 강조

STEP 1 기본 문법 ··

술어동사 앞에 부사 '就'를 사용하여 강조를 나타낼 수 있고, 이때 '就'는 강하게 읽는다. '就'를 사용한 강조의 상황에는 아래와 같은 몇 가지가 있다.

1) 다른 상황이 아닌 바로 뒤에 오는 상황임을 강조한다.

❶ 她就是我们班的汉语老师。　그녀가 바로 우리 반 중국어 선생님이다.

❷ 他要请的家庭教师就是你。　그가 청하려는 가정교사가 바로 당신이다.

부정을 할 때에는 '就' 바로 뒤의 '是'를 부정한다.

❸ 她就不是我们班的汉语老师。　그녀는 우리 반 중국어 선생님이 아니다.

❹ 他要请的家庭教师就不是你。　그가 청하려는 가정교사는 당신이 아니다.

2) '곧', '바로' 어떤 일을 함을 강조한다.

❶ (别着急，)我就去你那儿。　(서두르지 마.) 내가 바로 너한테 갈게.

❷ 她就写完了。　그녀가 바로 다 썼다.

3) '단지(只)'의 의미를 강조한다.

❶ 我就有一张芭蕾舞票。　나에게는 한 장의 발레 티켓만 있다.

❷ 我们组就选了一个代表。　우리 팀에서는 대표를 한 명만 선출했다.

❸ 他们公司就设了三个分公司。　그들 회사에서는 단 세 개의 자회사만 설립했다.

4) '기어코', '일부러' 어떤 일을 하거나 혹은 하지 않음을 강조한다.

❶ (你不让我去，)我就去。　(네가 나를 못 가게 해도) 나는 갈 것이다.

❷ (大家让他认错，)他就不肯认错。
(모두가 그에게 잘못을 인정하라고 해도) 그는 잘못을 인정하려 하지 않는다.

1. 부사 '就'는 '바로', '마침'을 강조할 수 있고, 부정을 강조할 수도 있다.

❶ 他就喜欢打乒乓球。　그가 마침 탁구 치는 걸 좋아한다.

我就不喜欢体育课。　나는 마침 체육과목을 싫어한다.

❷ 我就愿意在图书馆看书。　나는 마침 도서관에서 책 보는 것을 원한다.

弟弟就不愿意去图书馆。　동생이 마침 도서관에 가는 것을 원하지 않는다.

2. '단지'의 의미로 쓰여 강조를 나타낼 때, 명사성 성분 앞에 출현하여 그것을 수식할 수 있다.

❶ 全校学生就他最高。　전교생 중 그가 가장 키가 크다.

❷ 我买的东西就数相机贵。　내가 산 물건 중 카메라가 비싼 편이다.

UNIT 03 '是'를 사용한 강조

각종 서술어 앞에 '是'를 사용하여 뒤에 오는 상황이 확실히 그러함을 강조할 수 있다. 이때 '是'를 강하게 읽는다.

❶ 他们最近是忙。　　　　　　[형용사]
그들은 요즘 바쁘다.

❷ 这本书我是喜欢。　　　　　　[동사]
이 책은 내가 좋아하는 것이다.

❸ 他是主任。　　　　　　　　　[명사]
그가 주임이다.

❹ 她是来晚了。　　　　　　　　[보충구]
그녀는 늦게 왔다.

❺ 春节期间他是来过两次。　　　[보충구]
설 기간 동안 그는 두 번 온 적이 있다.

❻ 我是头疼。　　　　　　　　　[주술구]
나는 머리가 아프다.

❼ 他们几个是特别忙。　　　　　[수식구]
그들 몇 명은 특별히 바쁘다.

❽ 王老师是讲过这个传统。　　　[술목구]
王 선생님은 이 전통을 말한 적이 있다.

❾ 这本书是我买的。　　　　　　['的'자구]
이 책은 내가 산 것이다.

❿ 她是把那本画报拿走了。　　　['把'자문]
그녀가 그 화보를 가지고 가버렸다.

⓫ 玻璃是被小强打破的。　　　　['被'자문]
유리는 小强이 깨뜨린 것이다.

1. 확실히 그러함을 강조하는 '是'가 '是'자문에 출현할 때에는 '是'를 한 번만 쓰고, '是'를 강하게 읽는다.

❶ 他是帮助过我们的人。　그가 바로 우리를 도와준 적이 있는 사람이다.

他是是帮助过我们的人。　（✕）

❷ 我是那个受伤的工人。　내가 바로 부상을 당한 그 노동자이다.

我是是那个受伤的工人。　（✕）

2. '是'는 확실히 그렇지 않음도 강조할 수 있으며, 부정부사는 부사 '是'의 뒤에 쓰여 부정을 강조한다. 이때 '是'도 강하게 읽는다.

❶ 他是不知道几点开会。　그는 몇 시에 회의를 시작하는지 모른다.

❷ 我是不同意这样做。　나는 이렇게 하는 것에 동의하지 않는다.

UNIT 04

반문을 사용한 강조

기본 문법 ··

반문의 방식으로 강조를 나타내는 기본형식으로는 아래와 같은 두 가지가 자주 사용된다.

1. '哪儿……(啊)'를 사용한 반문

1) 주어 + 哪儿 + 동사 혹은 동사구의 긍정형식 + 啊 : 부정의 의미를 강조한다.

   我哪儿知道啊?　　내가 어떻게 알아?
   → 나에게 알려주는 사람이 없었으므로 '나는 모름'을 강조한다.

2) 주어 + 哪儿 + 동사 혹은 동사구의 부정형식 + 啊 : 긍정의 의미를 강조한다.

   她哪儿不知道啊?　　그녀가 어떻게 모를 수가 있어?
   → 누군가 그녀에게 알려주었으므로 '그녀가 알고 있음'을 강조한다.

2. '不是……吗'를 사용한 반문

1) 주어 + 不是……吗?

   ❶ 我不是告诉你了吗?　　내가 너에게 알려주지 않았니?
   → '너는 마땅히 알아야 함'을 강조한다.

   ❷ 她不是给你票了吗?　　그녀가 너에게 표를 주지 않았니?
   → '표는 마땅히 너에게 있음'을 강조한다.

2) 不是 + 주어 + ……吗?

   ❶ 不是她告诉你的吗?　　그녀가 너에게 알려준 거 아니니?
   → '네가 마땅히 알고 있어야 하므로 모른다고 해서는 안 됨'을 강조한다.

   ❷ 不是学校已经决定了吗?　　학교에서 이미 결정한 게 아니었니?
   → '바꿀 수 없으므로 이렇게 할 수밖에 없음'을 강조한다.

1. '**哪儿**……**啊**'를 사용하여 반문할 때, 강세는 '**哪儿**'에 있고, '**不是**……**吗**'를 사용하여 반문할 때에는 '**不是**' 뒤에 오는 단어에 강세가 있다.

2. '**不是**……**吗**'를 사용한 반문은 이미 알고 있는 상황이 사실인지 의심하고 있음을 나타낸다.

❶ 你不是到外地出差了吗? (怎么又来上班了?)
　　너는 타지로 출장 간 게 아니었니? (어째서 또 출근하러 왔어?)

❷ 他不是已经结婚了吗? (怎么又要举行婚礼?)
　　그는 이미 결혼한 게 아니었어? (어떻게 또 결혼식을 해?)

UNIT 05 '连'을 사용한 강조

STEP 1 기본 문법 ··

1. 전치사 '连'을 사용하여 비교적 극단적인 사례(목적어)를 들어 다른 상황은 더 말할 필요도 없다는 것을 강조한다.

2. 전치사 '连'을 사용하여 강조를 나타내는 기본적인 형식은 아래와 같다.

> 주어 + 전치사 连 + 목적어 + 都/也 + 술어동사······

❶ 她连你都不怕，别的人更不怕了。

　　그녀는 너조차도 무서워하지 않으니 다른 사람은 더 안 무서워한다.

　→ 많은 사람들이 너를 무서워한다.

❷ 连他都知道这件事，大家肯定都知道了。

　　그조차도 이 일을 알고 있으니 다른 사람들도 분명 다 알 것이다.

　→ 그는 늘 다른 사람보다 늦게 안다.

❸ 他连汉字都学会了，更别说汉语拼音了。

　　그는 한자마저도 배웠으니 한어병음은 말할 필요도 없다.

　→ 한어병음이 한자보다 훨씬 배우기 쉽다.

❹ 我今天连吃饭也忘了。

　　나는 오늘 밥 먹는 것조차 까먹었다.

　→ 매일 먹는 식사도 잊었다면 분명 매우 바빴을 것이다.

UPGRADE PLUS

连 뒤에 오는 목적어는 강조의 대상이 되며, 그 형식은 매우 다양하다. 위의 예문 ❶과 ❷의 你와 他처럼 대명사가 올 수도 있고, ❸의 汉字처럼 명사가 올 수도 있다. 또한 ❹의 吃饭처럼 동사구가 오기도 하고, '我连听也没听过(나는 들어 본 적도 없다)'의 听처럼 동사가 올 수도 있다.

3. '连……也/都……'는 '술어동사/형용사 + 得' 뒤에 와서 상태보어가 될 수 있다.

   ❶ 我今天忙得连吃饭也忘了。   나는 오늘 밥 먹는 것조차 잊을 정도로 바빴다.

   ❷ 她跑得连汗都出来了。   그녀는 땀까지 흘릴 정도로 달렸다.

   ❸ 她困得连眼睛也睁不开了。   그녀는 눈도 못 뜰 정도로 졸렸다.

STEP 2 · 문법 업그레이드

1. 전치사 '连'을 사용하여 목적어를 강조할 때 '连'은 생략할 수 있어도 '也/都'는 생략할 수 없다.

   ❶ 他(连)自己的名字也不会写，怎么会写诗呢?
       그는 자신의 이름조차도 쓸 줄 모르는데 어떻게 시를 쓸 수 있겠어요?

       他自己的名字不会写，怎么会写诗呢?   (×)

       他连自己的名字不会写，怎么会写诗呢?   (×)

   ❷ (连)小学生都知道遵守交通规则，何况成年人呢。
       초등학생조차도 교통규칙을 준수할 줄 아는데 하물며 성인은요.

       连小学生知道遵守交通规则，何况成年人呢。   (×)

2. 전치사 '连'의 뒤에 '一……'를 사용하여 더욱 강한 강조를 나타내기도 한다. 이때 '连'은 생략 가능하다.

   ❶ 他(连)一句话都不说。   그는 말 한 마디조차 하지 않는다.

   ❷ 花园里(连)一个人也没有。   화원에는 한 사람도 없다.

3. '连'의 목적어가 동사나 동사구이고 전체 문장의 술어동사와 동일하다면, '都/也' 뒤에는 주로 부정형식이 온다.

   ❶ 他连动都不动。   그는 미동조차 하지 않는다.

   ❷ 我连想也没想就说出来了。   나는 생각도 안 하고 말을 내뱉었다.

UNIT 06

이중부정을 사용한 강조

STEP 1 기본 문법 ....

중국어는 이중부정 형식을 사용하여 긍정의 의미를 강조하기도 한다. 이러한 강조의 방법에는 아래와 같은 형식이 자주 사용된다.

1. 没有……不……

❶ 没有人不喜欢音乐。
   음악을 싫어하는 사람은 없다. (모든 사람들이 음악을 좋아한다.)

❷ 没有一个人不知道这个新闻。
   이 뉴스를 모르는 사람은 한 명도 없다. (모든 사람들이 이 뉴스를 알고 있다.)

❸ 他没有一天不锻炼身体。
   그는 신체를 단련하지 않는 날이 없다. (그는 하루도 빠짐없이 매일 단련한다.)

2. 没有不……

❶ 没有不能克服的困难。
   극복하지 못할 어려움은 없다. (모든 어려움을 극복할 수 있다.)

❷ 我没有不爱看的小说。
   나는 싫어하는 소설이 없다. (모든 종류의 소설을 다 좋아한다.)

❸ 她没有不会唱的歌曲。
   그녀는 못 부르는 노래가 없다. (그녀는 모든 노래를 다 부를 수 있다.)

3. 没有……, (就)没有……

❶ 没有付出，就没有收获。
   노력하지 않으면 이룰 수 없다. (수확이 있으려면 반드시 대가를 지불해야 한다.)

❷ 没有刻苦努力，就没有成功。
   각고의 노력이 없으면 성공할 수 없다. (성공하려면 반드시 열심히 노력해야 한다.)

❸ 没有她的帮助，就没有我的今天。
   그녀의 도움이 없었다면 오늘날의 내가 없다. (오늘의 내가 있는 것은 전적으로 그녀의 도움 때문이다.)

4. 不……不……

1 我们不能不努力学习。

우리는 열심히 공부하지 않을 수 없다. (우리는 반드시 열심히 공부해야 한다.)

2 她不得不离开这个城市。

그녀는 이 도시를 떠나지 않을 수 없다. (그녀는 이 도시를 떠날 수밖에 없다.)

3 你不应该不尊重老人。

당신은 노인을 존중하지 않으면 안 된다. (당신은 마땅히 노인을 존중해야 한다.)

5. 不……没有……

1 一个家庭不能没有户主。

한 가정에 세대주가 없으면 안 된다. (한 가정에 반드시 세대주가 있어야 한다.)

2 学生不应该没有时间运动。

학생은 운동할 시간이 없으면 안 된다. (학생은 반드시 운동할 시간이 있어야 한다.)

6. 非……不可/不成/不行

1 这个问题非今天解决不可。

이 문제는 오늘 해결하지 않으면 안 된다. (오늘 반드시 이 문제를 해결해야 한다.)

2 你非学习这个专业不成?

너는 이것을 전공하지 않으면 안 되겠니? (너는 꼭 이것을 전공해야 하니?)

STEP 2 문법 업그레이드 ···

1. 부정부사 '不'와 '没有'를 연달아 사용할 경우에는 '没有不'의 순서로 쓰며, '不没有'로는 쓰지 않는다.

2. '没有……不……'를 사용하여 강조할 때, '没有' 뒤에 '一……'를 사용하여 예외가 없음을 강조하는 경우가 많다.

1 这里没有一个人不喜欢跳舞。　여기에는 춤을 싫어하는 사람이 한 사람도 없다.

2 他们没有一刻不想成功。　그들은 성공하고 싶지 않은 적이 한시도 없다.

3 幼儿园的孩子们没有一天不快乐。　유치원의 아이들이 즐겁지 않은 날은 하루도 없다.

UNIT 07

'是……的'를 사용한 강조

STEP 1 기본 문법 ···

1. 이미 이루어진 동작이 발생한 시간, 지점, 방식 등을 특별히 강조하고자 한다면 '是……的'를 사용하여 나타낸다.

2. 강조하고자 하는 시간, 지점, 방식 등은 '是' 바로 뒤에 쓰여 동사의 부사어로 사용된다.

❶ 我是今天上午来的。　나는 오늘 오전에 온 것이다.

❷ 我是从上海来的。　나는 상하이에서 온 것이다.

❸ 我是坐火车来的。　나는 기차를 타고 온 것이다.

❹ 我是今天上午从上海坐火车来的。
　나는 오늘 오전에 상하이에서 기차를 타고 온 것이다.

3. 만약 동사가 목적어를 갖는다면 목적어는 '的'의 앞이나 뒤에 올 수 있다.

❶ 我是上星期三到中国的。　나는 지난주 수요일에 중국에 도착한 것이다.
　我是上星期三到的中国。

❷ 我是从日本东京来北京的。　나는 일본 도쿄에서 베이징으로 온 것이다.
　我是从日本东京来的北京。

❸ 我是坐飞机来北京的。　나는 비행기를 타고 베이징에 온 것이다.
　我是坐飞机来的北京。

❹ 我是在北京语言大学学习汉语的。　나는 베이징언어대학에서 중국어를 공부한 것이다.
　我是在北京语言大学学习的汉语。

❺ 我是昨天看见她的。　나는 어제 그녀를 본 것이다.
　我是昨天看见的她。

❻ 我是三点去那儿的。　나는 3시에 거기에 간 것이다.
　我是三点去的那儿。

是……的구문을 사용하기 위한 조건은 술어동사가 나타내는 사건이 화자와 청자기 모두 알고 있거나 앞에서 이미 언급한 적이 있는 내용이어야 하므로 是……的구문에 오는 목적어에도 '一 + 양사 + 명사' 혹은 一些, 某个 등의 불특정한 성분은 올 수 없다.

또한 여기서는 예문 ❺처럼 인칭대명사가 목적어로 오는 경우, 목적어를 的의 앞뒤에 모두 올 수 있다고 설명하고 있지만, 대부분의 문법서에서는 인칭대명사가 목적어로 오는 경우에는 的 앞에 만 올 수 있고 뒤에는 올 수 없다고 설명하고 있다. 실제로 인칭대명사 목적어가 的 뒤에 오는 예 문도 일부 발견되기는 하지만 빈도수로 본다면 的 앞에 오는 경우가 더욱 많다.

4. '是……的'를 이용한 강조의 부정형식은 '不是……的'이다.

❶ 她不是上月走的。　그녀는 지난달 간 것이 아니다.

❷ 他不是骑自行车去的颐和园。　그는 자전거를 타고 이허위안에 간 것이 아니다.

❸ 我不是在杭州遇见他的。　나는 항저우에서 그를 만난 것이 아니다.

是……的는 이미 발생한 동작의 시간, 지점, 방식 등을 강조하는 용법 외에 아래의 예문처럼 주 어에 대한 화자의 확신이나 견해를 강조하는 용법도 있다.

　　• 他的想法是可以理解的。　그의 견해는 이해할 수 있다.
　　• 他是同意这种意见的。　그는 이 의견에 동의한다.

이미 발생한 동작의 시간, 지점, 방식 등을 강조하는 是……的구문을 '是……的(1)'이라 하고, 화 자의 확신을 강조하는 구문을 '是……的(2)' 라고 할 때 양자 간에는 용법상 차이점이 있다.

① 是……的(1)은 과거에 일어난 일의 구체적인 사항을 부각시킬 때 반드시 사용해야 하는 구 문으로 생략하면 문법적으로 문제가 있을 수도 있으나, 是……的(2)는 주어에 대한 어떤 서 술이나 묘사를 청자가 받아들이도록 설득하기 위한 화용적인 필요에 따라 사용하는 구문이 므로 생략해도 문법상 문제가 없다.

② 是……的(1)은 是만 생략 가능하고 的는 생략 불가능하지만, 是……的(2)는 是와 的 모두 동시에 생략할 수 있다. 그러나 是……的(2)에서 是와 的를 모두 생략하면 확신의 어기는 사라진다.

③ 是……的(1)의 부정형식은 不是……的이지만, 是……的(2)의 부정형식은 是不/没……的 이다.

　　• 他的想法是不能理解的。　그의 견해는 이해할 수 없다.
　　• 他是不同意这种意见的。　그는 이런 의견에 동의하지 않을 것이다.

'是⋯⋯的'를 사용하여 강조를 나타내는 문장에서는 동사 뒤에 완료상을 나타내는 동태조사 '了'
를 부가할 수 없다.

❶ 我是昨天从英国来的。 　나는 어제 영국에서 왔다.

我是昨天从英国来了的。 　（×）

❷ 他是坐船去苏州的。 　그는 배를 타고 쑤저우로 간 것이다.

他是坐船去了苏州的。 　　（×）

他是坐了船去苏州的。 　　（×）

UPGRADE PLUS

是⋯⋯的(1) 구문은 이미 과거에 일어난 사건을 전제로 하므로 了를 부가하지 않는다. 그러나
了와 是⋯⋯的(1)가 용법상 비슷해 보이므로 언제 了를 사용하고 언제 是⋯⋯的(1) 구문을 사용
해야 하는지 판단하기 어려울 수 있다. 단순히 어떤 사건이 발생했음을 객관적으로 진술할 때에
는 了를 사용하고, 이미 발생했거나 혹은 설사 아직 발생하지 않았다고 하더라도 화자가 이미 발
생한 사건으로 여긴다는 전제 하에 사건의 발생 시간, 장소, 방식 등을 구체적으로 질문하거나
언급할 때에는 반드시 是⋯⋯的(1) 구문을 사용해야 한다. 또한 了가 사용된 동사술어문에서 동
작의 발생은 신정보로서 청자에게 전달되므로 종종 대화를 처음 시작할 때나 새로운 정보를 언
급할 때 사용되고, 是⋯⋯的(1)구문은 앞선 대화나 맥락에서 반영되지 않았거나 분명하지 않은
세부적인 사항을 부각시키거나 질문하고 답할 때 사용하므로 대화 후반에서 자주 사용된다.

A : 你妹妹结婚了吗? 　네 여동생은 결혼했니?

B : 结了。 　결혼했지.

A : 她(是)什么时候结的婚? 　언제 결혼했는데?

B : (是)去年结的, 已经有小孩子了。 　작년에 결혼했는데 벌써 애도 있어.

CHECK POINT 문법정리

☑ 각 사항들을 체크하면서 LESSON 8의 학습내용을 복습하고 정리합니다.

☐ **1.** 중국어에서 강조를 나타내는 방법에는 몇 가지가 있는지 예를 들어 설명해보자.

☐ **2.** 의문대명사를 사용한 강조의 주요 특징은 무엇인가? 무엇을 강조하는가?

☐ **3.** 의문대명사를 사용하여 강조를 나타내는 문장에서 만약 '都' 혹은 '也'를 사용하지 않는다면 문장의 의미는 변하는가? 예를 들어 설명해보자.

☐ **4.** '就'를 사용한 강조에서 자주 보이는 강조의 상황에는 어떤 것들이 있는가?

☐ **5.** '是'를 사용한 강조문에서 강조하는 것은 무엇인가? 이때 '是'는 어떻게 읽어야 하는가?

☐ **6.** 반어의문문 '哪儿……啊'와 '不是……吗'를 사용한 강조는 각각 어떤 특징이 있는가?

☐ **7.** '连……都/也……'는 무엇을 강조하는가?

☐ **8.** 상태보어가 있는 문장에서 강조를 나타내는 '连……都/也……'는 어디에 두어야 하는가? 예를 들어 설명해보자.

☐ **9.** 이중부정으로 강조를 나타내는 형식에는 어떤 것들이 있는가? 이러한 형식이 무엇을 강조하는지 예를 들어 설명해보자.

☐ **10.** '是……的'는 주로 무엇을 강조하는가? '是……的'와 완료상을 나타내는 '了'는 어떻게 다른가?

LESSON ⑨ 복문

◆ **복문**

복문은 두 개 혹은 두 개 이상의 단문으로 구성된 문장이다. 복문에서의 단문을 절(分句)이라고 하며, 절은 여러 가지 종류의 구문일 수 있다.

① 일부 복문은 단순히 단문을 병치함으로써 만들어진다.

我是教师，你是医生。　나는 교사이고, 너는 의사이다.

你唱歌，他跳舞。　너는 노래를 부르고, 그는 춤을 춘다.

② 일부는 접속사나 연결부사(关联副词)로 연결한다.

我们虽然没有很多钱，但是我们过得很快乐。　우리는 비록 돈이 많지는 않지만 즐겁게 산다.

他又是教研室主任，又是高一(2)班的班主任。　그는 연구주임이자 고등학교 1학년 2반 담임이다.

③ 복문이라도 간단할 수 있고, 단문이라도 복잡할 수 있다.

你说，我听。 [복문]
네가 말하면 나는 듣겠다.

昨天上午新生都在学校的礼堂参加开学典礼和新生欢迎会。 [단문]
어제 오전에 신입생들은 모두 학교 강당에서 개학식과 신입생 환영식에 참석했다.

◆ **복문의 종류**

— 대등복문(联合复句)
절과 절 사이의 관계에 근거하여 대등복문은 다시 아래와 같은 몇 가지로 나눌 수 있다.

① **병렬관계(并列关系)**

你是留学生，他也是留学生。　너는 유학생이고, 그도 유학생이다.

② **연속관계(承接关系)**

我先去上课，再去银行。　나는 먼저 수업을 갔다가 다시 은행에 갈 것이다.

③ **점층관계(递进关系)**

他不但会汉语，而且英语也很好。　그는 중국어도 할 수 있을 뿐만 아니라 영어도 잘한다.

④ **선택관계(选择关系)**

你今天报名，或者明天报名，都可以。　너는 오늘 등록하든 내일 등록하든 다 괜찮다.

— 종속복문(偏正复句)
절과 절 사이의 관계에 근거하여 종속복문은 아래와 같은 몇 가지로 나눌 수 있다.

① 인과관계(因果关系)

因为他最近比较忙，所以没时间参加这次的同学聚会。

그는 요즘 좀 바빠서 이번 동창회에 갈 시간이 없다.

② 전환관계(转折关系)

我们虽然不认识，但是我愿意帮助你。   우리는 비록 모르는 사이지만 저는 당신을 돕고 싶습니다.

③ 조건관계(条件关系)

只有刻苦努力，才能取得优异的成绩。   각고의 노력을 해야 우수한 성적을 거둘 수 있다.

④ 목적관계(目的关系)

为了找到合适的工作，他已经跑了很多招聘单位了。

적당한 일을 찾기 위해 그는 이미 채용회사를 많이 돌아다녔다.

⑤ 가설관계(假设关系)

如果时间允许，我就一定去看你。   만약 시간이 허락한다면 나는 너를 꼭 보러 갈 것이다.

⑥ 양보관계(让步关系)

就是她不告诉你，我也要告诉你。

설사 그녀가 너에게 알려주지 않더라도 내가 너에게 알려주겠다.

⑦ 취사관계(取舍关系)

他们宁可不吃饭，也要把这个实验做完。

그들은 밥을 안 먹을지언정 이 실험을 끝마치려고 한다.

◆ **복문의 특징**

복문은 '又……又……', '虽然……但是……', '不但……, 而且……', '一……, 就……' 등과 같은 호응어 (关联词语)를 사용하는 경우가 많다. 어떤 절과 절 사이에는 선후의 구분이 있어서 두 절의 순서를 바꿀 수 없으나, 어떤 절과 절 사이에는 선후의 구분이 없으므로 순서를 바꾸어도 의미에 변화가 없다. 또한 복문 중의 절에는 주어가 하나만 있을 수도 있고 각 절마다 주어가 하나씩 있을 수도 있다.

◆ **긴축문**

복잡한 의미를 단문과 유사한 형식으로 압축한 것으로, 단문과 복문 중간 정도의 문장을 긴축문(紧缩句)이라고 한다.

他一见生人就脸红。   그는 낯선 사람을 보자마자 얼굴이 빨개진다.

UNIT 01 대등복문

STEP 1 기본 문법 ··

대등복문의 절과 절은 동등하며, 주절과 종속절의 구분이 없고, 절의 순서를 서로 바꾸는 것도 가능하다. 다음은 자주 사용되는 네 가지 종류의 대등복문이다.

1. 병렬관계

  1) 선후의 구분이 없으므로 절의 순서를 바꾸어도 의미에 영향을 주지 않는다.

❶ 这是我父母的房间，那是我的房间。　이건 부모님의 방이고, 저건 내 방이다.
　　那是我的房间，这是我父母的房间。　저건 내 방이고, 이건 부모님 방이다.

❷ 他是化学老师，她是俄语老师。　그는 화학 교사이고, 그녀는 러시아어 교사이다.
　　她是俄语老师，他是化学老师。　그녀는 러시아어 교사이고, 그는 화학 교사이다.

❸ 我喜欢唱歌，她喜欢跳舞。
　　나는 노래 부르는 것을 좋아하고, 그녀는 춤추는 것을 좋아한다.
　　她喜欢跳舞，我喜欢唱歌。
　　그녀는 춤추는 것을 좋아하고, 나는 노래 부르는 것을 좋아한다.

❹ 你性格温顺，他脾气暴躁。　너는 성격이 온순하고, 그는 성질이 난폭하다.
　　他脾气暴躁，你性格温顺。　그는 성질이 난폭하고, 너는 성격이 온순하다.

❺ 她一边看家，一边复习功课。　그녀는 집을 보면서 수업 내용을 복습했다.
　　她一边复习功课，一边看家。　그녀는 수업 내용을 복습하면서 집을 본다.

❻ 这个公司的产品，价钱又便宜，东西又好使。
　　이 회사의 상품은 가격도 싸고 성능도 좋다.
　　这个公司的产品，东西又好使，价钱又便宜。
　　이 회사의 상품은 성능도 좋고 가격도 싸다.

  2) 자주 사용하는 호응어로는 '也……, 也……', '又……, 又……', '一边……, 一边……', '一面……, 一面', '一方面……, 一方面', '不是……, 而是……', '是……, 而不是……' 등이 있다.

276

2. 연속관계

1) 동작에 선후가 있으므로 앞뒤 절의 순서를 바꿀 수 없다. 순서를 바꿀 경우 의미가 변하거나 통하지 않는다.

❶ 我们先去吃饭，然后再去看朋友吧。

우리 우선 밥을 먹으러 간 다음에 친구를 보러 가자.

我们先去看朋友，然后再去吃饭吧。

우리 우선 친구를 보러 간 다음에 밥을 먹으러 가자.

→ 의미가 변함.

❷ 我们先去购物，然后去看话剧，好吗?

우리 우선 쇼핑하러 갔다가 연극을 보러 가는 게 어때?

我们先去看话剧，然后去购物，好吗?

우리 우선 연극을 보러 갔다가 쇼핑하러 가는 게 어때?

→ 의미가 변함.

❸ 你下了课就来吧。　수업을 마치고 바로 와라.

你来吧就下了课。　(×)

你就来吧下了课。　(×)

❹ 我一开完会，就去机场接你。　나는 회의를 마치자마자 공항으로 너를 마중 갈 것이다.

我一去机场接你，就开完会。　(×)

我就去机场接你，一开完会。　(×)

❺ 会议一结束，我就返回上海。　회의를 마치자마자 나는 상하이로 돌아갈 것이다.

我一返回上海，会议就结束。　(×)

我就返回上海，会议一结束。　(×)

2) 자주 사용하는 호응어로는 '先……, 后……', '先……, 再……', '(先)……, 然后/以后……', '(先)……, 接着……', '……, 就……', '一……, 就……' 등이 있다.

3. 점층관계

1) 동작에 선후와 종속의 구분이 있으므로 후행절이 선행절보다 더 심화된 의미를 나타낸다. 상황에 따라 화자는 느낌에 근거하여 어떤 절이 앞에 오고 어떤 절이 뒤에 올지를 결정하며, 이때 후행절이 더욱 강조된다.

❶ 我今天要写完这篇文章，还要寄给报社。

나는 오늘 이 글을 다 써야하고, 게다가 신문사에 부치기까지 해야 한다.

我今天要寄给报社(这篇文章)，还要写完这篇文章。　(×)

❷ 她不但是一个好女儿，而且是一个好母亲。   그녀는 좋은 딸이자 좋은 어머니이다.

她不但是一个好母亲，而且是一个好女儿。   그녀는 좋은 어머니이자 좋은 딸이다.

❸ 不但她会说汉语，而且她弟弟也会说汉语。

그녀가 중국어를 할 수 있을 뿐만 아니라 그녀의 남동생도 중국어를 할 수 있다.

不但她弟弟会说汉语，而且她也会说汉语。

그녀의 남동생이 중국어를 할 수 있을 뿐만 아니라 그녀도 중국어를 할 수 있다.

2) 자주 사용하는 호응어는 '……, 还……', '不但……, 而且(还/也/又)……' 등이 있다.

4. 선택관계

1) 두 개 혹은 몇 개의 절이 선후 구분 없이 나열되며, 그중 하나를 선택해야 한다. 선행절과 후행절의 순서를 바꾸어도 의미가 변하지 않는다.

❶ 你是喝啤酒，还是喝葡萄酒？   너는 맥주를 마실래 아니면 와인을 마실래?

你是喝葡萄酒，还是喝啤酒？   너는 와인을 마실래 아니면 맥주를 마실래?

❷ 这张照片，不是你拍的，就是她拍的。

이 사진은 네가 찍은 게 아니면 그녀가 찍은 것이다.

这张照片，不是她拍的，就是你拍的。

이 사진은 그녀가 찍은 게 아니면 네가 찍은 것이다.

❸ 不是你去，就是他来。   네가 안 가면 그가 와라.

→ 오직 이 두 가지만이 가능함.

不是他来，就是你去。   그가 안 오면 네가 가라.

→ 오직 이 두 가지만이 가능함.

❹ 或者在你那儿谈，或者在办公室谈，都可以。

네가 있는 데서 논의를 하든지 사무실에서 논의를 하든지 다 괜찮다.

或者在办公室谈，或者在你那儿谈，都可以。

사무실에서 논의를 하든지 네가 있는 데서 논의를 하든지 다 괜찮다.

2) 자주 사용하는 호응어로는 '(还)是……, 还是……', '或者……, 或者……', '不是……, 就是……' 등이 있다.

1. 병렬관계와 선택관계를 나타낼 때 사용하는 호응어 '也', '又', '一边', '一面', '一方面', '或者', '还是' 등은 두 번 이상 연달아 사용할 수 있다.

❶ 这个孩子又可爱，又聪明，又懂事。
이 아이는 귀엽고 똑똑하면서도 철이 들었다.

❷ 他一边看小说，一边喝茶，一边听音乐。
그는 소설을 읽으면서 차도 마시고 음악도 듣는다.

❸ 你或者去超市，或者去公园，或者在家看电视。
너는 마트를 가거나 공원을 가거나 집에서 TV를 본다.

❹ 你是看新闻节目，还是看电视剧，还是听相声?
너는 뉴스를 볼래, 드라마를 볼래 아니면 만담을 들을래?

2. 절과 절 사이에는 '和'를 사용하여 연결할 수 없다.

❶ 他们一面喝咖啡，一面谈话。
그들은 커피를 마시면서 대화를 한다.

他们一面喝咖啡，和一面谈话。 （×）

❷ 我吃完午饭休息一会儿，再去参观。
나는 점심을 먹고 잠깐 쉰 다음에 관람하러 갈 것이다.

我吃完午饭休息一会儿，和再去参观。 （×）

3. 호응어 중 '也……, 也……', '又……, 又……', '一边……, 一边……', '一面……, 一面……', '不是……, 而是……', '不是……, 就是……' 등은 짝을 이루어 사용해야 한다. 일부 호응어 중 '然后', '还', '而且' 등은 단독으로 사용할 수 있다.

❶ 我们去医院看了一个病人，然后去参观了一个美术展览。
우리는 병원에 가서 환자를 문병하고 난 다음에 미술 전시를 관람하러 갔다.

❷ 我们去医院看了一个病人，还去参观了一个美术展览。
우리는 병원에 가서 환자를 문병하고, 또 미술 전시를 관람하러 갔다.

❸ 我们去医院看了一个病人，而且去参观了一个美术展览。
우리는 병원에 가서 환자를 문병했고, 게다가 미술 전시도 관람하러 갔다.

4. 일부 호응어 중 '不但…… 而且(还/也/又)……'는 짝을 이루어 사용하며, '不但'은 단독으로 사용할 수 없지만, '而且'는 단독으로 사용할 수 있다. 만약 '还/也/又'가 있으면 '而且'는 사용하지 않아도 된다.

❶ 不但他喜欢踢足球，而且他儿子也喜欢踢足球。
그가 축구를 좋아할 뿐만 아니라 그의 아들도 축구를 좋아한다.

❷ (不但)他喜欢踢足球，(而且)他儿子也喜欢踢足球。
그는 축구를 좋아하고, 그의 아들도 축구를 좋아한다.

不但他喜欢踢足球，他儿子喜欢踢足球。 （×）

5. '或者', '(还)是', '不是', '不但' 등과 같은 호응어는 주어의 앞뒤에 모두 올 수 있지만, '而且'는 주어의 앞에만 올 수 있다. '先', '再', '又', '也', '就' 등의 연결부사는 주어의 뒤에만 올 수 있다.

❶ 你或者吃饺子，或者吃包子，都行。
네가 만두를 먹든 찐빵을 먹든 다 괜찮다.

❷ 或者你吃饺子，或者我吃饺子，都行。
네가 만두를 먹든 내가 만두를 먹든 다 상관없다.

❸ 你是今天去，还是明天去?
너는 오늘 갈래 아니면 내일 갈래?

❹ (还)是你去，还是他去?
네가 가는 거야 아니면 그가 가는 거야?

❺ 他不是律师，而是检察官。
그는 변호사가 아니라 검사이다.

❻ 不是我不同意，而是他不同意。
내가 동의를 안 하는 것이 아니라 그가 동의하지 않는 것이다.

❼ 他不是参加民歌比赛，就是参加民族舞蹈比赛。
그는 민요경연대회에 참가하거나 아니면 민속무용대회에 참가한다.

❽ 不是他参加民歌比赛，就是他弟弟参加民歌比赛。
그가 민요경연대회에 참가하거나 아니면 그의 동생이 민요경연대회에 참가한다.

❾ 他不但擅长画山水画，而且还擅长吹唢呐。
그는 산수화를 잘 그릴 뿐만 아니라 태평소도 잘 분다.

❿ 不但他擅长画山水画，而且他女儿也喜欢画山水画。
그가 산수화를 잘 그릴 뿐만 아니라 그의 딸도 산수화 그리기를 좋아한다.

⑪ 我们先把这个电影看完，再去吃晚饭。

우리 우선 이 영화를 다 보고 난 뒤에 저녁을 먹으러 가자.

先我们把这个电影看完，再去吃晚饭。（×）

⑫ 我要是来晚了，你就替我请一会儿假。

내가 만약 늦게 오거든 네가 나 대신 휴가를 좀 내줘.

我要是来晚了，就你替我请一会儿假。（×）

UNIT 02

종속복문

STEP 1 기본 문법 ···

종속복문의 절과 절에는 주종의 관계가 있다. 일반적인 상황에서 선행절은 전제, 원인, 조건 혹은 가설 등을 설명하는 종속절(偏句)이고, 후행절은 주요한 의미가 있는 주절(正句)이다. 자주 사용되는 종속복문은 아래와 같다.

1. 인과관계

1) 선행절(종속절)에서 원인, 전제를 보여주고, 후행절(주절)에서는 결과나 추론을 설명한다.

❶ 因为他母亲病了，所以他请了一天假。
그의 어머니가 아프셔서 그가 하루 휴가를 냈다.

❷ 既然你病了，就请假休息吧。
병이 났으니 아예 휴가를 내고 쉬어라.

2) 자주 사용하는 호응어로는 '因为……, 所以……', '由于……, ……', '……, 因此……', '既然……, 就……' 등이 있다.

3) 일부 복문은 후행절에 원인이 오고 선행절에서 결과가 오기도 한다. 자주 사용하는 호응어로는 '之所以……, 是因为……'가 있다.

她之所以能战胜对手，是因为作了充分准备。
그녀가 적수에게 이길 수 있었던 이유는 충분한 준비를 했기 때문이다.

2. 전환관계

1) 후행절(주절)은 대개 선행절(종속절)로 인해서 나타날 수 있는 당연한 결과가 아니다.

❶ 虽然我们是好朋友，我也不能替他写论文。
비록 우리가 좋은 친구이기는 하지만 내가 그를 대신해서 논문을 쓸 수는 없다.

❷ 我跟她约好今天九点去颐和园，她却忘了。
나와 그녀는 오늘 아홉시에 이허위안에 가기로 약속했는데, 그녀가 잊어버렸다.

❸ 尽管他没学过电脑，但是他很聪明，一学就会。
그는 컴퓨터를 배운 적이 없지만 똑똑해서 배우자마자 할 줄 안다.

2) 자주 사용하는 호응어로는 '虽然……, 但是/可是/不过……', '尽管……, 但是……', '……, 却……' 등이 있다.

3. 조건관계

1) 선행절(종속절)이 후행절(주절)의 조건이 된다.

❶ 只有努力，才可能成功。
노력을 해야만 비로소 성공할 수 있다.

❷ 不管你愿意不愿意，都应该这样做。
네가 원하든지 원하지 않든지 이렇게 해야만 한다.

❸ 只要你把情况说清楚，大家就会理解。
네가 상황을 똑바로 말해야 모두가 이해할 수 있을 것이다.

❹ 无论他怎么解释，也得不到大家的谅解。
그가 아무리 설명해도 모두의 양해를 얻을 수는 없다.

2) 자주 사용하는 호응어로는 '只要……, 就……', '一……, 就……', '只有……, 才……', '不管……, 都/也……', '不论……, 都/也……', '无论……, 都/也……', '除非……, 才……' 등이 있다.

4. 목적관계

1) 후행절(주절)은 선행절(종속절)에서 나타난 행동의 목적이다. 이 목적은 도달하고자 하는 목적과 어떤 상황의 모면이라는 두 가지로 나눌 수 있다.

❶ 她天天跑步，为的是保持身材。
그녀는 매일 조깅을 하는데, 몸매를 유지하기 위해서이다.

❷ 我今天必须完成这个任务，好明天跟大家一起秋游。
내일 모두와 함께 가을 소풍을 가기 위해서 나는 오늘 이 임무를 완수해야 한다.

❸ 我们必须带着足够的现金，以防店里不能刷卡。
상점에서 카드로 결제할 수 없을 때를 대비해서 우리는 충분한 현금을 가지고 있어야 한다.

2) 자주 사용하는 호응어로는 '……, 好……', '……, 为的是……', '……, 来……', '……以便……', '……以免……', '……以防……', '……免得……', '……省得……' 등이 있다.

3) 때로는 선행절이 목적을 나타내는 종속절이 되기도 한다. 자주 사용하는 호응어로는 '为了……, ……'가 있다.

为了能考上大学，他寒假也没休息。
대학에 붙기 위해서 그는 겨울방학에도 쉬지 않았다.

5. 가설관계

1) 선행절(종속절)에서 가설의 조건을 제시하고, 후행절(주절)은 앞의 가설에 근거하여 추론해낼 수 있는 결과를 나타낸다.

❶ 如果不早点儿告诉她，她就可能做傻事。
만약 일찍 그녀에게 알려주지 않는다면 그녀가 바보 같은 짓을 할 수도 있다.

❷ 假使我们这么做，就会打草惊蛇。
만약 우리가 이렇게 한다면 계획이 누설되어 상대방이 경계할 수 있다.

2) 상용하는 호응어로는 '要是……, 就(会/一定)……', '如果……, 就(会/一定)……', '假如……, 就(会/一定)……', '假使……, 就(会/一定)……' 등이 있다.

3) 때로는 짝으로 사용되는 호응어도 그중 하나만 사용하거나 다른 단어로 대체할 수 있다.

❶ (要是)你不给我一个答复，我就不走。
(만약) 네가 나에게 답변을 안 해주면 나는 가지 않을 것이다.

❷ (假如)你不早告诉她，她可能(就)不会离开这个城市。
(가령) 네가 그녀에게 일찍 알려주지 않으면 그녀는 이 도시를 떠나지 않을 것이다.

6. 양보관계

1) 선행절(종속절)에서 극단적인 상황을 제시하고, 후행절에서는 그럼에도 불구하고 그렇게 할 것이며 변하지 않을 것임을 나타낸다.

❶ 就是她得了绝症，我也要和她结婚。
설사 그녀가 불치병에 걸린다 하더라도 나는 그녀와 결혼할 것이다.

❷ 即使失败了，我也要做这个实验。
설사 실패한다고 하더라도 나는 이 실험을 해야 한다.

2) 상용하는 호응어로는 '就是……, 也(还)……', '即使……, 也(还)……', '就算……, 也……', '哪怕……, 也……', '纵使……, 也……' 등이 있다.

7. 취사관계

1) 두 가지 상황 중 이해득실을 따져 그중 비교적 나은 것을 선택하고 덜 나은 것은 버린다. 두 가지 상황이 모두 바람직하지 않더라도 상대적으로 더 나은 상황을 선택한다.

❶ 与其明天讨论，不如今天就讨论。
내일 논의하는 것은 오늘 논의하는 것만 못 하다.

❷ 我宁可不出门，也不跟你们去喝酒。
내가 외출을 안 할지언정 너희들과 술을 마시러 가지는 않겠다.

2) 상용하는 호응어로는 '宁可……, 也不……', '宁愿……, 也不……', '与其……, 不如……' 등이
  있다.

3) 때로는 앞의 호응어는 생략하고 뒤의 것만 사용할 수 있다.

  ❶ (与其)明天讨论，不如今天就讨论。
    내일 논의하는 것은 오늘 논의하는 것만 못 하다.

  ❷ 我(宁可)不出门，也不跟你们去喝酒。
    내가 외출을 안 하지, 너희들과 술을 마시러 가지는 않겠다.

STEP 2 문법 업그레이드 ···

1. 종속복문의 종속절에서 호응어는 자주 생략하며, 생략해도 그 의미는 분명하다.

  ❶ (虽然)他工作很忙，但是每天都回家看望父母。
    (비록) 그는 일이 바쁘지만 매일 귀가하여 부모님을 찾아뵙는다.

  ❷ 他(因为)太忙，所以常常工作到很晚。
    그는 너무 바쁘기 때문에 항상 늦게까지 일한다.

  ❸ (既然)你没时间，就算了。
    네가 시간이 없으면 그만 됐어.

2. 절과 절 사이에 '和'를 사용하여 연결할 수 없다.

3. 일부 호응어는 주어의 앞뒤에 모두 올 수 있고, 일부는 주어 뒤에만 올 수 있다. 단, 연결부사
  는 항상 주어 뒤에만 온다.

4. '一……, 就……'는 대등복문에서 연속관계를 나타낼 때 자주 사용하는 구조이자, 종속복문에
  서 조건관계를 나타낼 때 자주 사용하는 구조이므로 주의할 필요가 있다.

  ❶ 他一办完出国手续，就去你那儿。　　　　[연속복문]
    그는 출국수속을 마치자마자 네가 있는 곳으로 갔다.

  ❷ 他一着急，就脸红。　　　　　　　　　　[조건복문]
    그는 다급해지면 얼굴이 빨개진다.

5. '除非'는 뒤에 오는 절에 '才'나 '否则'가 호응어로 사용된다, 또한 유일한 조건을 나타내므로 뒤에 오는 절에 긍정형식이 출현하든 부정형식이 출현하든 전체 명제의 의미는 동일하다.

❶ 除非她不在意这件事，才会同意跟你结婚。

그녀가 이 일을 의식하지 않아야만 너와의 결혼에 동의할 것이다.

❷ 除非她不在意这件事，否则她不会同意跟你结婚。

그녀가 이 일을 의식하지 않아야 하는데, 그렇지 않으면(이 일을 의식한다면) 그녀는 너와의 결혼에 동의하지 않을 것이다.

UNIT 03 긴축문

STEP 1 기본 문법 ··

1. 단문의 형식으로 복문의 내용을 표현하는 것을 긴축문(紧缩句) 혹은 긴축복문(紧缩复句)이라고 한다. 자주 사용되는 구조로는 '越……越……', '非……不……', '不……不……', '再……也……', '不……也……', '……就……', '……也……', '……还……', '……再……' 등이 있다.

❶ 他越跑越快。　　　　　　　　　　[점층관계]

　　그는 뛸수록 빨라진다.

❷ 你越唱他们越高兴。　　　　　　　[점층관계]

　　네가 노래를 부를수록 그들은 즐거워한다.

❸ 她非买这个项链不可。　　　　　　[강조]

　　그녀는 이 목걸이를 사지 않으면 안 된다.

❹ 这个问题不说我不明白。　　　　　[가설관계]

　　이 문제는 말하지 않으면 나는 모른다.

❺ 你不愿意去也得去。　　　　　　　[가설관계]

　　네가 가기 싫더라도 가야 된다.

❻ 你有什么事就直说吧。　　　　　　[가설관계]

　　너에게 무슨 일이 있으면 솔직히 얘기해라.

❼ 我饿死也不吃你的东西。　　　　　[양보관계]

　　나는 굶어 죽더라도 너의 음식을 먹지 않겠다.

❽ 我们再穷也不能偷东西啊。　　　　[양보관계]

　　우리가 아무리 가난하더라도 물건을 훔쳐서는 안 된다.

❾ 钱用完了再跟我要吧。　　　　　　[연속관계]

　　돈을 다 쓰고 나면 나에게 달라고 해라.

❿ 他病成这样了还不去医院。　　　　[전환관계]

　　그는 이렇게까지 아픈데도 병원에 가지 않는다.

2. 때로는 호응어를 사용하지 않아도 복문의 의미를 나타낼 수 있다.

❶ 他病了请假。　　　　　　　　　　　　　[인과관계]
　　그는 병이 나서 휴가를 냈다.

❷ 我说你们写。　　　　　　　　　　　　　[연속관계]
　　내가 말할 테니 너희는 써라.

❸ 他来我走。　　　　　　　　　　　　　　[가설관계]
　　그가 오면 나는 갈래.

STEP 2 문법 업그레이드 ··

1. 긴축문은 주어가 하나일 수도 있고, 두 개일 수도 있다.

2. 긴축문은 위에서 나열한 것과 같이 관용적으로 고정된 형식이므로 임의로 만들어 사용할 수 없다.

CHECK POINT 문법정리

☑ 각 사항들을 체크하면서 LESSON 9의 학습내용을 복습하고 정리합니다.

☐ **1.** 복문과 단문의 가장 큰 차이점은 무엇인가?

☐ **2.** 복문을 크게 두 가지로 분류하여 설명해보자.
이 두 가지의 가장 근본적인 차이점은 무엇인가?

☐ **3.** 대등복문의 주요 특징은 무엇인가? 종속복문의 주요 특징은 무엇인가?

☐ **4.** 자주 사용하는 대등복문에는 어떤 종류가 있는가? 예를 들어 설명해보자.

☐ **5.** 연속관계와 점층관계의 대등복문은 어떤 차이가 있는가?

☐ **6.** '不是……, 而是……'와 '不是……, 就是……'는 모두 병렬복문에 속하는가?

☐ **7.** 자주 사용되는 종속복문에는 어떤 종류가 있는가? 예를 설명해보자.

☐ **8.** 종속복문은 모두 종속절이 앞에 오는가? 종속절이 뒤에 오는 예가 있는가?

☐ **9.** 조건관계와 가설관계의 종속복문은 어떤 차이가 있는가?

☐ **10.** 가설관계와 양보관계의 종속복문은 어떤 차이가 있는가?

☐ **11.** 선택관계를 나타내는 대등복문과 종속복문의 취사관계는 어떤 차이가 있는가?

☐ **12.** 긴축문이란 무엇인가? 두 가지 예를 들어보자.